木匠浙商

倪良正的创业故事

王文正 著

浙江人民出版社

2018 年 4 月 16 日，西湖大学校长施一公（左）、清华大学经济管理学院院长钱颖一（右）为倪良正（中）颁发西湖大学荣誉董事证书并合影

序　言

平实中的精彩

一本新的企业家传记：《木匠浙商——倪良正的创业故事》即将问世了。该书作者要我写几句话作为小序。为这本企业家传记写几句序言，我是不能推辞的。因为我对主人翁不但有所了解，而且还常常被他的创业故事和宽广的胸怀所感动。

近几年来，我作为圣奥慈善基金会的顾问，每年都参加一两次他们的慈善活动，所以对圣奥集团和倪良正先生多有了解。事到境界自感人。也不知有多少个夜深，我都会情不自禁地想起他和他的善举。

近年来，我在一些演讲中曾反复强调，我们的浙商应成为有“上帝之心”、仁爱之心的“仁爱浙商”，成为立功立业、立德立爱、立言立文、立家立后的“圣商”。这在企业界和社会上引起了较大反响，而这些观点的形成，多少是与倪良正先生的善举有关的。

倪良正先生是圣奥集团的创始人和掌舵者。他属于改革开放时代从山里、田边走出来的第一代工商业创业者，也就是我们通常讲的第一代浙商。想当年，他出身于木匠，如今却把“木匠”做到了极致；他低调朴实，却把企业经营得格外“亮丽”;他自称文化水平低，却把一大批颇有智慧的人才汇聚在身旁，为其所用；他的企业实力虽日益增强，但规模并不算很大，却在慈善事业上舍得花大钱，做得有声有色。

他就是这样一位令人敬佩的朴实的优秀企业家。

在我的心目中，倪良正先生是千万浙商队伍中一个既普通又杰出的代表。说他普通，那是因为浙商队伍中这样的企业家不少；说他杰出，那是因为倪良正先生无论做人做事都追求卓越无瑕和高远境界。我常常赞叹他的为人，被他的行为所感动。

那么，令我感怀的倪良正先生身上的优秀品质是什么呢?

凡是接触过倪良正先生的人，大多会有一个共同的感受，那就是倪总给人印象最深刻的特点——朴实、务实、诚实，但他平实中盈满智慧，平实中尽显精彩。

首先,他在平实中追求大事业。人生当立功立业,也就是要做事业。当年，倪良正先生带着 2700 元独闯杭州，到如今，企业经营规模达到了几十个亿，利润年年增长，员工工资年年增加，在世界 500 强企业中有 163 家用了圣奥制造的办公家具，营销网点已遍布 108 个国家和地区。早在几年前，倪总就提出了圣奥集团的发展目标是“国内领先、国际争先”，这是一项很了不起的事业，是一种宏大的抱负。现在，圣奥不仅是浙江家具行业的标杆，而且也已是全国办公家具行业的标杆，并正在向全球办公家具行业标杆的目标奋进。这充分体现了倪总的事业心和企业家精神，也说明倪总是一个在平实中不断追求更大理想和干着大事业的人。人生当志存天下，以事业为重，在立功立业中彰显自己的人生价值，延伸自己的生命意义。这是倪总的创业人生给我们的一个重要启迪。

其次，平实中有大爱。仁爱之心人皆有之，但要去唤醒它、认识它、践行它，进而达到知行合一，并非易事。但令人敬服的是，倪良正先生心有大爱，在企业发展规模并不算太大的状况下，就十分大气慷慨地出钱办慈善、捐资办教育。在圣奥公司成立 20 周年之际，就专门成立了圣奥慈善基金会。在短短的 5 年中，通过圣奥慈善基金会向社会播洒着大爱之阳光，已惠及 5 万余人。这给我们另一个重要启示，就是企业家们富起来之后，应尽量富济天下、善行天下。一个企业发展了，物质财富多了，怎样看待财富、用好财富？这可是一件很考量人的境界、品位的事。倪良正先生能很好地处理赚钱与用钱的关系，知道得诸社会还诸社会的道理，那是因为他始终怀有仁爱之心。这种仁爱之心，体现了倪总达济天下的高远境界。圣奥慈善基金捐赠建设的“圣奥老年之家”，目前正在向全省各地延伸，不久的将来，也许有可能形成圣奥的浙江“慈善地图”，使其成为浙江省有名的慈善品牌。善德无量，大爱无疆。我们期待着社会有更多的善举善事，让人间充满仁爱的阳光和雨露。

第三，平实中有大智。大智慧成就大事业。有人说，当今社会的一大弊害，是太过功利。我则以为，功利是古今中外社会的“通则”，功利只要不走向恶变的“主义”即可。其实，当今社会的“毒瘤”是失信。功利加上失信，必然导致功利主义、物利主义、个人主义。所以，诚信是大智慧、大财富。在我看来，诚实守信是倪总最突出的品质，也是他做人做事的最大智慧。当然，倪总的智慧还体现在企业经营管理的方方面面，他在这方面很有天赋，总是把企业经营、管理得井井有条，企业一直稳中求进，在社会上有口皆碑。倪总在企业里是很有感召力和凝聚力的。他还很善于处理各种繁杂的社会关系，其中的秘诀就是以诚布行，守信为先，真诚待人，因而社会各界都会合规合法、合情合理支持他的事业。他十分懂得并能娴熟地运用求人与人求、助人与人助、舍与得、财富聚与散的辩证法。比如，做慈善事业是非功利的，应“无问西东”，但你舍得花大钱去做慈善，说明你企业有实力、有品位、有信誉度，同时也说明企业家本人有情怀、有担当、有格局，这就在客观上提升了企业的品牌形象和竞争力。以仁爱之心“撒”出去的钱，天道会报善举，“聚”来的是人心人道。这不就是一种大智慧吗？

我们中国人自古崇敬圣人，并认为几百年都出不了一两个圣人，以至于有不少人认为中国自古以来能做到立德、立功、立言（“三不朽”）的圣人，只有两个半（孔子［一说诸葛亮］、王阳明，曾国藩为半个）。然而，最无争议的圣人王阳明先生，却反复强调人人皆可成圣人，因为在他看来，人人皆有良知或者说天地良心，知善知恶进而为善去恶，便是圣贤之人。如此说来，我们都是可以也应该争取做“圣贤之人”的，企业家更可以成为“圣贤之商”，即我所说的“圣商”。

圣奥这家企业是有傲骨和灵魂的，倪总这个企业家是有情怀和抱负的。我希望倪总能成为当今中国的一代“圣商”。如此，则可以推动时代进步，改善社会风尚，使我们的社会更加美好。

阳光雨露润万物，仁爱善行暖人心。

我衷心期盼倪良正先生，在未来平实的征途中放射出更加耀眼的光彩。

是为序。

2018 年 8 月 5 日于竺泉斋

目录

CONTENTS

第一章

山村“小诸葛”

童年的倪良正虽然正碰上缺衣少食的时代，又由于时代的原因没能好好读书，但在祖辈的熏陶和良好的家教下，养成了善良、勤奋、爱思考的品质，这些都成为他日后成长、成功的“基因密码”。

浦江山水文化飞扬

浙江中部的浦江县，自东汉兴平二年（公元 195 年）开始建县，至今已有 1800 多年的历史。在唐代，天台宗高僧左溪禅师、印度东来的千岁和尚相继隐居浦江修行。到了宋、元、明三代，浦江文化的积淀更为深厚，其中最杰出的代表是 15 世同居的“郑义门”。自南宋建炎年间开始，郑氏家族历经宋、元、明三朝，同居共食 330 余年，其孝义家风多次受到朝廷旌表，成为儒家文化真实展现的一面旗帜，由此也奠定了浦江民风淳朴、耕读传家的地域个性。

浦江一位老领导，在其《浦江：文化飞扬》一书中写道：“浦江有灵气”。浦江的“灵气”滋养了浦江的“文气”，而这种文气，并不在于数不胜数的文人雅士，而在于社会性和全民性，是贯穿于每一个家族之中、渗透在每一个人身上的那一份底蕴，是建立在正直之上、与硬气相辅相成的那一种特质。“满地是文化，全村是画家”，就是这种文气蔚然成风的写照。

浦江是著名的书画之乡。现代国画研究会“白社”的五位画家，吴茀之、张书旂、张振铎是浦江人；当代浙派水墨人物画的代表人物，方增先、吴山明也是浦江人。

浦江是著名的民间艺术之乡。全县有 700 多项民间艺术，板凳龙、浦江乱弹、麦秆剪贴画、迎会、剪纸、郑义门建筑艺术等，被列入国家级非物质文化遗产。

浦江还是著名的百工之乡。铁匠、石匠、泥水匠、木匠、花匠、篾匠、漆匠、弹棉匠等，应有尽有，巧夺天工，涌现了花匠周光洪、石匠张狮岩、漆匠周志宝、篾匠叶道荣等能工巧匠。

山村塘家会

1958 年 10 月 31 日，农历九月十九，在浦江县檀溪镇塘家会村的一个普通人家里，倪良正出生了。

倪良正出生的时候，中国的农村开始大办公共食堂，吃起了“大锅饭”；浦江县全面实行了人民公社化，原来的 7 个区和浦阳镇改为 7 个人民公社，42 个乡镇改称管理区，当时的檀溪镇就成为平湖公社的一个管理区。

塘家会村是一个只有 30 多户、100 多人口的小村子。倪家在村子里也是

▲ 浦江·塘家会

一个极为普通的家庭。倪良正的父亲叫倪家新，他出生于1939年11月26日（农历十月十六），他与双胞胎的弟弟倪家灶是这个家庭中的最后两个男孩，分别排行第七和第八——在他俩之上，还有3个哥哥与3个姐姐。1939年是中国抗日战争最为艰难的时期，贫穷的倪家根本养不起这么多孩子。为了能让新生儿能有一口饭吃，倪家新的父母还是狠了狠心，决定将倪家新过继给邻村的猎户朱传牛。

朱传牛住在离塘家会村有两三公里路的一个山坳里，名叫“中央蓬”，靠种玉米、番薯等粗粮，打猎和砍柴为生，是当地四乡八村有名的猎手。据倪良正的堂哥倪光耀回忆，朱传牛自小就与山林打交道，对于山中的一切，都了如指掌。他有一个很特别的本事，就是只要在山中转上一圈，就能嗅出野猪的踪迹，甚至能大体判断出野猪的方位和距离。因为这个本领，朱传牛成为当地猎手中的“大哥”，每次猎得野猪，都能分得两条猪腿和两份猪肉。

1956年，倪家新——此时应该叫朱家新，18岁时娶了平湖村的姑娘张林云为妻。都是农村贫穷人家，生活条件差，婚礼也就没那么多讲究。平湖村离中央蓬大约4公里，张林云就坐着两人抬的土花轿，在村里孩子们的欢笑声中，进了朱家新的门。这年底，朱家新生了第一个儿子“良宝”；两年后，第二个儿子“良正”出生时，正是冬季大征兵的季节，自小跟着朱传牛在山野里练就了一身强健体魄的朱家新就报名参了军。参军时，朱家新在哥哥的建议下，改回了本姓“倪”——倪家新。1958年12月初，倪家新就随着部队去福建泉州服役了。

这时，倪良正刚出满月。

“我小时候对父亲的印象不是很深。”倪良正回忆说，“大概父亲结婚较早，自己还是个大孩子，结婚后不久就去了部队，在家的时间也比较少，没有时间经常跟我们在一起。”

在此后的 6 年时间里，父亲倪家新只有两次回家探亲。倪良正的童年记忆里，更多的是爷爷朱传牛和母亲张林云。

在今天的塘家会村，绕过倪良正家的老房子，沿着一条精心修葺过的幽静小路，在春日馥郁的花荫下拾级而上，就会看到一座墓地。墓地干净、整洁、讲究，但并不豪华，墓碑上写着“朱传牛之墓”几个大字。

这墓地是倪良正兄弟俩后来整修过的。通过对这墓地的精心照料，可以看出倪良正兄弟俩对爷爷朱传牛的深厚感情。

▲ 倪良正祖父朱传牛（画像）

在倪良正的记忆里，爷爷朱传牛是一个高大温和、厚道本分但坚定有力的人。“爷爷话语不多，善良厚道。”倪良正回忆说，“但是干起活来，又快又好。”

在山中与野兽斗惯了的朱传牛，却似乎总有使不完的力气。不论是给生产队做，还是给自家做，都是一样认真、卖力，在周边，“猎户朱传牛”都被公认为是一个劳动好手。

“我从小就跟着爷爷上山砍柴，即便到我 20 岁时，爷爷那会已经老了，我能砍的柴，也只有爷爷的一半左右。”对于爷爷朱传牛的健壮有力，倪良正记忆深刻。

对于童年的倪良正来说，最为温馨的记忆，莫过于在冬夜里躲在爷爷的胸窝里取暖。那时家中穷苦，住的是竹篾糊上黄泥或者茅草作为墙体的木屋，木头都是朱传牛干完农活后，抽时间从山上砍来的。然而竹篾和茅草墙总是有不少缝隙，冬天的时候，北风一吹，就会有好几处呜呜作响。那时没有任何取暖设备，床上垫的是篾席，一年到头盖的是一条补了破、破了又补的棉被。小良正最喜欢的，就是光着身子，一边贴在爷爷温热的怀里取暖，一边听着爷爷讲檀溪陈九经等名人的故事，然后沉沉地睡去。

山里人生活是简单的，来来往往的也就是附近村里进山砍柴、砍树、打猎的。作为一家之主，朱传牛的母亲有一个习惯，时常会烧些玉米、番薯等粗粮放在门口，让路过歇脚的人吃一点垫垫饥。曾祖母这份朴素的善举，时常被爷爷朱传牛当作为人处世的信条和准则传授给小良正："反正玉米、番薯都是自家地里种的，人家吃了这几口，我们也谈不上挨饿。人与人，就应该你帮我，我帮你。我们家穷，也帮不了他们多少，等你长大有能力了，要多帮帮需要帮助的人。"

爷爷的谆谆教诲，倪良正记忆犹新。很多年以后，当倪良正和他的圣奥成为家具行业的一个"标杆"时，他就将很大的一部分精力、财力，投入了社会公益事业之中。其"回报社会"的理念，盖源于此。

如果说爷爷那高大健硕的躯体，是童年倪良正的"靠山"的话，那么，母亲张林云就总让小良正产生"相依为命"的感觉。

母亲张林云是那种典型的中国传统的农村妇女：勤劳，贤惠，善良。当父亲倪家新去福建当兵后，张林云就担起了抚养两个孩子的重担，那时大儿子才两岁，而小儿子刚满月。

两个儿子的名字，都是张林云取的。由于丈夫是过继给朱家的，朱家需要男孩传宗接代，男孩就是家里的"宝"，所以大儿子取名叫"良宝"；"宝贝"之后，又一个男孩的出生，对一个家庭来说，是"正好"的事情，于是取名为"良正"。6 年之后，1964 年，倪良正的妹妹倪彩英出生。儿女双全，对一个传统的中国家庭来说，已经很圆满了。

中国向来是一个讲究礼法的社会。传统上，"过继"是一件涉及改换姓氏

▲ 倪良正祖父曾居住地（中央蓬）

的大事。按照规矩，“良宝”虽然祖姓为倪，但因为从父亲开始过继给朱传牛，并因此改名为“朱家新”，那么作为朱家新的儿子，理所当然就该姓朱了。然而，等到小良正取名字时，却径直复姓归宗，取名为“倪良正”，这究竟是怎么回事？

这要从一场洪水说起。

1960 年夏季，连续几场暴雨引发了山洪。洪水裹挟着沙石从山中像猛兽般冲下来，朱传牛在中央蓬山坳里的小房子立刻就被洪水冲垮，一家人没有了居住之地。这时，住在塘家会村的朱家新的生母就腾出了一间房子，让朱传牛带着良宝和良正一家住。

此后，等朱传牛也在塘家会村盖起了房子之后，就带着良宝住进了自己盖的房子，而小良正则与母亲一直住在亲奶奶给的房子里。

因为这，在良宝和良正究竟跟谁姓的问题上，倪家和朱家在协商后，采取了既尊重传统风俗，又尊重现实情况的方案，即让小良宝跟随朱传牛姓朱，而小良正则复姓归宗姓倪。原因有二：一是两个男丁，让小良宝姓朱，“朱”姓的延续不再是一个问题；二是朱家在无房可住的情况下，倪家伸出了援手，给了房子，而且小良正和母亲一直住在这个房子里，父亲也在参军时改回了倪姓，小良正姓倪也是合情合理。

不过，等到朱传牛去世后，“朱良宝”也改回了自己的倪姓，依然以“倪良宝”作为正式的姓名。

“朱良宝”改名为“倪良宝”，源于一次工作安排上的误会。据倪家新回忆，1976 年，他在浦江壶源江工程指挥部工作，当时其下属单位浦江县水电局有一个打山洞的工程，可以招收部分干部子女加入。当时，倪家新便举荐了已经高中毕业的朱良宝。但是，不久，浦江县水电局就有职工向局长提出反对

▲ 倪良正夫妇与父亲倪家新（前排左二）、母亲张林云（前排左一）、哥哥倪良宝（前排右三）、嫂子周惠君（前排右二）、妹妹倪彩英（前排右一）等亲属的合照

意见，认为朱良宝不是倪家新的亲生子女，有违当时的政策。直到局长找到了倪家新，倪家新解释了“过继”给朱传牛这一情况后，大家才最终明白。“这件事后，我发现父子如果不同一个姓的话，会在社会上造成很多误解和麻烦。因此，等到我的过继父亲朱传牛去世后，我还是让良宝重新改回了倪家的祖姓。”倪家新说。

在倪良正的记忆之中，母亲张林云就是起早贪黑、勤劳能干的女人。俗话说，“穷人的孩子早当家”，那是因为穷人家的孩子特别懂事。小良正从小就跟母亲一起去割猪草、放牛、砍柴、种地、插秧，有样学样，看着母亲怎么做，自己就怎么做，虽然力气小些，但也成了母亲劳动时的一个得力帮手。

懂事的孩子更惹人疼爱。1960 年，小良正两周岁时，不知怎的，脖颈上长了一个肉瘤。那时医疗条件差，家里穷，父亲又不在家，母亲心急如焚。恰在此时，来了一个过路的郎中，给小良正开了个刀。受当初医疗条件的影响，再加上当时正处于“三年自然灾害”，营养特别缺乏，这个小手术留下的疤痕直到今天还在。

对于这一点，母亲张林云在世时一直为此感到遗憾。“那时穷啊！我生小良正坐月子时，只能买 3 斤红糖，还得有国家的糖票才能买！”

在母亲张林云的眼中，倪良正从小就是吃苦耐劳肯干活的料。“良正会主动地帮我干活，看到有活，不用喊，自己就干了。而且你让他干点轻点的，他还非要干点重点的。”张林云回忆说，“良正十来岁的时候，跟我一起去砍柴，明明只能挑 30 斤，他一定要挑到四五十斤，而且都是自己背回家。如果不是实在弄不动了，都不叫我帮忙的。”

倪良正的童年记忆里，很少有父亲的影子，因为父亲在他不满 40 天时就去福建当兵了。此后 6 年，仅回乡两次。

“应该是父亲第二次回乡的时候，我有记忆了。那时父亲穿着军服，说着普通话，很帅气，也很陌生，我们连靠近都不敢靠近他。”倪良正回忆说，当时父亲当兵每月有6元钱津贴，会寄给家里几元钱。勤俭的父亲手头也很拮据，因此父亲回到家乡时，根本没有钱给倪良正兄弟俩买玩具。“童年时的玩具，就是水里的鱼，地里的泥巴，河里的石头和山上的野物。”

儿时伙伴中的“小诸葛”

1965年，这一年，7岁的倪良正该上学了。

塘家会村是个小村子，人口本来就少，到20世纪60年代中期，学龄儿童就显得稀少。

倪良正上学的学校，更像是一个私塾：全校只有1个教师，4个年级，7个学生。平均每个年级不到2个学生。而上课的地点，就在老师家里。

上课的形式：老师先给四年级的学生上数学课，再给三年级的学生上语文课，然后让二年级的学生背乘法口诀，最后教一年级的学生拼音字母。即便如此，老师有时也还要下地干活。到了五年级，要到平湖小学去读。

在倪良正的印象里，上学的那段阶段，虽然也照常去学校上学，但对于文化课的学习，实在没有什么记忆。关于童年和少年的记忆，倪良正最多的，除了和母亲、爷爷一起砍柴、割猪草，就是与兄弟、伙伴们一起玩。

塘家会村是个小村，土改时大家都是贫雇农，田地很少。相邻的平湖村是个大村，有地主、富农，田地较多，土改时匀了一些给塘家会等周边村。轮到周边村的自然不会是肥田，主要是一些土地贫瘠、不容易灌溉的梯田。塘家会村分到的，再加上原来的，仅60多亩地，村民们难以从田地里获得生活的全部所需，于是就得多做点副业：主要是养猪，可以一举两得，其一春节时可以把猪卖给供销社的收购站，带来些经济效益，同时也可以换回一些化肥票；其二猪粪还可以给田里增加肥料。除此之外，就是砍柴，既可以作为燃料，有时也可换些零钱。

倪良正的堂哥倪光耀，与倪良正同龄，也是伙伴。他上学比倪良正早一年，两人总是一起上学，放学后就一起割猪草、砍柴——这是当时孩子们的分内工作。

“我对良正印象最深的地方，一是他的勤劳，二是他的韧劲。”倪光耀回忆说，倪良正砍柴时总是砍得很多，超出了一个孩子的能力。“良正虽然个子小，但心很大，砍柴多得挑不动了，就托人叫母亲来接他。”

说起砍柴，一般同龄的孩子砍不过倪良正，但倪良正却砍不过同学齐文仓。齐文仓与倪良正是同村人，虽然只比良正大半岁，个头却高了很多。很多年后的现在，齐文仓对与倪良正一起砍柴时的经历记忆犹新：

“我们村小，同龄人就那么几个，都是一起上学，一起砍柴、割猪草。我们几个同伴一起上山砍柴，我是一到山脚就开始砍，不管品相，不管好坏，不管大小，只要是柴，就收着；良正呢，总要到山腰以上，找到品相好的、质量好的柴才肯砍。所以，等良正开始下手的时候，我已经砍了大半捆了。一天下来，良正一般只能砍一车柴，而我能砍两车。但是，良正砍的柴，在质量上、品相上都要比我的好很多。”

不过，倪良正砍柴虽然比不过齐文仓，但善于动脑筋，是伙伴们中间的“小诸葛”。“碰上出力气的事，一般人比不过我；碰上出主意的事，我们都听倪良正的。他想出来的办法，我们都听，而且都被证明是正确的。”

20 世纪 60 年代的浦江农村还没有通电，更不用说听广播、看电视等娱乐活动了。有月亮的夜晚，孩子们一起玩“捉迷藏”的游戏，就成了一大乐趣。

那时，倪良正、倪良宝、齐文仓这些一般同龄的孩子就经常在一起玩。游戏的一般规则是：在村里划分一个区域作为藏身地，参与游戏的孩子分成两组，轮换角色，一组藏起来，另一组寻找，比赛谁在最短的时间找出对方。这样的游戏，考验的不仅是对藏身区域的熟悉程度，更重要的是要分析，对方最可能藏在哪里。“当我们藏起来，倪良正找的时候，总是在几分钟内就能找到；而当良正藏起来，我们找他时，却要花费半来个时辰，有时我们根本找不到，喊他现身后，他告诉我们的藏身地，我们根本就不可能想到。”齐文仓回忆说。

“捉迷藏”一事固然令齐文仓很佩服倪良正，而另一件事就更让齐文仓感到“玄乎”了。

在生产队劳动时，一般成年男子工作一天能挣 10 个工分，十来岁的小孩每天只能挣两三个工分。齐文仓、倪良正等同龄人去生产队劳动时，几个孩子才能抵得上一个大人。耕地时，大人们翻起农田里的土块，小孩子们就负责将翻起的土地弄得平整些。这活计虽不重，但小孩子们干一会就累了，却又不能停下来。于是几个孩子就商量：大家抽签休息，谁抽着休息的签，谁就休息。

“每当这时，倪良正抽到的休息签总是比我们多。”齐文仓说，“我直到现在也想不明白，这到底是怎么回事。”

进入学龄期，对于倪良正以及与他同龄的同学来说，有关读书的记忆，很少与“课本”有关，而更多的是与“学校”有关，比如与伙伴们一起放学回家的路上，春天里在路边采野花，夏天里去河中游泳，秋天里到山上采摘野果，冬天里又下河里捉冻僵的鱼……

那时，真正上文化课的时间少之又少，老师经常要求同学参加“游行”一类的活动。从小学到初中，倪良正的读书生涯就在这种半读半玩的状态中度过。1974 年，在经历了 8 年的学校“教育”后，倪良正初中毕业。而在当

▲ 20世纪70年代浦江乡村小孩劳动的情景

时，上高中需要村里推荐，并按照村的大小进行名额分配。塘家会村是个小村，与附近的长山村一起，每年只有一个高中生名额。而此时的倪良宝，已经在读高中二年级。倪家有一个孩子读高中，而高中生名额又少，不可能再分配给倪家名额。倪良正失去了读高中的机会。

【文正手记】

如果说，在共和国的这几代人中，20 世纪 50 年代出生的人是艰苦的一代的话，那么，像倪良正这种出生于 1958 年前后的人，则尤为艰苦。他们一出生，就碰上了缺衣少食的时代，尚在婴幼儿阶段就缺乏营养，不利于身体的发育，而且一直到成人之前都难以弥补；他们在学龄阶段，又恰逢“文化大革命”时期。那时候，他们能用于学习的时间，要比现在的同龄人少得多。

即便如此，少年时代的倪良正身上，也已经体现出自己诸多独特的品质：

比如善心——与亲人相处时，他深受仁慈家风的影响，以至后来做企业，有些能力的时候，总会想着帮助需要帮助的人；比如勤奋——砍柴时，他所砍的柴，远远超出一个少年的负重能力；比如完美——砍柴时，并非只要是柴就收进筐子里，而是对柴火的品相、质量都有要求；比如善于换位思考——捉迷藏的游戏中，就体现出这样的品质和能力。

这些独特的品质，成为他日后成长、成功的“基因密码”。可以说，今日圣奥的基石，在那时就已奠定了。

第二章

从勘测员到木工

这是旧时代与新时代转换的时期。初中毕业后，踏上社会的倪良正在懵懂中寻找着生活，所有的一切都还不那么清晰。从勘测队员到生产队队长再到木匠学徒，在初入社会的8年时间里，倪良正在成长的路上，踩下了第一串坚实的脚印。

西水东调

20 世纪六七十年代，中国在经济上面临了一些困难，但一些基础建设并未停止，比如农田水利建设，在这一时期取得了很大的成就。

新中国成立初的农业，面临的主要问题是江河水患肆虐。全国大大小小上千条河流，每年都会发生多场洪水泛滥，河堤决口，洪水淹没和冲毁良田，村庄房屋倒塌……成为广大人民群众的心中之患。其次是干旱，北方广大地区缺少雨水，土地难以灌溉，旱情严重时甚至颗粒无收。当时农业基本处于靠天吃饭、受大自然摆布的状况。因此，治理江河水患、加强水利建设成为政府亟待解决的民生问题。

新中国的水利建设，历经新中国成立初期、“大跃进”两个阶段后，到 20 世纪六七十年代，作为“农业学大寨”运动的一个重要组成部分，修建了大量的水利枢纽工程，治水规模和投入进一步扩大。到了 20 世纪 70 年代末，就总体上实现了对江河、湖泊水情的控制，不仅基本消除了大的洪涝灾害，而且达到了灌溉、发电等综合利用的显著效果。

就是在这样的背景下，初中毕业后不久的倪良正，成为浦江县“西水东调”及其主体金坑岭水库工程的一名建设者。

浦江的水系，有两条干流：一条是浦阳江，发源于西部花桥乡高塘村东的天灵岩南麓，向东流经 36 个村庄，汇入通济桥水库；一条是壶源江，发源于天灵岩西北麓，蜿蜒向北，出浦江，穿桐庐，入诸暨，最后在富阳注入

▲ 金坑岭水库修建现场

富春江。倪良正出生的地方——檀溪镇塘家会村，正是壶源江流经的区域。

这两条水系所经之处，即浦江的西部、北部，是浦江水资源丰富的地区；与之相比，浦江的东部、南部，由于没有干流经过，就成为水资源缺乏的地方。1958 年，当地政府在浦阳江上游兴建了通济桥水库，基本缓解了浦江南部的用水问题，但浦江东部岩头、郑宅等地，依然成为缺水地区。

1974 年 7 月，为了充分利用壶源江的水资源，更有效地解决浦江东部近 5 万亩易旱耕地的灌溉用水问题，浦江县提出了实施“西水东调”工程——利用壶源江与浦阳江的自然落差，跨流域引水，兴建水库和水电站。这一工程的主体，就是金坑岭水库。

“我能去这个工程上做活，是靠我的父亲。”倪良正回忆说，父亲倪家新于 1964 年从部队转业回到家乡后，在村里当了 10 个月的农民，1965 年 2 月就招干到了杭坪公社，当上了武装部部长。后来，倪家新调到浦江县西水东调工程指挥部。在指挥部任职的干部，可以“照顾”一个家庭成员，到“西水东调”工程里做临时工，倪良正因此去了这个工程。

这一段时间，也是青年倪良正与父亲倪家新相处最多的一段时间。

当时受到这种“照顾”的农家子弟，全县还有另外十几个人，工资每月 27 元，远比在生产队里种田强。他们做的是技术活，即水库动工前的勘探测量工作，主要是测量地形，绘制工程沿线的地形图，为施工提供准确的数据。测量在水利工程建设中是一项非常重要的基础性工作，这项工作做得不扎实，将对整个工程造成负面影响，甚至导致工程返工。

整个测量队共分 3 个小组，每组 5 人。与倪良正一个小组的，还有来自仙华街道的张忠喜和中余乡的张跃英。其中张忠喜年龄最长，1970 年就开始搞水利工程，可以说是小组中的师傅；张跃英与倪良正都来自山区农村，而倪良正则是唯一来自山区的男孩。

测量工作虽然不是运石开山的苦力活，但也同样艰苦而且充满了危险。

“那时没有周末，没有假期，无论夏天多么热，冬天多么冷，我们天天都要背着平板仪、经纬仪等测量工具，还有炊具、帐篷等一大包东西，在山间转。”与倪良正一起度过那段岁月的张忠喜至今记忆犹新。

地形测量工作中，最为辛苦的事情，就是爬山。浦江中北部的山岭，陡峭险峻，倪良正他们每天穿着草鞋，在鲜有人走过的山林中穿越，扯着树枝和杂草，在悬崖峭壁上攀缘。

在山间行走，对鞋子的磨损最大。倪良正有一双解放鞋，但除了逢年过节，平时只穿草鞋出行。夏天，山林茂密，荆棘丛生，一天跑下来，倪良正的腿上，总是被荆棘、树枝划开一道道口子，渗出的血水与汗水一起沿着小腿流下；有时草丛中还会有毒虫，一不小心扎到，或者被咬到脚背，马上就会肿起来，又痛又痒。

“倪良正从小就在山区长大，上山砍柴惯了，对地形地貌、对山中各种状况的熟悉程度都比我们强。”张忠喜回忆说，在这个小组里，一些最危险、最艰苦的测量工作，一般都由倪良正完成。“他肯吃苦，又勤劳。让他去哪，他都肯去。”

测量工作中，除了辛劳、危险，有时还要对付饥饿。登山测量要背负很重的仪器，爬山越岭，是一件非常消耗体力的活计；而倪良正又处于十六七岁的青春期，生长发育快，更容易饥饿。而测量队的工作，一般一出去就是一整天，有时走得远了，甚至要两三天才能回到驻地。

“每次出发，我们都会规划好线路，看这条线路上经过哪些村庄，这些村庄里面有没有亲戚朋友。如果有，我们就去他们家蹭饭；当然饭也不是白吃的，我们会给他二两半粮票。”倪良正说，但即便如此，也不可能每次都赶着饭点蹭上饭吃，有时候，都要到下午两三点了，才能赶到村子里吃上午饭。更多的时候，是需要自备干粮，甚至带着帐篷、炊具，在野外扎营，野炊。

▲ 金坑岭水库修建现场

在测量期间经过村子时，有时会碰上村里放露天电影，几人就结伴看电影。“那时看的电影，都是八一电影制片厂、长春电影制片厂的片子，比如《地道战》《地雷战》，打日本鬼子的电影。偶尔也会到县城看几次电影，但很少。除了看电影，晚上就是聊聊天。没有电视，也没有其他娱乐活动。”比倪良正小一岁的张跃英，对看电影的记忆很深。

在张跃英的记忆里，倪良正有过一次“弄巧成拙”的好笑故事：

当时穿的鞋子，只有两种：草鞋，解放鞋。一般的农村家庭，只有过年时才会买一双新的解放鞋给孩子穿，平时上山下田的，都穿草鞋，不舍得穿这种鞋子。在测量队时的倪良正，已经是个大小伙子，有了爱美之心，除了干活劳动时穿草鞋，平时也愿意多穿穿解放鞋。有一次，倪良正的解放鞋前面穿破了一个洞，脚趾都快露了出来，于是倪良正去找父亲，要父亲给自己再买一双。

谁知父亲看了一眼倪良正脚上的鞋子，说：“鞋子不是还可以穿吗？就将就着穿吧！”显然，父亲并没有注意到青春期的孩子在心理上的变化，以及这种变化带来的要求。

▲ 金坑岭水库

遭到父亲的拒绝，倪良正没说话，但心里很生气。回去后，倪良正就想："不给我买鞋子，原来是因为鞋子还不够破啊？那我就再搞搞破吧！"

结果，当倪良正把鞋子搞得看上去更破些时，父亲还是不给买："你这鞋子明显不是穿破的，是自己搞破的！不罚你，已经不错了……"

经过 2 年多的奋战，测量队于 1976 年 9 月圆满完成了所有的测量工作。

1976 年 10 月 22 日，浦江县西水东调工程指挥部宣布金坑岭水库正式动工。

关于动工时的情况，浦江县水务局编写的《浦江县水利志》这样描述："……发动全县以公社为单位，建立民工营，下设连、排、班出工支援，营、连两级都配置会计、施工员、卫生员、记工员。开始采用 426 辆手推车运送土石料，后全部采用手扶拖拉机、汽车运输土石料，堵口时，最多每天达 500 多辆。"

历经 10 年，1986 年，金坑岭水库大坝主体工程完工。其灌区涉及浦阳、仙华、岩头、郑宅、黄宅 5 个街道、镇，灌溉耕地面积有 4.66 万亩。

生产队队长的尴尬与委屈

金坑岭水库的施工，意味着测量队工作的结束。1977 年，20 岁的倪良正回到了村里。

个子小，体力弱，种田自然比不过别人，但倪良正一向勤奋，爱动脑筋，又是初中毕业，再加上有在县城里工作两年的经历，他回到生产队后，先后当过记工员、会计。记工员，就是根据社员每天的劳动量给予工分；会计，就是将每个社员的工分，换算成稻谷。当时农村还没有"包产到户"，生产队集体生产的稻谷等粮食，都要根据工分的多少来分。

这两项工作，让倪良正熟悉了生产队的工作，对村里社员的情况也有了比较细致的了解。21 岁时，倪良正当上了生产队的副队长；一年后，又“升任”队长。

人民公社时的生产队队长，全是为公家干活，绝大多数的生产队队长都是一心为公。不过，也正因为如此，一般人并不愿意干这个生产队队长。倪良正之所以被选为队长，也是因为在当记工员、会计和副队长的几年里，他的公正和勤奋，被社员们所认可。

然而，当倪良正当上队长后，才发现，这原来比自己想象的要累得多。江南地区农村最忙的季节是“双抢”，即早稻的抢收和晚稻的抢种，由于气候的原因，这两者在时间上是紧挨着的，一边抢收早稻，一边抢种晚稻，才能保证晚稻的成熟。这个季节，一般从 7 月中旬开始，一直持续到立秋后，共一个月左右的时间。“给集体干活，队员的积极性参差不齐。”在这段时间里，倪良正是生产队里最辛苦的一个：早上 4 点左右就要起床，到村头、村尾，吹两三遍哨子，喊社员起床去做早工。

白天，作为队长的倪良正，要与社员一起干活，起带头作用。

到了晚上收工回来，还要召集社员开会，评估当天社员们干活的工分，根据工分分好粮食后，再安排第二天的农活。

就这样，一直忙到晚上 10 点、11 点，倪良正才能上床睡觉。但第二天早上 4 点，又必须起床。

刚开始几天，倪良正还感觉问题不大。但双抢季节要持续一个月余，这样的连轴转，哪还吃得消？！倪良正本来就个子小，身体不是很强壮，这种超负荷的运转，使得他难以承受。他心里打起了退堂鼓。

不过，最终让倪良正辞去队长这一职务的，是他所受到的一次委屈。

▲ 当年的生产队用房

每年 8 月初的抢种季节，正是江南一带高温、干旱、少雨的时期，而稻谷的下种，充足的水分又是必需的。

因此，夏天干旱时，壶源江水就成为附近村民重要的农业用水的水源。为了“抢种”，倪良正率领村民，从壶源江里抽水浇田。然而，平湖村的队长见了，就带了一群村民来阻挠。“这水是我们平湖村的，你们塘家会村不能用！”

“壶源江在我们村前，当然是我们的。”倪良正反驳。

两个村对壶源江的用水产生了分歧。平湖村是个大村子，而塘家会村只有百把人，在双方争执时自然处于弱势。

那就去公社评理！然而公社的领导在协调时却说：“平湖村人多、地多，用水量大，能否让他们先用，你们后用，下雨天有洪水的时候，你们尽管用……”

可以忍受起早贪黑的劳碌，但难以忍受这种不公平的解决方案。22 岁的倪良正，正是血气方刚的青年，他虽然没有在公社领导面前暴跳如雷，但这次的事件让他决定：

不干了！

不干队长，干什么呢？当时的塘家会村，100 多口人中，不从事农业劳动的，只有三个人：一人在平湖小学教书，一人在部队当驾驶员，还有一人就是倪良正的父亲倪家新，是公社里西水东调的干部。另外，村里还有两个泥水工，其中一人就是倪良正的叔叔倪家灶，泥水工虽然没有摆脱农民的身份，但有技术在身，也受人尊敬。

父亲倪家新想起郎家畈村里有个远房亲戚叫陈予西，做木匠做了很多年，四乡八里的都很有名。何不让良正去学学木匠？

“木匠也是手艺活啊，手艺在手，火烧不掉，水淹不掉，一辈子有吃有喝，比种田要强多了！”父亲劝倪良正。倪良正想了想，答应了。

学徒生涯

倪家新找到了陈予西。陈予西此时已经带了两个学徒，按照惯例，没法再带徒弟。然而，亲戚的情面又不能不顾。

“这样吧，我有个师弟陈丰溪，木匠技术也不错，你让良正去他那里学。如果良正在学习上碰到技术难题，我师弟教不了，尽管来问我。”陈予西道。

就这样，倪良正去了陈丰溪那里当学徒，时间是在 1980 年 7 月。不过，倪良正只跟着学了半年，陈丰溪由于身体不好，不能带学徒，倪良正还是转到了陈予西这里。

在倪良正之前，跟着陈予西当学徒的，有来自大畈乡大畈村的陈杏荣，

▲ 倪良正师傅陈予西近照

▲ 倪良正出师后自家做的楼梯

是为师兄；与倪良正一起跟着当学徒的，是来自杭坪镇中央畈村的胡在文；比倪良正晚来一年的，是来自大畈乡建光村的陈伟影。胡在文与倪良正同龄，但出生稍晚，陈伟影小倪良正 4 岁，因此都以师兄弟相称。

从学徒到出师，一般需要三年。能否学到真的本领，要看悟性和勤奋的程度。

有句俗语："师傅领进门，修行在个人。"一般来说，师傅带徒弟，不会把所有的技巧和招数都教给徒弟。当然，师傅也有个人的喜好，徒弟中，谁讨师傅的喜欢，师傅自然就会多指点。

在这几个师兄弟中，陈予西最看重和喜欢的，就是倪良正和胡在文。"他们两个人老实，肯干，能吃苦，爱钻研，不耍滑头。"时隔 30 多年，陈予西依然能记得几个徒弟的表现，"一般徒弟都要学三年，倪良正跟着我学了两年，就出师自己干了。"

那时的师徒，如同父子。一方面，徒弟做得不好，学得不好，师傅可以骂，可以打，甚至可以用棍子招呼；另一方面，师傅家的活，就是徒弟的活，不仅要帮师傅给房东做木匠活，师傅家盖房、添瓦，砍柴、养猪，种稻、收谷，诸如此类，也都是徒弟的活。

“我们的师傅对我们要求很严格，做不好事情，他会发脾气，但良正和我很少受到责骂。”胡在文回忆说。

受到的责骂少，出师快，那是因为倪良正勤快，肯钻研。

先说勤快。木匠给东家做家具，工钱是按照工作日来算的，一组家具，几个人做，需要几天，事前都会根据工作量以及难易程度与东家约定，东家按照约定的时间支付工钱。当然，在农村都是“熟人”关系，东家一般都会按照实际完工日来支付工钱。但是即便如此，木匠们为了自己的信誉和名声，都会严格控制时间，如果能够提前完成，就绝不会延后。

“那时一个木匠，一天的工钱是 1.5 元。木匠的工作，全靠手工，再加上东家木料的尺寸、质量等各种问题，有很多不可控的因素，可能会影响工程的进度。但是，不管出现什么状况，我们木匠不能延期。你一旦延期，很容易被东家认作是混赖工钱。他们当面不会对你说，但会背后对人说，这样一来，木匠的声誉就会受损，别人也就不敢找你做了。”倪良正说，为了保证工期，自己经常会起早贪黑地干活，有时就和胡在文睡在东家家里。

从自己家里到师傅家，倪良正要走十来里的路。夏天天亮得早，倪良正常常 5 点就起床，挑着几十斤的工具——各种型号、用途的斧、刨、锯、凿、铲以及墨斗、墨线等，走上个把小时的路，到师傅家时早已大汗淋漓。“喝点水，休息下。”师傅陈予西会这么劝。“我不怕热！”倪良正总是这么回答着，一边就捡起工具开始干活。

冬天白天短，早上六七点钟天还不亮，但工期照样要赶，倪良正和胡在文也一样会早早地就起床磨洗工具。“那时气温低。木匠工具都是铁制的，特别冷。早上起来拿着工具，有时甚至能把手指给粘住。”胡在文回忆说。

在胡在文的记忆里，倪良正“性格温和”，脑袋又聪明，学技术很专心，不怕苦，不怕累。一起学徒的那段时间，两人形影不离。“我们俩的关系，简直比夫妻还好！”当遇到木匠的技术难题时，两人都会挖空心思地想办法，谁先想出了解决的办法，就会告诉对方。一天的活计结束后，两人就睡在一起，天南海北地聊天，聊各种社会的话题。有时，也会聊到对人生的看法，聊到未来。

“当时社会还不开放，也不允许人们办厂。我们能够想到的，就是学好手艺，让自己的家庭过得幸福点，那就是我们最大的愿望了。谁也不会想到，倪良正今天会有这么大的事业！”

转眼到了六月十三，这一天是传说中木匠祖师爷鲁班的诞辰，后人称为“鲁班师傅诞”。作为中国最古老的行业之一，木匠一直占有很重要的地位。他们注重师道精神，也最重视这个节日。每年“师傅诞”，有一项很特别的传统活动，就是派“师傅饭”。所谓“师傅饭”，其实只是在“师傅诞”那天，用大铁锅煮的白饭，再加上一些粉丝、虾米、眉豆等。相传吃了师傅饭的人们，都能像鲁班那么聪明，而且有创造力。

这天，倪良正和师兄弟们正在与师傅陈予西庆祝着“师傅诞”，陈予西兴致上来，对着徒弟们说：我跟你们讲个鲁班的故事吧……

且说有一年夏天，也是这个时候，六月天，鲁班家乡鲁国国君要鲁班监工营造一座宫殿，期限为 3 年。徒弟们用斧头砍伐，效率低下。徒弟们天天起早贪黑拼命地干，也砍伐不了多少树木，使工程进度一拖再拖，眼看着工程期限越来越近，鲁班非常着急。因为国君的话就是命令，是不允许随便更改的，如果真的是耽误了工程进度，杀头是不可避免的。鲁班愁得连觉也睡不踏实。

为此，他决定亲自上山查看砍伐树木的情况。

上山时，他无意中抓了一把山上长的一种野草，手被划伤了。鲁班觉得很奇怪：一根柔软的小草为何能割破手?

于是摘下一片叶子来细心观察，发现叶子两边长着许多小细齿，用手轻轻一摸，这些小细齿非常锋利。鲁班了解到就是这些小细齿划破了他的手。

后来,鲁班又看到一条大蝗虫在一株草上啃吃叶子,两颗大板牙非常锋利，一开一合，很快就吃下一大片。这也引起了鲁班的好奇心。他抓住一只蝗虫，仔细观察蝗虫口部的结构，发现蝗虫的两颗大板牙上同样排列着许多小细齿，蝗虫正是靠这些小细齿来咬断草叶的。

由于这两件事，鲁班受到很大启发。他想：若做成一锯齿状的砍伐工具，是否同样锋利?于是他用大毛竹做成一条带有许多小锯齿的竹片，然后试锯小树，成果不错：几下子就把树皮拉破了，再用力拉几下，小树干就划出一道沟。鲁班非常高兴。

但是，由于竹片比较软，强度比较差，不能长久使用，拉了一会儿，小锯齿有的折断，有的变钝，需要更换竹片。这样就影响了砍伐树木的速度，使用竹片太多也是一个很大的浪费。看来竹片不宜作为制作锯齿的材料，应该寻找一种强度、硬度都比较高的材料来代替它，这时鲁班想到了铁片。

▲ 鲁班

于是他立即下山，让铁匠们制作带有小锯齿的铁片，然后再到山上试锯树木。鲁班和徒弟各拉一端，在一棵树上拉了起来，只见他俩一来一往，不一会儿就把树锯断了，又快又省力，锯子就这样发明了……

这个故事，给了倪良正很大的启发：实践出真知，钻研出智慧。他从此明白了，要做一个好的木匠，不仅需要木匠活本身做得好，还要善于深入一线，思考钻研，有所发明和创造。“如果鲁班当时不是亲自上山解决砍树进度的问题，就不会有机缘发现野草与蝗虫的细齿；当然如果不善于思考，也不会有锯子的发明。”倪良正后来说，“这个故事未必是真的，但是蕴含的道理却是深刻的。”

当学徒的日子里，除了木匠活，对师傅家的活也一样上心。师傅家盖房子，倪良正就带着胡在文去河边捡石块，挖泥沙；师傅家农活忙了，倪良正就手脚勤快地跟着种田割稻；师傅家缺柴草了，倪良正很快就上山砍回一大捆……

倪良宝回忆说，有一个夏日，暴雨过后，山洪暴发，壶源江水流湍急，呼啸着从村边流过。雨势还没收稳，倪良正收拾东西，抬脚就迈出家门。

倪良宝喊住他：“这么大的雨，你去哪里？”

“我去师傅家。”倪良正回答。

“下大雨怎么去？外面还发洪水。”

“就是因为下大雨才去啊，我担心师傅家被水冲了，得赶紧去看看！”说着话，倪良正就冲进了雨幕……

其实，在学徒生涯中，最为辛苦的，还不是劳动本身，而是吃、住、行等生活的方方面面。

比如行。倪良正家与师傅家隔了十来里的路，途中要经过多处坟地。从小在农村长大，倪良正经常听村里人说，哪里闹鬼，哪里邪门，甚至还有人大白天碰上“灵异事件”的传说，这些村言野语，似假还真，有鼻子有眼的“鬼故事”中，涉及的地点，就有倪良正去师傅家必经的坟地。山间的坟地，即便大白天，一个人走，都有阴森森的感觉，更何况夜晚？

“在师傅家学徒，有时干活要干到晚上 9 点多才回家，一个人走路个把小时，要走到十来点，路过坟地时，那是真的害怕！”那种恐惧感，倪良正至今还无法忘记：“这种事，是越想越怕的。山林间寂静无声，偶尔有大鸟叫一声，那就更加阴森恐怖，令人头皮发麻，两条腿都僵硬了！”

“行”是如此的恐怖，那么就住下吧。特别是给房东做活赶工期时，住在房东家里，省了来回的时间。但住也有问题，因为农村家里条件差，一般家庭都没有给客人准备的房间，这样一来，就会产生很多难以预料的尴尬。

有一次，倪良正与胡在文给虞宅一位东家做木匠活。这位东家是一位60多岁的老人，夫人去世多年，膝下只有一位20多岁未嫁的女儿。“东家离我家有二十来里路，又赶工期，晚上回家根本不现实。但是东家也只有两间房，平时他和女儿各自一床，我们怎么睡？”

最后的结果是，老东家将自己的床让出来，给倪良正和胡在文睡。然而当倪、胡两人睡觉之时，他们忽然发现，这两个房间都没有门，隔壁房间女孩进出，自己房间的情况，互相都听得清清楚楚。这情形实在是太尴尬了！

更要命的是，老东家是个老“烟枪”，躺在床上抽烟已是多年的习惯，由于这个习惯，再加上多年油烟的熏燎，整个房间有着厚重的烟味和油腻。倪良正靠墙睡着，一碰到棉被，就感到一种油渍渍、冰冰凉的感觉……无奈，倪良正只得又起身穿上衣服。

“可是穿着外衣睡觉，我又不习惯啊！就这样，折腾了一夜，也没睡着。看看天快亮了，就干脆起床干活了！”记忆中，这只是其中的一件尴尬事情。

“行”固不易，“住”也难。那么，吃呢？

俗话说：“人是铁，饭是钢，一顿不吃饿得慌。”大多数人一生辛劳拼搏，无非是出于对“吃”的渴求。而东家也明白，木匠师傅来家里干活，“好酒好菜”地招待好，那是分内的事情。不然，“吝啬”的名声如果传到街坊四邻，那可是丢人现眼的事情。

然而，中国文化的可爱之处就在于，互相尊敬，互相抬举，人敬我一尺，我敬人一丈。主人把平时舍不得吃的饭菜拿出来招待客人，客人也不能不长眼色地将它们一扫而光。这样一来，主人与客人之间就形成了一种“默契”：

▲ 胡在文在圣仙谷农庄

比如，木匠在东家做一天活，吃四餐饭，早饭、午饭和晚饭，下午还有加餐。就东家来说，荤菜，也就是猪肉虽然贵，但饭桌上不能没有，荤素搭配，才有面子。而就木工来说，长期以来也形成了规矩：午饭的饭桌上，虽然有肉，但不能吃。到了晚餐，可以吃一点肉，但也要“会看”，不能把碗里的肉全吃完，也不能不吃。一点都不吃，是不给东家面子；全吃完了，又会让东家心疼。所以，木工们都是象征性地吃几块肉，然后给东家剩下一大半。等到第二天，东家再补几块肉盛到碗里，凑成一盘，端到桌上。

当然，如果工程量大，工期较长，有时要做十天半月的，那么，木匠们每隔五六天，都会真正地吃一次肉，因为高强度的劳动，对体力的消耗非常大，非有油水补充不可。

至于素菜，以豆腐和青菜为主。豆腐也都是水豆腐，很少有豆腐干，用油煎过的豆腐就更少了。一般一桌子五六个菜里，两三个是摆着看的，都不会放开吃。

如果仅仅是这种默契的“潜规则”，倒也不是什么问题。问题在于，当时的农村条件没有现在这么好，很多农村妇女一个人要包揽很多的活，有时候忙不过来，刚帮小孩换完尿布，连手还来不及洗干净，就忙着开始烧水、做饭了。即便是到冬天，她们也要在冰冷的水里洗菜、洗衣服。那时没有现在这样的种种取暖条件，连柴火都不多，有些妇女在手脚生冻疮，甚至皲裂、流脓的情况下，仍烧饭、做菜。看到这些情景，倪良正一方面对他们的辛勤劳动心生敬意，另一方面食欲也受到了影响。

【文正手记】

1974 年，倪良正初中毕业后进入了金坑岭水库勘测工程队，从此踏入社会。也正是在这一年，长春电影制片厂以大庆的“铁人”王进喜为原型，在周总理的关怀下拍摄了电影《创业》。“我知道 / 创业的故事让人永远难忘……渐渐地 / 我看到了创业者的决心定格在一个画面 / 那就是繁荣富强……”这首名叫《创业感怀》的诗就像一幅充满怀旧情结的画卷，上面满是革命式的豪言壮语，以及不可名状的岁月记忆。

当时刚刚步入社会、参与社会主义建设的倪良正，还远远谈不上今天我们说的“创业”的概念。即便以“创业”名之,也是一种宏大叙事下的有关“社会主义国家”的创业。不过，就像诗中所说的，“繁荣富强”既然是一个国家所追求的价值，那么，“生活富裕”就可以而且应当成为个人所追求的价值目标，尽管在当时的中国，这一目标在公开场合提及的不多。

1978 年党的十一届三中全会的召开，是中国当代历史的一个分水岭。邓小平在这个会议上作了《解放思想,实事求是,团结一致向前看》的总结讲话，原话是 :“要允许一部分地区、一部分企业、一部分工人农民，由于辛勤努力成绩大而收入先多一些，生活先好起来。”

这一讲话虽然不能立即让远在浙江浦江、年轻的倪良正心中荡起涟漪，但此后掀起的改革开放的大潮，却最终深入并深深地影响了倪良正的生活。1980 年 7 月，倪良正当木匠学徒，正是对“过上好日子”的一种本能而原初的期盼。当然，在从勘测队员到生产队队长再到木匠学徒的过程中，成就今日倪良正的一些优秀品质，比如勤奋、耐劳、吃苦、爱动脑、善钻研等，都已经初步显现并得到了锻炼。特别是在木匠学徒生涯中，师傅陈予西所讲的鲁班发明锯子的故事，也激发了倪良正善于思考和分析的天赋。10 多年后，当倪良正创办圣奥家具公司后，深入生产和销售一线，发现问题并解决问题，一直是倪良正所坚持的作风。也正是因为这一点，圣奥才有了从万千家具企业中脱颖而出，成为今日办公家具界的领导品牌。

可以说，初入社会的 8 年时间里，倪良正在通往成功的路上，踩下了第一串坚实的脚印。

第三章

一个木工的成家立业

1985年前后，他们走出家门打工、做生意，在经过少则三五年、多则七八年的原始资本积累之后，在邓小平南方谈话的1992年前后，开始纷纷办起了自己的企业，成立了自己的公司。倪良正在20世纪80年代从做木匠到养兔、从去上海打工到回到浙江办厂的经历，可以说是浙商的一个缩影。

出师

1983年年初，学习了两年半木匠的倪良正，向师傅提出了“出师”的愿望。他的想法很简单：一方面，自己经过两年多的勤学苦练深钻研，木匠技术的要领已基本掌握，具备了出师的条件；另一方面，自己已经25岁，在农村，已经是成家立业的年龄了，应该考虑独立做工，为成家准备点积蓄。

然而这一要求并没有得到师傅的同意。师傅陈予西的理由是：一般学徒都要三年才能出师，倪良正只学了两年半的时间，如果出师后给人家做活做不好，会给师傅丢脸。

“倪良正人很勤快，木匠活做得也很出色。但是学成时间没有到，师傅大概是想把他培养成一个能挑大梁的、优秀的徒弟。”倪良正的师弟胡在文这样分析说。

然而，心有主见的倪良正坚持出师。

出师后的倪良正，碰到的第一个问题，就是木匠工具的制作。当时木匠的工具都是手工制作的，比如刨子，金属的刨刀片是从外面买的，但刨子的木壳需要自己制作；比如锯子，锯片是从外面买的，但锯架要靠自己制作……倪良正在学徒时，跟着师傅学过各种木制家具的制作，却从没学过木匠工具的制造。每当想到后面要为房东家做家具需要某种工具的时候，倪良正就会苦心钻研，直到想出工具的制作方法，并将工具做好后才肯休息。

除了工具的制造会遇到问题，有时还会遇到像风车这种特殊农具的制作，也会难住倪良正。

风车是一种古老而传统的农具，在收获的季节，农民们用它将稻絮、秕糠和谷粒分开。风车的外形像一辆汽车，虽然没有轮子，但它有四只脚，是四根粗壮的木柱子，支撑着整个风车的重量。它被两个人一前一后抬起来走时，看上去很像三国时诸葛亮发明的木牛流马。圆鼓鼓的风室里，有一个米字形的转页，是风车的动力装置，它与电扇的风页、汽车的涡轮有着形貌和原理上的相似。转轴外面的铁环里有一个弯弯的把手，轻轻一摇，风随手生，将上方大漏斗里流下的稻子里的秕糠、杂物，通过牛头形的出风口吹走，只留下结实饱满的稻粒从正前方的谷嘴里如流水般倾泻而下，落入箩筐。

“这种农具不算是家具，师傅也没教过。但它是木头做的，房东总认为你是木匠嘛，就应该会做。”倪良正接到这一任务后，首先想到的就是请教师傅，然而，他转念就想起了出师时与师傅的承诺，于是就决心自己做。

“记得是在做那个米字形转页的时候，遇到了困难。”倪良正回忆说，为了搞出这个风车，一连几天从东家回来后，钻研到后半夜，甚至到凌晨三四点钟才能睡觉。

“约好了到哪天要交货，就必须交货，连夜赶也得赶出来。一是你不交货，怎么拿工钱？二是你到期完不了工，人家说你水平不行，这口碑就树不起来了！”

就是凭着这样的勤奋和钻研精神，倪良正很快就在四乡八邻中有了声誉。

“塘家会村有个木匠，不错的！”

在檀溪镇，在大畈乡，在岩头镇，在郑宅镇，甚至在桐庐的星河镇，每当有人家要做家具了，就会有人这么说。

就这样，倪良正开始了在这些乡村里的木匠生涯。在当地，木匠又分为“大木”和“小木”。所谓“大木”，就是造房子；而“小木”，则指的是做家具、装修的木匠。这两者虽有交叉，但有些“大木”做不了“小木”的活，而“小木”也做不了“大木”的活。

“倪良正呢，大木、小木都能做！”檀溪镇毛店村的毛东升回忆说。毛东升与倪良正是初中同学，毕业后，倪良正还曾到毛东升家做过木匠。“那时村里盖房子的多，盖了房子接着就要做家具。所以，倪良正经常在我们村里一待就是十天半个月，有时甚至达到一个月，与我们村里的人混得都很熟。”

据毛东升回忆，倪良正做木匠活非常用心。比如一些家具如抽屉、橱柜的拉手，物件虽然小，但很费工夫。为了减少房东的支出，倪良正经常把这些拉手带回家，利用晚上休息的时间做好。“因为价钱是按照工时来算的。当时倪良正每天的工钱是 1.8 元，家具做得多的话，光这些小物件，也得占个一天半日的。倪良正宁可自己辛苦点，也不愿为了这么小的物件，占用工时。”

倪良正的木匠活做得好，当然不仅是及时完工，并给东家省工钱这么简单。东家定做家具，会根据家具的体积，严格计算木料的多少，如果是贵重的木材，那就更是精确。在这种情况下，木匠做活时要极其小心，确保技术过关、

▲ 倪良正自己家制作的家具

工艺完美，不浪费一点木材，不出一点差错，如果稍有不慎，就有可能造成木材的浪费或做工的瑕疵，而导致工作无法完成。

“如果因为我们的原因，导致家具还没做好，木料却没了，怎么办？有些东家的木料是很贵重的，要是我们自己去买，这活就白干了；再说也不一定买得到。”倪良正回忆说，每逢这种情况，自己就会在一些关键的工艺点上，先在家里用自家的木材预先做一遍，检查工艺技术上是否会存在问题，如果没有则罢，如果有，就用自家的木料反复试验，直至通过。

桃李不言，下自成蹊。倪良正对木匠活计这种近乎完美的追求，让自己成为方圆几十里有名的木匠师傅。不少人前来拜师学艺，倪良正也并不拒绝，悉心传授着技艺。

这个木匠团队，可以同时接几位东家的活。倪良正根据工作量，派出合适的人手。自己既是师傅，还要教学徒做，当然也要带头干活。

“其实那时的压力挺大的。既要把家具质量做好，也要保证工期。如果估计不能按时完成，我们大家就要一起赶工，哪怕做到深夜，也要把进度赶上，以确保按时完工。活不能保质保量地完成，我这个师傅是不称职的。”倪良正说。

结婚

1983 年夏天的一个中午，正是夏季最热的季节。在檀溪镇洪山大队湖山村一家姓陈的东家家里，倪良正挥汗如雨地做着木匠活。

东家看着倪良正浑身汗淋淋的样子，忽然想起了什么：

“小倪，来，休息一下，喝点凉茶。”

“陈师傅，不用的，不渴。”倪良正回答。

“没事，你歇下，我跟你说个事情。”

“什么事情？！我哪里做得不好吗？”倪良正停下来，本能地问道。但当他看到陈师傅的一张笑脸时，便知道自己误会了。

“不是木匠活的事。”陈师傅拉了个凳子，让倪良正坐了下来。“我看你这个小伙子不错，给你介绍个对象吧……”

陈师傅要介绍的，就是本村的姑娘陈珍玲。姑娘今年 21 岁，父亲是洪山大队的会计，在家中排行老三，上有两个姐姐，下有两个弟弟、两个妹妹。17 岁时，跟着大姐去了浦江县城。后来“西水东调”的主体工程金坑岭水库开工，陈珍玲也就去工程上干活。

“她也在西水东调工程上？”倪良正听到这里，想起了自己前些年在工程开工前的日日夜夜，不禁对她产生了好感。

看看倪良正，陈师傅心里有了数，心想，这个媒人当定了。

“当时从别人口中得到的关于倪良正的印象，就是他人很诚实，肯吃苦，会动脑筋，木匠活做得很好。”30 多年后，早已成为倪良正夫人的陈珍玲回忆说，那会农村里还不兴自由恋爱，青年男女谈婚论嫁处对象，都要由媒人撮合。

媒人要有两个，男方一个，女方一个。双方的意思表达和诉求，对对方及其家庭情况的了解，也都通过媒人之间了解。

陈师傅做了男方倪良正的媒人，而女方的媒人，就是陈珍玲的大姐夫朱金财。朱金财是倪良正父亲倪家新在“西水东调”工程中结交的好友，当时，倪家新在指挥部，而朱金财则在炮工营里开山炸石。

男方这边没有问题。女方会不会同意这桩婚事呢？

两个媒人去了陈珍玲家，将男方的家庭状况如实作了介绍，也把小伙子倪良正夸了一番。“就是他呀！”陈珍玲的母亲回应道。其实，倪良正在湖山村做木匠，很有名气，她听说过。

没多久，陈珍玲母亲煮了两个鸡蛋，端上来让媒人吃。他们明白，这事成了。

到了秋天，这门亲事就算定下来了。

“当时农村女孩子找对象，首选三类人：一是父母当官的，退休后儿子可以顶职，成为国家干部；二是企业里当工人的，每月都有二三十元的工资；三就是有手艺的，木匠、油漆工、泥工、篾工等。不过前两类，都算是城里人，农村的姑娘人家也不一定看得上，所以有手艺的农村小伙子，就很吃香的。”陈珍玲说。

倪良正这个很吃香的小伙子，就被陈珍玲看上了。“定亲的时候，就是4包红糖，几包白糖，很简单的。”陈珍玲要的，是倪良正的未来。

转眼新年又到，倪良正虚岁已经27岁，陈珍玲也已22岁，该结婚了。可是，女方提出了意见：“珍玲二姐今年结婚，珍玲就等到明年再结吧。”

原来，在农村，有个不成文的规矩：一个家庭中，如果年长的姐姐还没结婚的话，下面的妹妹们是不能先结的；此外，一个家庭中，无论有多少姐妹，一年之中，最多也只能出嫁一个女儿。

这桩婚事，于是就拖到了1985年。

正月初六，在浓重的新年气氛里，一辆拖拉机把陈珍玲拉到了倪良正家。

“结婚时，我要的聘礼，是一架缝纫机，做衣服好用的。”陈珍玲说，当时农村青年结婚，条件好的家庭，流行的是“三转一响四大件”，即缝纫机、自行车、手表、收音机，但自己只要了缝纫机，因为这个最实用。

在陈珍玲的记忆里，结婚那天，话语不多的倪良正的一句话，自己记住了：“你放心，我会把这个家养好的！”

养兔

与塘家会村相邻的月山村有电视机了！

电视里有人，人会说话，会唱歌，跟电影一样。与电影相比，电视虽然小点，但可以一直放到晚上 10 点多啊，而且电视就放在自己家里看，想看时就看，不看时就关掉，用不着像看电影那样，要好久才到村子里放一次……

这是一台 14 英寸的黑白电视机，它的主人叫陈丰明。自从他家买了村里这第一台电视机，他家的门都快被挤破了！村里的人们纷纷来看新鲜，特别是到了晚上，家里院子里就挤满了人，大人，孩子，老人，妇女，姑娘，坐着的，蹲着的，站着的，还有趴在墙头上的，大家的眼睛，齐刷刷地盯着那台一闪一烁的电视机……“这可是咱村里的第一台电视啊！”月山村里人都这么羡慕着：“养兔子竟然能养出一台电视机！还是陈丰明能干啊……也不知道谁还能买得起第二台？！”

养兔专业户陈丰明，因为这台电视机而一时成为村里的红人。两年前，他听说新昌县许多农户因养长毛兔而致富，于是就多方打听，从新昌县买来一批长毛兔养殖。两年来，竟然真的大赚了一笔，并买了这台电视机。

“你看养兔子这东西，比干手艺活还赚钱，还轻松！”村里人的评论很快就传到倪良正耳里。

“是啊，我辛辛苦苦干一天活，也就挣个一两块钱，一年下来赚不到 1000 块，人家两年可就赚了好几千啊！”倪良正心想，“再说，自己刚刚结婚，也不能这样老在外面跑。养长毛兔，可以在家里养，木匠活就可以少接一点。”

倪良正把自己的想法跟陈珍玲说了。新婚的陈珍玲本来也不愿看着新郎整天在外面给人家做活，于是就满口赞同。

说干就干。倪良正从亲戚朋友处借了 1000 多元钱，再加上自己多年的积蓄，跃跃欲试，开始养长毛兔。

长毛兔原名安卡拉兔，起源于土耳其的首都安卡拉。安卡拉兔从 1723 年由英国海员带到法国，再传到世界。后来形成了法、英、德等不同的品系。20 世纪 80 年代，我国开始引进德系、法系和日系的安卡拉兔，并在浙江、山东、河南等地区形成养殖区，并对其品种进行了优化。在这过程中，20 世纪 80 年代中期，浙江绍兴的嵊县和新昌县，大批农户养殖长毛兔，成为著名的“长毛兔之乡”。当时就有一句民谣说：“家养三只兔，不愁油盐醋！”

倪良正怀揣一笔钱，也去了新昌。不过，他买的不是三只，而是四只。“那时农户养兔，一般都是从一两只开始养，让母兔生了小兔后再逐渐扩大规模。”陈珍玲回忆说，“倪良正一开始就买了四只兔子，是因为他想把事情做大。”

倪良正买了三只母兔，一只公兔。母兔每只 700 元，公兔一只 300 元，一共花了 2400 元。

▲ 饲养的长毛兔（示意）

这是倪良正结婚后的第一件大事。在“万元户”还是一个人们十分艳羡的称号的时代，2400 元的投资，对一个普通的农户来说，是一笔巨大的投资。

然而，倪良正的这次投资，最终失败了。

“长毛兔不是普通的家兔，是很娇贵的。”倪良正回忆说，养长毛兔的失败，应归结于自己对养兔知识的缺乏。“那时只知道兔子小的时候难养，不知道跟季节有更大关系。”

倪良正买长毛兔时，正是春季，处于最好的繁殖期。经过几个月的悉心照料，经过三只母兔与一只公兔的“配合”，三只母兔都连续生下了几窝兔崽子。

“兔子的繁殖力很强，一般一两个月就能生一窝崽子，每窝少时有四五只，多的时候有八九只。这三只母兔，用了四个来月的时间，就繁殖了接近 80 只小兔子。”倪良正回忆说。

看着这些兔崽子，倪良正满心欢喜。他心里盘算着，等这些兔子长到可以卖掉的时候，每只兔子至少能卖两三百元，除掉成本，毛估估也能赚万把元钱，到了秋天，差不多就能买上电视、自行车……

然而，他万万没有想到，随着盛夏的到来，一场灭顶之灾正在向小兔子们袭来。

“寒冬易度，盛夏难养。夏天气温高，湿度大，对长毛兔生长极为不利。”倪良正说，夏天要给兔子通风降温，要剪毛散热，要给它喂药防止各种疾病，要注意清洁卫生等，而当时自己对养兔的知识掌握得实在太少，而导致 80 只长毛兔在夏天染上病，一只只死去。

“一开始，每天死一两只，到了后来，每天死三四只，再到后来，七八只、七八只地死。那个心疼啊！”倪良正说，那么多的小兔子，只用了半个来月的时间，就因感染疾病，死得只剩两只了。

这次养殖长毛兔，是倪良正办企业之前唯一的一次投资，前后历时半年，以亏损 2000 元告终。

1985 年下半年，倪良正继续自己的木匠生涯。但是经过养长毛兔失败的刺激，他再也无法满足于以前那种在村里挨家挨户给房东做活的生计了，他希望自己有更好的日子！

打工在上海

1986 年，是多变的一年。这一年，中国第一家国有企业破产，沈阳市防爆器械厂被收缴营业执照；这一年，一批一无所有的温州人因为无意间抓住了计划经济的软肋，随后快马扬鞭，一路奔跑，他们的名字包括了南存辉、王振滔、尤小平、周成建、钱金波、邱光和……他们在商品经济中的领跑，把著名社会学家费孝通吸引到了温州，“温州模式”从此被广泛地争论。

1986 年的中国，商品经济的观念在民间，特别是在浙江，也正像初春的柳条，虽然柔嫩，却生机勃发。

这一年的倪良正，虽然并不清楚外界的这一切，但那种跃跃欲试的气氛，却被他分明地捕捉到了。

春天，倪良正收到了一封来自西安的信件。写信的是他的初中同学毛东升。毛东升高中毕业后，也学了一门手艺，就是油漆工。1985 年，他去了西安，在那里给人家打工做油漆，很是赚了一笔钱。他看到当地缺少木匠，于是就给倪良正写了一封信，邀请他去西安“淘金”。

倪良正动心了。不过，他不能走。

一是爷爷朱传牛生病卧床。爷爷已经老了，再也不是自己小时候那个生龙活虎的爷爷了。想着小时候曾经依偎在爷爷温热的怀里，想起曾与爷爷一起上山打柴的日日夜夜，倪良正突然感到，这些年，自己忙于村村户户地做着木匠活，很少有陪爷爷的时间。而如今，眼看着爷爷在世的时日不多了，自己怎么能在这个时刻离家打工呢？

二是妻子陈珍玲已经怀孕。看着妻子日渐隆起的肚子，倪良正知道，自己的宝贝娃娃很快就会出世。作为父亲，自己决不能在这个时候离开妻子。

倪良正决定暂时待在家里。

然而，那年农历三月，爷爷朱传牛就撒手人寰，永远地告别了这个世界。朱传牛虽然不是倪良正血缘关系上的爷爷，却是他在这个世界上最亲的亲人之一。他的去世，让倪良正痛哭不已。在无限哀思中，他陪着父亲将爷爷葬在了自家的后山上。他相信，爷爷的灵魂，会永远守护着自己。

有悲伤,也有欢喜。爷爷朱传牛去世两个多月后,倪良正“升级”当爸爸了。

农历五月廿八，随着一声响亮的啼哭，倪良正的大公子倪曙泉降生了。

初为人父的倪良正眼看着这个胖乎乎的小宝贝，心中充满了怜爱。他虽然一向不太善于表达自己的感情,此时却依然掩饰不住自己心中的欢喜。当然,儿子呱呱的啼哭声，也一再提醒着倪良正：作为父亲，自己有责任让孩子过上幸福的生活！

秋去冬来，转眼到了年底。倪良正心里的压力却越来越大：传统上，每年到了春节，是各种债务结清的日子。养长毛兔失败欠下亲朋好友的债务，眼看今年是还不上了。可是，即便还不上，也要对亲友们有个交代，好让他们放心。按照当时的收入水平，2000 元钱估计要三四年才能还得上。谁有那个耐心呢？

倪良正又想起了同学毛东升的那封信。从信里他知道，到城市里打工可以赚更多的钱，做得好的话每年可以挣好几百块钱，用不着两三年，所有的债务就能还上！

倪良正就与妻子陈珍玲商量起外出打工的事情。陈珍玲看看怀里的小曙泉，又看看丈夫倪良正，没说话。倪良正明白，妻子不舍得自己走。

“我想过了，我不去西安，西安太远了。我去上海，上海城市比西安还大，机会肯定更多，而且离我们浙江很近，家里有个什么事情，我很快就能回来。”倪良正向妻子解释，“你在家照顾着小曙泉，还有我妈和你妈帮忙照看着。等我到那边工作稳定了，我就把你和孩子也接过去。”

陈珍玲点了点头。

就这样，1986 年年底，倪良正在一个老乡的带领下，去了上海奉贤的一个工地打工。然而，在工地打工的一年多的时间里，倪良正却吃了不少苦头。

“那时打工，做什么工作、待遇多少等都是口头说说的，不像现在有什么劳动合同，说实话大家也不清楚还有劳动合同。平时，包工头适当的时候会给我们发一点生活费，等需要用钱或春节回家时，我们也会去与包工头商量领取一部分。一般来说，项目都是结束的时候才结账。但经常会出现，到结账时拿不到之前约定的工钱，有时发包方拖延工程款，包工头也拖着；有些是包工头管理粗放，出现亏空，便将责任转嫁给工人；也不排除个别包工头想多拿一点，反正各种原因都有吧，我这个‘乡巴佬’只好自认倒霉。”倪良正回忆说。

这样做了一年多，1988 年年初，倪良正打听到附近有一家家具厂在招木匠，就去了家具厂做木匠。

当时的上海奉贤，到处都是家具厂。而 20 世纪 80 年代后期的中国，又是商品缺乏的时代。“那时缺的是产品，不是市场。”倪良正回忆说，家具厂的生意不错，自己在厂里从来没有出现过接不到活的情况，最好的时候，一个月工资有四五百元，真的比在家

▲ 20世纪80年代家具工厂

里好了很多。

倪良正聪明利索，勤奋低调，活计又做得好，很快就引起了老板的注意。做了一个多月，转眼春节就要到了。老板把倪良正叫过来，说："小倪，过了年还来不？"

"来！"

"你们浙江，做木匠的多吧？你的木匠活是怎么学的？"

倪良正就把自己家乡的情况，自己做木匠的情况说了一遍。

"这样，你过了春节，给我带些木匠来。只要你们手艺好，好好做，不会让你们吃亏的；你个人我也额外给予一些关照。"老板说道。

"好的！我会努力去办这个事。"倪良正说。

过了节，倪良正回到奉贤家具厂时，果然带了几个人来。这其中，就有陈珍玲的弟弟，也是倪良正的徒弟陈谦理，自己的师弟陈伟影等。看到倪良正带来的人都是熟练工，上手快，老板便让倪良正多找些木匠来。此后，倪良正陆陆续续就将老家浦江的几十个木匠带到了奉贤家具厂。

"那时奉贤家具厂很多，工人不那么好找。到后来，我带去了不少木匠，老板高兴得很。"倪良正回忆说。

这一年，倪良正在工厂里的表现更为出色，也深得老板器重。活做得好，为人忠实，勤奋，又爱动脑筋，这样的员工，大概是每个老板都喜欢的。渐渐地，老板有时候也让他参与一些诸如送货、售后、材料采购等工作。

精湛的木匠技艺和勤奋的工作风格，给倪良正带来的是收入的增长。"那时候，我们的工资一月在 400 元左右，但倪良正的活做得又快又好，他和他的学徒每月有 1000 元左右，是工厂里工资最高的。"陈伟影回忆说。

也是在 1988 年，倪良正兑现了当初向妻子陈珍玲许下的诺言。他带着妻子和刚学会走路的儿子倪曙泉，来到了奉贤家具厂。由于倪良正在厂里的

▲ 倪良正夫妇和长子倪曙泉在上海的合照

出色表现和重要作用，老板特地给他安排了宿舍，一家三口就住在了厂里。

“倪良正做木匠，我就一边带着孩子，一边在食堂里给工人们做伙食。”一个家庭有了两份收入，日子也就好起来。不久，一家人不仅把养长毛兔的欠款全部还清了，还盈余了 2000 多元钱。

不过，即便如此，倪良正还是想回到浙江。“上海人排外，他们把所有不是上海的，都看作是乡下人。”有着强烈自尊的倪良正可不愿接受别人的“看不起”，尽管这种“看不起”毫无来由。此外，当时的交通极为不便，从上海奉贤回到浦江老家，连头带尾，有时要花整整两天时间。而在家具厂做了一年时间后，倪良正也慢慢发现，办个工厂并不是很复杂：只要有个厂房，再去买些木材，弄来些工具就可以了。

这些因素的叠加，使倪良正的心思开始活动了。

“如果自己回杭州开个厂，赚得比打工要多得多了！”倪良正有次回到老家浦江后，就将这个想法与哥哥倪良宝说了。倪良宝此时还在檀溪镇的一家纺织厂上班，他想了想说：

“开个厂，第一要有启动资金，第二要能做出家具，第三要有销路。这三项里面，我们现在只有第二项，也就是会做家具。启动资金不够，销路也没找好，我们也没太多的关系。所以我觉得这事，现在还不成熟。”

倪良正考虑了一下哥哥的说法，三项里面有两项没着落，确实风险太大，于是也就搁下了这一想法。

转眼又是一年。1989 年春节，此时倪良正手头已经有点积蓄。他再次游说哥哥倪良宝：“现在除了销路，‘启动资金’和‘做出家具’这两项都具备了，我觉得我们可以试试。”

倪良宝问：“要是做了家具卖不出去，怎么办？”

倪良正：“找销路啊！这种事情都是一边做一边找买家的。要是等到什么事情都有了再去做，那早就被别人做去了。”

其实倪良正考虑过有关销路的问题。他知道，哥哥倪良宝是檀溪镇上浦江纺织器材厂的营销员，在浙江、江苏一带人头熟，还有一个舅佬在杭州，有一些人脉，如果哥哥参与，一定能找到一些路子。此外，檀溪镇上的纺织器材厂也濒临倒闭。这也是倪良正要拉哥哥“下海”的原因之一。

看着哥哥还在犹豫，倪良正交了底：“哥，你想想吧。万一我们办厂失败了，欠了别人的钱，大不了我再去打工，钱赚了我去还；然后你呢，凭着你的能力，再找个工作，应该也不是问题。”

这一次，倪良宝被弟弟说动了心。他觉得弟弟的那句话很有震撼力：“要是失败了，我们大不了就是走了个弯路；要是成功了，我们可就大不一样了！”

【文正手记】

1987 年，“企业家”这个名称第一次在中国的媒体上出现，此前，他们都被称为厂长或经理。此时，虽然“浙商”的称号还远未形成，但形成日后“浙商”群体的那些人，已经在路上，义乌人扛着大包小包的服装、小百货到了西安、济南、乌鲁木齐、哈尔滨，温州人则垄断了北京、天津、上海、武汉、昆明、兰州、银川、拉萨等地的纽扣、皮鞋、标牌、低压电器等数十个小商品的市场。在义乌人和温州人的身后，还有打铁的永康人、修鞋的乐清人、补袜子的诸暨人、做棕绷的天台人、卖眼镜的台州人。人多地少的省情，推动了浙江许多地方区域性传统手工业的兴盛，赢得了“百工之乡”的美誉。为了生计，为了活命，他们必须走出去，走出家乡、走出浙江，甚至走出国门。

正是这批当年在全国各地做着“下等”活计的打工者——后来被称为“行商”，成为日后中国第一大商帮——“浙商”群体的雏形。1986 年年底到上海打工的倪良正，事实上也是这批大军里的一员。这批商人的一个共同特点，是在 1985 年前后走出家门，打工、做生意，在经过少则三五年、多则七八年的原始资本积累之后，在邓小平南方谈话的 1992 年前后，开始办起了自己的企业，成立了自己的公司。到 20 世纪 90 年代末期，有人总结了这批浙商的艰难经历，由于他们“走遍千山万水，吃尽千辛万苦，道遍千言万语，想尽千方百计”而被称为浙商的“四千精神”。倪良正在 20 世纪 80 年代从做木匠到养兔、从去上海打工到回到浙江办厂的经历，可以说是这“四千精神”的一个缩影。

第四章

小河路 37 号

创业初期的倪良正，坐火车丢过钱，使他在春节回家时愧见父母妻子；在市场租摊位维过权，人身安全都受到威胁；为了租个厂房，都要向别人赔尽笑脸；借钱时受过白眼，让自尊心受到伤害……

1989 年年初，外面的世界呈现出一种躁动的情绪，人们对过去一年里飞涨的物价记忆犹新——为了取消物价“双轨制”，1988 年中央决定放开物价，实行“价格闯关”，从 5 月份开始，全国中心城市的猪肉和其他肉食价格以 70% 左右的幅度上涨，其他小商品迅速跟进，各地物价如脱缰的野马，撒蹄乱蹿。物价的上涨引起恐慌，居民大量购进物资以保值。根据当时的报道：“人们像昏了头一样，见东西就买，既抢购保值商品，也抢购基本消费品，连滞销的也不放过，电视机有图像就抱，电风扇能转就买，电冰箱有冷气就要。”

“钱不值钱了。”春节期间的茶余饭后，倪良正听到人们议论得最多的，就是这句话。

其实，就这点来说，倪良正感触更深。在上海，他的收入虽然在工厂工人中算多的一个，但他也明显地感觉到，钱不经用了。“以前一张 10 元的‘大团结’，可以买两三次的菜，现在买一次菜就剩下不多了。”

“要是收入不提高，物价又涨，那实际上收入就是降低了。”想到这一点，倪良正更加坚定了自己创业的决心。

而此时，倪良宝所在的纺织器材厂业已倒闭。倪良宝的工作一时也没有着落。最终，两人决定一起到杭州创业。这一年，倪良正 32 岁，哥哥倪良宝 34 岁。

创业杭州

创业的艰难，倪良正兄弟俩都在脑海中“预演”了很多次，各种可能的困难也都想象了很多，但是，他们想不到创业之难，比预想的要难十倍。

首先是场地的问题。做家具，总要有个场地啊，吃饭睡觉，工具置放，还有做木匠的地方……直到倪良正回到浙江杭州，才发现杭州之大，其实也无自己的立锥之地。找房子固然不容易，租房子也是需要钱。可是，客户都不知道在哪里呢，先要一笔开支花出去。如果找不到客户，这钱就是白扔了。

有没有一举两得的好办法，既可以省下点租房的费用，又能有比较稳定的客户？

倪良正眼睛盯着倪良宝。

“有了！”倪良宝想了想。“我的妻弟周生金，不是在部队汽车连当连长吗？他见多识广，让他帮忙想想办法。”

最终，周生金回了话：在笕桥机场附近，部队的房子可以腾出两间，象征性地收点租金。还有，部队干部的家里可能会需要一些桌子椅子的，也有一些潜在的客户。

8 月，倪良正兄弟进了杭州笕桥机场的两间空房内，做起了木匠活。

“活还是有的，但也不是很多。”20 多年后，倪良宝回忆当时的境况时说，即便有亲戚的帮助，在很多方面省下了不少力气和心思，但依然是个艰难的开始。

更为重要的是，即便如此，“笕桥机场”的创业时代也只维持了几个月。原因是：吵着别人了。

“那时我们的客户，都是部队里的。他们来了，让我们做张床，做张桌子椅子的，要求都很高，而且急着要货。”倪良宝回忆说，作为木匠，接到生意就要尽快做完，那是天经地义的事。

但是，这样的“天经地义”，却与部队的“天经地义”发生了冲突。

部队的家属和人员要午休。倪良正则从来没有午休的概念。接到生意，“乒乒乓乓”地把活尽快做完，这是他的性格。

“乒乒乓乓”，影响了部队人员及家属的午休。

有人反映到部队领导那里，有人直接来敲门提出抗议。

“我们兄弟俩不得不考虑‘搬家’了。”

尴尬的春节

1989 年年底，倪良正兄弟搬进了茶花村。

兄弟俩租下的“厂房”，有上下楼两间。一楼做油漆，二楼做木匠。白天做完木匠，晚上把工具一撤，二楼的木匠作坊就是卧室。夏天干到累，有时就直接睡在工作台上。

在上海，倪良正还能与妻子陈珍玲以及儿子曙泉在一起，但到杭州创业后，由于生活拮据，倪良正只能让妻儿待在浦江老家，与哥哥在杭州打拼。兄弟俩分工明确：木匠活由倪良正来做，其他的生活方面均由倪良宝负责。

“那段时间真是苦啊！”倪良宝回忆说，为了省钱，自己每次去菜场买菜，都只买那些品相最差、别人挑剩的菜。实际上蔬菜也不是天天有得吃。当时丁桥有个酱菜厂，倪良宝有时会买来一些酱菜，可以吃很多天。至于菜油，倪良宝更不敢买普通人家常用的菜籽油，只去买一些猪大肠刮下来的猪油来吃。

苦，是创业题中必有之义。不过，创业也有乐趣。那就是倪良正的木匠活，得到了客户的认可和好评。

“找小倪去！”茶花村里，茶余饭后，村民们聊起家什，谁家缺个桌子椅子的，就会有人这么建议。

渐渐地，来找“小倪”做家具的，多起来了。“小倪”一个人做不完了。

倪良正想到了多年前跟自己一起学木匠的师弟胡在文。趁着一个空当，他回了一次浦江。“你跟我一起做吧，肯定比在家里收入好。”

胡在文被倪良正说动了。同时被说动的，还有另外 2 个木匠。到秋天，家具厂已经有 2 个油漆工，包括倪良正 4 个木匠，加上倪良宝作为“后勤”，一共 7 个人。

倪氏兄弟成了“老板”，虽然有 5 个合作伙伴，但实际上也是员工。

当老板的第一要义，是说过的话要做到。倪良正给自己定了这样的规矩。

“规矩”最重要的体现是，无论怎么样，答应给他们的工资，哪怕自己吃糠咽菜，也得给他们。

转眼春节就要到了。腊月底，看看手头上的活计渐少，倪良正让师兄弟们先放假回家，自己和哥哥倪良宝一起做扫尾工作。

腊月二十八晚上，弟兄两个凑在一起。

“哥，现在我们剩下多少钱？”倪良正问。

倪良宝把一叠钱交给倪良正。倪良正数了数，刚好 650 元。这是弟兄俩一年辛苦的结余。两个家庭要依赖它度过一个春节。

有一分钟的时间，弟兄俩沉默了。时间像凝固了。

“哥，我们俩平分吧。”倪良正首先打破沉默。他抽出一张 10 元的“大团结”，说：“这 10 块，明天让三轮车把我们送到火车站。剩下的，我们各 320 块。”

倪良宝点了点头。

第二天，腊月二十九。弟兄俩起了一个大早，雇了一辆三轮车，让三轮车夫将他们送到火车站。这是弟兄俩第一次真正有“老板”的感觉——时间是 40 分钟，花费 10 元钱。

早上 8 点，弟兄俩上了从杭州出发到浦江郑家坞的火车。火车是绿皮加

▲ 浦江郑家坞火车站

班车，不在“按时到达”的计划内，哐当哐当，经常会临时停车，等候别的车过路。

虽然火车慢一点，虽然一年辛苦下来挣的钱少得可怜，但倪良正并不太在乎。“至少，现在有 7 个人了，接到的活计，也比刚创业时多了很多，自己做木匠活的名气，正在慢慢向外扩散……”倪良正想，等到明年，一定会更好。

火车哐当哐当地晃着。下午 3 点半，红彤彤的太阳已经偏到西山顶，火车终于“晃”到了郑家坞。

“忽啦”一声，急着回家过年的人们争着挤着下车。倪良正从对明年的向往中回过神来，急匆匆拿下行李架上的行李，与哥哥一起，汇进摩肩接踵的出站的人流中，并快速地上了郑家坞到浦江县城的公交车。

公交车上，倪良正开始想：明天大年三十，该买点什么年货回家呢？

一边想着，一边下意识地摸了摸自己的口袋……

钱呢？

那 320 元钱呢？！

这一摸不要紧，倪良正“刷”地一下子，脸都白了。

“哥！我的钱不见了……”

直到这时，倪良正才想起，大家蜂拥着挤出火车站的时候，自己身上被什么人“挤”了一下。大概就是在那时，钱被小偷偷走了。

这可是整整一年的辛苦钱啊！妻子儿子都在眼巴巴地指望着自己能带点年货回家过年呢！

怎么办？

倪良正怔怔地望着倪良宝。

倪良宝只能安慰他：“弟弟，钱丢了就丢了，也找不回来了。我这里不是还有吗？我们再分一下。”

但倪良正坚决不答应。虽是亲兄弟，但哥哥也是成家立业了的，哥哥也需要给嫂子一个交代。这一点，倪良正很明白。

但是，倪良正如果双手空空回家，倪良宝又于心何忍？他坚持再次将钱平分……

最后，倪良正从哥哥手里拿了 100 元，说：“哥，过个春节，少了 200 元，怎么也不行的。我从你这里拿 100 元，明天我再去表哥那里借 100 元。这样，我们两人都有 200 块钱，可以过年了……”

从郑家坞出发的公交车，到浦江县城就已经天黑了。回到檀溪镇老家是不可能了，只能在县城住下。

那一夜，兄弟俩找了一家旅馆，在走廊上睡了一夜。“走廊上睡，便宜，每人只要 5 元钱就够了。”

第二天，已是大年三十。倪良正辗转找到表哥借了 100 元钱，再加上哥哥给的 100 元，在浦江县城里胡乱买了点蔬菜和年货。等赶到檀溪镇塘家会村的老家时，已是夕阳在山，妻子陈珍玲正等米下锅，儿子曙泉已经哇哇乱啼了。

小河路 37 号

这个春节，确实过得拮据。虽说当了“老板”，但收入并不比师兄弟们多——原因仅在于作为“老板”，首先是要承担责任，遵守诺言，哪怕自己没有收入，也要首先保证师兄弟们的收入。这样的原则和操守，虽则一时看上去会“吃亏”，但长久看来，收获会更大。

正如倪良正所想的那样，尽管创业的日子艰难，但毕竟是慢慢好起来了。开春之后，找倪良正做家具的日益增多，2 个油漆工、4 个木匠已经无法接下日益增多的生意，事业的发展需要更多的人来参与。

但是，另一个问题也随之而来：如果继续增加人手的话，茶花村这两间已经显得逼仄的房子，怎么能放得下？

摆在倪良正面前的双重任务是：既要寻找工人，又要物色新的工作场地。

“工人问题不大，浦江老家有一些认识的同行，他们与我谈得来，对我的为人也了解，应该能说服一些人来。”

但是工作场地的问题，并不那么容易解决。

在茶花村已经待了十个月的倪良正，一边干着木匠活，一边留意着有关未来厂房的事情，还让哥哥以及师兄弟“打捞”着浦江老家的木匠们。

终于，在倪良宝费尽心思之时，他听说在丁桥镇，有一个江干区第八建筑公司的厂房空置不用，于是就辗转托人联系，最终心想事成，搬到了丁桥镇。

▲ 吉如村仓库厂房

生产场地变大了，生产工人慢慢也多了起来，日子虽然过得依旧艰难，但至少能够看到希望。

随着生产能力的扩大，倪良正希望能接更多的活——等别人找上门来，那样的生意毕竟少。而另一方面，随着人们头脑的活络，做家具生意的人也多起来了。市场上开始有了竞争。

“以后这种等上门业务的方式，可能会减少了。”终于有一天，倪良正对哥哥倪良宝说，“我们得自己主动去找活干了，不然以后会被淘汰的。”

倪良正并不善于言谈。但他每次说出来的话，都是经过深思熟虑的。

倪良宝明白了弟弟的意思。“社会关系我多点，以后我多跑跑业务吧。”

当时有一家杭州市家具公司，在湖墅南路上有一个卖场。倪良宝在卖场里转了一圈，东摸摸，西看看，然后找到了这家公司的负责人。

“我们是做家具的，希望可以拿到你们这里卖一些。”倪良宝开门见山。

负责人狐疑地看了看倪良宝：“要拿到我们这里卖的，不要太多哦。”

倪良宝听出了言外之意。“我们做的家具，比你这里卖的百分之九十的都好。”倪良宝很自信。刚才他在卖场转了一圈，对那些正在出卖的家具，心里有了数。

“那你们做一套家具拿来看看吧。”负责人说。

半个月后，倪良宝带着倪良正做的一套套房家具——床、桌、椅、柜等应有尽有，再次来到湖墅南路的家具卖场。那位负责人对这套套房家具前后左右看了几遍，点了点头。

这是企业第一个展示、销售家具产品的窗口。“虽然后来在湖墅南路的销售情况并不是很理想，但它毕竟是圣奥开始走出去直接面对市场的第一步。”倪良宝回忆说。

此后，经朋友介绍，倪良宝又认识了在教工路上西湖家私总厂的厂长夏忠富。西湖家私总厂主要生产沙发，但由于知名度大，有些单位也会找到它，希望帮着做一些办公家具。这时，恰好倪良宝找到了他。

夏忠富想了想说：“不如办公家具就交给你们来做吧！如果有订单，我就通知你们。要求只有两点：保证质量，及时完成。”

西湖家私总厂的订单，是倪良正俩兄弟创业初期的一件大事。它对于兄弟俩初期的意义是巨大的，一是从此他们开始慢慢转型以做办公家具为主；二是它奠定了企业早期的市场基础。由于厂长夏忠富业务能力强，订单多，办公家具的订单也随之水涨船高。为了完成订单，倪良正再次从老家浦江请了一些木匠、油漆工来做活。

“在丁桥镇时，员工已经达到了 20 多人。到了年底，我们也有几千块钱的资产了。”倪良宝回忆说，比起创业初期在茶花村时，那是已经好得太多了。

1991 年春，随着企业规模的扩张，丁桥镇的工作场所已经无法满足企业的发展。此时倪良正的妻子陈珍玲又有了身孕，那个后来叫作倪曙华的小宝宝已经在母腹中躁动不已。为了让企业有更大的发展空间，让家庭有个相对宽裕的空间，倪良正兄弟开始商量“分家”。

最终的结局是，兄弟两人分开经营：倪良宝带领原班人马在原地经营，倪良正带领几个师兄弟到拱宸桥小河路附近重新创业。

重新创业，首要的问题是解决经营场地。

倪良正打听到小河路附近有一家住户，家里有 5 间房子可以出租。但是，当倪良正去看房子时，发现房东一家还住在其中的一间。

倪良正表达了租房的意愿。房东答应得很爽快："好的，没问题。你先把房租交了吧，我过几天就搬出去。"

倪良正交了租金就走了。心想解决了一件大事，心里盘算着以后该怎么做。

过了几天，倪良正来看房子有没有搬空，房东还是那句话："再等几天我就搬出。"但是，又过了几天，倪良正再来，房东还是那句话："再等等……"

"房租交了，房子应该归我使用，房东以各种理由一直没有搬走，但是我也不敢与他当地人较真，初到小河路人生地不熟，人员也少，只有几个人，在忍受的同时只能抓紧时间另找地方。"倪良正回忆说。

倪良正打听到，附近有一个放稻谷的仓库，除了稻收季节，一年中仓库多半时间是闲置的。

倪良正找到了村主任，希望租下这个仓库。但村主任告诉他，仓库已经被杭一棉旗下的通风设备厂承租，如果要转租，需要向通风设备厂去租。

"那么，您能把对方的联系方式告诉我吗？"倪良正追问。当倪良正拿到村主任给的联系方式，找到通风设备厂的厂长时，对方却说：这个仓库对他们来说，倒不是很重要，租与不租都可以，

▲ 丁桥分厂

如果你想租，只要村里同意，他们就同意。而倪良正再次找到村主任时，村主任有一搭没一搭地重复着之前说过的话。眼见他们俩对这件事打起了“太极”，倪良正心里很是着急，仓库租不下来，就没有生产场地。

一段时间过去了，事情毫无进展。有一天，倪良正去村里开的小卖店买东西,碰巧村主任也在店里。倪良正与村主任寒暄了几句,村主任依旧踢着“皮球”。后来，倪良正又去了几次，和旁边的人也熟悉了起来。从旁人的嘴里获知，这个店是村主任家开的，平时是村主任的妻子在打理。还了解到，村主任是方圆几里内有名的“妻管严”。

倪良正想，租仓库这样的事情，不是什么大事，如果能让村主任妻子帮忙说上几句话，也许这件事会柳暗花明，出现转机。

于是，倪良正就隔三差五地到小店去转一下，买包烟。

一来二去，老板娘对这个三天两头来买烟的年轻人，产生了好奇。

“小伙子，你常来买烟，怎么没见你抽过烟？”有一天，老板娘忍不住问。

“我不抽烟。”倪良正答。

“你不抽烟，你买烟干什么？”老板娘问道。

“招待客人……”

此后，倪良正还是常常去“买烟”。老板娘和倪良正逐渐熟悉起来。

终于有一天，倪良正提着两瓶酒，跟着村主任的妻子去了她家里，说明了来意：“我做木工需要场地，想租下你们村里那个仓库，希望村主任帮我说一下……”

很快，倪良正就得到了消息：租仓库没问题。村主任还为倪良正说情，租金便宜，每月只需要 150 元……

“吉如村的这个仓库，前前后后花了将近半年时间才租下来，记忆非常深刻。”倪良正说。

1991 年 5 月，倪良正正式搬入吉如村这个仓库。小河路 37 号，成为圣奥创业发展史上的第一个重要时点。

牡丹家私厂

倪良正给工厂起了个名字：浦江檀溪钢木家具厂。

乍一看，还以为是浦江檀溪镇上的一家工厂，其实不是。“浦江檀溪”，只是表明自己的故乡情结，而“钢木家具厂”，只是表明自己的生意内容。它只是方便表明自己的身份，并让别人容易记住。它并没有在工商部门注册——倪良正那时还不懂得做企业需要工商注册、办理营业执照等手续。

工厂成立之初，倪良正所做的，依然是一种“守株待兔”式的来料加工业务，比如谁家要做一套家具，就拿着木材找到倪良正，要求他做一把椅子、一张桌子，或者一个柜子，其业务形态，与当年倪良正在浦江老家做木匠时所做的，相去无几。不过，即便如此，倪良正也明显地感觉到了生意的变化：客户多了，效率高了。虽然同样是做木匠，但现在不用背着几十斤的工具去别人家做了，如今的客户都是找上门来，顶多做完了之后送货上门；此外，城里人比农村条件好，只要把活做好了，工钱的事情一般都不是问题。

不过，倪良正也有压力。压力来自竞争，也来自客户的挑剔。毕竟是省会城市，来城里谋生的人多，当然也包括来自各地的木匠。而城里人的眼界宽，见多识广，自然对倪良正的要求也高。

“我们宁可少接点活，也要保证把每一样活做好。”倪良正对师兄弟们说，“一样活做好了，人家不一定往外传；但如果做不好，那肯定一传十，十传百。”

不过，杭州人似乎并非“好事不出门”的主。“小倪的家具做得不错！”来找倪良正做过家具的人，绝大多数都满意而归。茶余饭后，他们都向亲戚朋友炫耀着自己崭新的家具，而当亲友们问起“你们找谁做的”时，他们都会毫不犹豫地推荐：“喏，就是小河路 37 号的那个小倪！”

“小河路 37 号的小倪”比“浦江檀溪钢木家具厂”名气大，生意越来越好。倪良正一直在招兵买马，但似乎还是忙不过来。

“你是这里的老板吗？”有一天，倪良正正赶着活，厂里闯进一个帅气的青年，个子高高的。

“是啊！你要做什么家具？”倪良正昂起头，问。

“我不做家具，我想……”来人忽然嗫嚅起来。

原来，来者名叫朱世元，是安徽芜湖人，也是木匠。1988 年，他来到杭州打工做木匠，却一直不见起色，没挣到什么钱。后来听说“小河路的小倪”做得不错，也需要人，就抱着试试看的想法，过来探探虚实。

朱世元从此开始了与倪良正一起创业的征程。“在圣奥的初创阶段，朱世元是做了不小的贡献的。”倪良正评价说。

朱世元加入后，倪良正慢慢地发现了他的优点：性格外向，能说会道，也比较会交际。自己一直需要一个精干得力的帮手，而厂里现有的人中，包括师兄弟们，大多数都是埋头苦干型的，朱世元这样的人一定能起到作用。

不久，倪良正就让朱世元负责组织、管理工厂的生产和采购。

转眼过了春节，春光正好时，倪良正忽然感觉到发生了什么大事：报纸上，电视里，人们的茶余饭后，都在说着同一件事：邓小平去南方转了一圈，发表了很重要的谈话，说中国不能纠结于姓“社”姓“资”的问题，要放开胆子搞改革开放，要始终把握经济建设这个中心，鼓励民营企业的发展……

“这就是说，国家鼓励我们大干特干，不管赚多少钱，雇多少人，都不用担心被割资本主义尾巴了！”倪良正心里鼓起了希望。在过去的两年多时间里，他也感觉到了一些紧张的气氛，听说“老大哥”苏联解体了，国内有些人叫喊不要改革开放，要继续割资本主义尾巴，从而一度担心国家会没收自己的财产。而现在这一切担心，都没必要了！

“以后肯定是个发展的大机会，如果不抓住这个机会的话，会后悔一辈子！”倪良正隐隐地感觉到了中国经济社会的巨大变革正在到来。

“只要好好干，以后肯定会有好日子的。”有一天，在与师兄弟和朱世元聊天时，倪良正对他们说，“不过，竞争也会激烈起来，我们不能这样等着人上门给活干了，得自己出去找！”

“东方风来满眼春”，邓小平的南方谈话，拉开了中国市场经济的大幕，再次确立了改革开放的道路。一时间，浙江这块土地上，冒出了许许多多做生意的人。“下海”日渐成为一个时髦的词。商店里、市场上出现了许许多多很洋气的名字的产品，而且非常畅销。

5 月的一天，杭州拱宸桥街道的一个工作人员来到了加工场，要看营业执照，角角落落地找了一遍，也没找到。就问倪良正：你的营业执照呢？

倪良正愣住了，呆呆地看着这位工作人员，问他：什么营业执照？干吗的？

工作人员就比画了半天，意思是告诉倪良正：“没有营业执照是不能做的。”

倪良正一脸茫然，心想：怎么做木匠都不让做？！

工作人员看到倪良正实在听不明白，也就不再计较。他见倪良正做的家具很精致，就说：算了，跟你讲也讲不清的。我家里现在正缺一个电视柜，我看你做得也不错的，你给我做吧。执照的事情，抽空再慢慢说。

开公司要有营业执照，要照章纳税，倪良正还是第一次听说这事。给工商部门的工作人员做完电视柜后，那位工作人员详细告诉了他有关开公司、办企业必须登记注册、办理营业执照并按章纳税等。

既然国家这么规定,那就去办呗。1993 年 10 月,倪良正去了拱宸桥街道,却发现“浦江檀溪钢木家具厂”这个名字根本注册不了。

“企业在杭州, 怎么能注册浦江檀溪? 而且你一个乡镇的名字, 太土了! ”工作人员直言相劝,“取一个大气的名字嘛! 而且现在人家都不叫‘家具’了,流行叫‘家私’, 洋气! ”

倪良正听了有道理, 想了一会, 决定叫“杭州牡丹家私厂”。“牡丹嘛,代表富贵, 还容易记! ”倪良正后来解释说。

从代工到百货大楼

盛夏的早晨, 天亮得格外早。

这是 1993 年 8 月上旬的一天。早上 4 点多, 天刚蒙蒙亮, 倪良正就从睡了几个小时的水泥地上爬了起来。为了不吵醒还在熟睡的同事们, 他轻手轻脚地走到车间那堆积如山的办公桌椅面前, 开始小心翼翼地搬动起来。

20 多天前, 位于杭州教工路上的西湖家私总厂, 向倪良正的厂订购了一批办公家具, 着实让倪良正兴奋了一把。在接下来的日子里, 他和他的同事们冒着酷暑, 从早到晚, 没日没夜地进行生产。木匠出身的倪良正, 虽然是厂长, 但每天总是第一个起床, 最后一个睡觉, 为赶订单, 每天只有几个小时的休息睡觉时间。好在, 经过 20 多天的奋战, 终于在昨晚完成了最后一张办公桌。今天的任务, 就是把这批货送到西湖家私总厂。

而倪良正能够拥有的运输工具, 就是两辆三轮车。他和朱世元约定, 这批货就由他们两人来送。

早在入睡前，倪良正就在心里计算过，要将这么多的家具装上三轮车，恐怕要装四五十车，两辆三轮车即使不停地运货，平均每辆也要 20 多次。最重要的是，此时正是酷暑季节，太阳一出来，地上就像着了火。这样的高温下，在路上蹬三轮车运货，对体力绝对是一个非常大的挑战。

既然这样，就趁着早上和晚上相对凉快点的时候，多送几次吧！倪良正一边搬动货物，一边想着。正想着，朱世元也起床了。

朱世元声响大，把工人们都喊起来："起床了，起床了，帮着装货！……"

老板亲自送货，工人们虽然也都很困乏，但终究感到不好意思。连忙起床，帮着搬运、装车。

4 点半，倪良正踩着第一辆装满货物的三轮车出发了。十来分钟后，朱世元接着出发。

倪良正的厂在小河路，西湖家私总厂在教工路，两地相距 2 公里多。踩三轮车，一个来回最快也要半小时。

倪良正和朱世元，每人车上放了一大瓶温开水，肩上搭了一条毛巾。温开水很快就变成毛巾上湿漉漉的汗水。

▲ 20世纪90年代初的杭州百货大楼

这一天，他们蹬车如飞，马不停蹄，从早上 4 点多，一直到晚上 8 点多，每人来回 20 多次，才将货物全部送完……

过了些日子，倪良正去催收货款。西湖家私总厂的财务出纳开给了倪良正一张汇票。倪良正拿到汇票，反复看了一下，说:“这是什么？我要的是钱，你给我钱啊！”

出纳足足愣了半分钟，然后大笑道 :“这个就是‘钱’啊！”然后向倪良正做了解释，并告诉他如何操作。

倪良正这才将信将疑地收下汇票。当时他在老家浦江开的账户，倪良正由于填写错了两次，竟然在杭州和浦江之间，来来回回跑了三趟，才将汇票正确地打入自己的银行账户。

前一次关于营业执照被查的事情，这一次关于汇票的事情，使得倪良正深深地感到，自己需要懂的知识太多了，而企业要生存、发展，就必须要有各方面的人才来帮助自己。不过，此时的倪良正，还来不及考虑人才的事情。

1993 年，在“下海”大潮浪涌之时，早已外出创业的倪良正正在商海中奋力泅泳，雄心勃勃。不过，此时的牡丹家私厂毕竟还是一个个体户性质的作坊式企业。资源少，人少，倪良正又是外来的务工者，自然引不起谁的注意。而此时杭州的家具行业，依然是乡镇企业与国有企业的天下，在业内比较有名气的有西湖家私总厂、杭州木器厂、东方木器厂、曲木家具厂等，都是“大牌子”，而像牡丹家私厂这种民营的家具企业，只能在夹缝中成长。这时的牡丹家私厂，就给这些有着渠道和品牌的家具厂做配套加工业务，也就是今天我们所说的 OEM，其中西湖家私总厂就是倪良正的牡丹家私厂的重要客户。对于这样的“上帝”，倪良正自然怠慢不得。

“应该说，1993 年之前的两年时间里，我们的销售方式基本都是‘守株待兔式’的，还没有形成真正意义上的营销。”倪良正回忆说，真正意义上的

“销售”，是从 1993 年 12 月，牡丹家私厂的家具进入杭州百货大楼开始的。

1993 年，倪良正越发感觉到，如果没有一个销售平台销售自己的产品，那么自己永远只能赚点加工费。而在当时，杭州还没有专卖家具产品的市场，卖家具最好的地方，就是杭州百货大楼、解放路百货商店、工联大厦等。

可是，牡丹家私厂当时并没有名气，倪良正也没有熟人认识，要想将家具拿到百货大楼去卖，谈何容易？！

没有别的办法，倪良正只得上门“直接营销”。他打听到了杭州百货大楼负责家具这一块的是一个叫林云秋的经理，于是就直接找到了林云秋，表示希望能把家具拿到百货大楼售卖。然而，百货大楼的摊位，可是数一数二的“稀缺资源”，多少商家都盯着呢，倪良正哪有那么幸运，想进就进？！

倪良正也是锲而不舍的人，尽管一时进不去，但他并不放弃。有了时间，他就去“盯着”林云秋。在这个过程中，林云秋对倪良正的了解，也日益增多。经过一段时间的交往，林云秋感到倪良正不但家具做得好，而且人可靠老实，值得信任。

终于有一天，杭州百货大楼在办公家具展示区空出了可摆两张办公桌的地方，林云秋决定将这个机会给倪良正试试看。倪良正一听，大为高兴。当时的杭州百货大楼，可是当时全杭州，自然也是全省最有名的商厦，多少厂家都欲求之而不得！更为重要的是，此时还没有形成专业市场的概念，人们要购物，特别是高档商品的购物，最好的地方就是百货大楼。“百货大楼”四个字，在那个年代代表的就是“品牌”“高档”“贵重”等概念。

“有了这样一个窗口，牡丹家私厂的家具，不怕没有人买！”倪良正心中大喜。

然而，在商场设点售卖，就要有专门的销售员。大商场的售货员，最好是年轻漂亮，能说会道的城市女性。可是牡丹家私厂内，清一色是农村出来的男性木匠。这样的人，哪里去找呢？

正愁着，杭州百货大楼营业组的组长张菊萍，向倪良正推荐了一个人选，这个人就是后来在圣奥销售业务中起到重要作用的潘洁。此时的潘洁刚满 30 岁，性格开朗，聪明灵活，又能说会道，正是倪良正心目中的人选。两人见面，简单地聊了几句，就定了下来。

潘洁，就这样成为圣奥第一个真正意义上的销售员。

“当时圣奥（牡丹家私厂）在杭州百货大楼的店面，其实只有很小的一块，只能放个写字台，还有椅子，东西太多也放不下。”潘洁回忆说，但即便如此，对于圣奥来说，也是一个非常重要的窗口：当人们在逛百货大楼时看到圣奥的样品，就有不少人前来询问，定制家具……

这时的潘洁，就按照客户的要求画下图纸，用“现代工具”——传呼机与倪良正取得联系，将客户需求传至工厂。家具做好后，倪良正又亲自踩着

▲ 位于沈半路厂区的展厅

三轮车,“呼哧呼哧”地将货物从小河路运到武林门的杭州百货大楼。

“在百货大楼,一年的销售额大约 100 万元左右,平均每个月 8 万到 10 万元。”潘洁回忆说,这个数字,在那时来说,也算是一个不错的业绩了。

“我们进入杭州百货大楼后,销售很快就上去了。家具类的产品,在百货大楼,我们的销售位列第二名。”倪良正回忆说。由于这样的成绩,林云秋也脸上有光,后来,她慢慢地把倪良正在百货大楼的摊位面积扩大到几十平方米,这对牡丹家私厂的品牌和声誉都起到了重要的作用。直到 20 多年后的今天,倪良正说起这段往事,依然对林云秋充满了感激之情:“她对我的帮助很大,特别是圣奥创业初期,她的帮助起了非常重要的作用。”

家私市场

1992 年,邓小平南方谈话,廓清了“市场经济”与“社会主义”的关系,从理论上指明了社会主义中国也一样需要“市场经济”,“市场经济”只是资源配置的手段,而不具有意识形态的因素。1993 年 11 月,中共十四届三中全会通过了《中共中央关于建立社会主义市场经济体制若干问题的决定》,确立了市场经济的地位,迅速激发了中国社会细胞的创业活力,中国经济正式进入了起飞的阶段。

经济起飞的重要标志之一,是中国城市化进程的加快——城市扩容加速,大量民工涌入城市,带动了建材、家装市场的兴旺。

1995 年 8 月,杭州第一家专业家私市场——杭州家私市场在石祥路开业,标志着杭州家具终端销售从“商场”迈向“市场”时代。

杭州家私市场占地 50 余亩，营业场地面积达 36000 平方米，有 600 多套营业房。倪良正在这个市场的二楼租了 160 平方米的店面，共三间房。这在当时的杭州家私市场，也是铺面较大的一家公司了。

专业市场的出现，意味着集聚化经营的开始，也逐渐改变了人们的购物习惯，其特征之一就是同样的产品，比在商场的售价便宜，特别是像家具这类耐用品，由于商家集中，市场中的商品丰富，消费者可以在其中比价，挑选自己喜欢的产品。

不过这样一来，杭州百货大楼的家具生意逐渐萎缩。倪良正合计了一下，决定退出杭州百货大楼。但是，为了留住潘洁这样的人才，倪良正又在杭州家私市场的三楼租下一个 40 多平方米的店面，让潘洁来经营。

为了应对日益增长的销售及其所带来的生产任务，腾出更多的时间抓生产和管理，1994 年开始，倪良正本人不再亲自送货，而是在朱世元的推荐下，请来了安徽舒城一个叫老李的人帮助送货。老李 50 多岁，家庭条件差，租不起房子，吃、住、睡都在工厂里。感激于倪良正对他的任用，老李也就把圣奥当作了自己的家，对工作一丝不苟，也处处以圣奥的利益为自身的利益。

“他不仅是送货员，还是安装工、催款员。只要让他送货，他送到货后，把货安装好，一定会把货款带回来。”20 多年后，倪良正对老李的执着和认真还记忆犹新，感佩不已。当时送货用人力车，老李飞快地蹬车赶时间，但一到路有颠簸处就下车推行，生怕颠簸震坏了家具。老李在安装时也特别尽心尽力，确保客户满意。即便不送货时，老李也停不下来，帮忙打扫工厂卫生，做着各种零活。

一天晚上，倪良正到了 10 点多才下班。正要离开工作间时，忽然想到了住在厂里的老李，就顺便去看看他。

此时已是初冬，天气很冷。倪良正对那一夜聊了什么，已经记不清楚，但一直没有忘记的，是老李盖的一条棉被。

“一床棉被黑不溜秋的，破得棉絮都露了出来，补了不知多少次。看得出，那条棉被不知盖了多少年了！”倪良正回忆说。

第二天，倪良正抱着一条崭新的棉被来到老李的宿舍。“老李，你那条被子该换换了。天冷了，盖这条吧！”

老李一时感动得不知说什么好。

然而，过了些日子，倪良正又去宿舍看望老李，发现他依然盖的是那条又脏又破的被子。倪良正诧异地问：“上次不是给了你一条新被子吗？你怎么不盖？”

“被子太新了，我一个老头子盖了也浪费。家里也缺，我寄回家去了……”

首次投标失败之后

1996 年 5 月的一天，一位朋友神秘兮兮地告诉倪良正：“听说浙江医药进出口公司要购置 20 多万元的办公家具，正在招标，你不去试试？”

“招标是什么意思？”倪良正茫然地问。

“就是能生产的厂家制作投标书去竞争，介绍自己的技术和生产能力，谁的质量好，价格又低，他们就选谁的呗！”朋友说。

“投标书怎么做？……”倪良正又茫然了。

虽然什么都不懂，但 20 多万元的生意，可是个大生意，倪良正不想放弃。他找到了管财务的张巧芬。张巧芬是中专毕业生，也是当时厂里学历最高的一个，让她一起制作投标书。

问题是，张巧芬也没弄过投标书，不知道这东西该怎么弄。

倪良正想了想，那些有投标经验的大企业肯定不会把投标书的样本给自己看，但是他们可能会去文印店里打印啊。对！文印店里的人不一定会弄投标书，但他们一定见过啊。

倪良正和张巧芬去了文印店。果然，文印店里的员工见过投标书，但只是“见过”，至于里面有哪些内容，也只是一个模糊的印象。

凭着这点模糊的印象的指点，倪良正和张巧芬开始了第一次标书制作。不过，好在倪良正在制作标书时，朋友设法给他搞到了一份标书样板给他做参考。

倪良正和张巧芬依样画葫芦，改了再改，终于拿出了一份标书。

“那次标书，真的是做了三天两夜。”倪良正回忆说，最终拿出的投标书，自己反复看了很多遍，直到自己感到满意为止。

但是，牡丹家私厂并没有中标。倪良正后来才知道，中标的是一家香港品牌的家具公司，名气响，卖场形象好，产品质量也好。而牡丹家私厂既没有品牌标志，更没有品牌形象，“包装”太差，在各方面显然都落后于人家。

不过，这次失败，给倪良正两个启发，对于后来都产生了重大的影响：一是倪良正看到了办公家具的市场潜力，并坚决地将企业的经营重点，转向了专做办公家具。二是倪良正从此认识到企业形象的重要性。1997 年，倪良正开始在杭州物色广告创意公司，并在 1998 年不惜重金聘请飞时达广告公司对企业进行形象设计，全面启动了企业形象的打造工作。也正是在飞时达的策划下，倪良正将“杭州牡丹家私厂”改名为“杭州圣奥家具制造有限公司”。

“圣奥”二字引自宋代范仲淹名句“心通圣奥，迹在穷谷”。将牡丹改成“圣奥”，倪良正有自己的想法，“牡丹”二字虽然读起来朗朗上口，但比较普通，而且很难让人把它和家具联系起来。此外，当时的杭州城里还有其他行业的企业也用“牡丹”商号，难免会造成误会。而“圣奥”二字出自名家，英文标识“sunon”带给人旭日东升、太阳光芒等意境，“奥”更是让人联想“更快、更高、更强”的奥林匹克精神，寓意很好。他取名为圣奥，希望企业也能像太阳一样冉冉升起，充满生机，员工能一门心思做好本职工作，精益求精，竭尽全力为客户提供尽善尽美的产品服务。

这次的更名表明倪良正对品牌形象的重视，也寄予了他对企业发展的全新定位。更名后不久，圣奥家具的品牌形象得到了较好传播，关注度逐渐获得提升。“在杭州百货大楼的时候，主要是民用家具，办公家具也摆了一些样品。”潘洁回忆说，当时倪良正就发现，随着民营企业的风起云涌，机关、事业单位办公家具的更新换代，办公家具正迎来一个黄金时代。

事实上也是如此。20 世纪 90 年代中期，随着中国经济的快速发展，几乎所有的国家机关、企事业单位都进入了一个淘汰七八十年代的老办公用品

▲ 位于杭州沈半路的厂房

的时期。而此时，由于中国商品房改革尚未启动，家庭购买力还在被压抑之中，市场潜力相当有限。

圣奥转向办公家具的经营，更为直接的原因是，单位的购买力远超家庭，每次购买都是几十套、上百套甚至几百套办公家具，相对于家庭，其销售成本大大降低，而规模化效应也使得生产的效益提升。

经营方向的改变，使圣奥的经济效应立竿见影地显现出来。“圣奥在杭州家私市场的经营，差不多是整个市场业绩最好的。我记得第一年的销售额，就超过了 400 万元。”潘洁回忆说。

圣奥在石祥路杭州家私市场的销售猛增，很快使得小河路工厂的生产能力捉襟见肘。这个不到 2000 平方米厂房的车间，已经远远不能满足销售所带动的生产需要，圣奥急需一个大的厂房来满足迅速增长的市场需求。

“当时有两个因素制约着牡丹家私厂。一是小河路的厂房太小，生产无法满足市场的需求。二是村中的路，汽车不能开。刚开始，单个订单的量是可以靠三轮车解决的。后来，订单多了，订单金额大了，用的材料也多了，而且有些客户出了杭州城，不能全靠三轮车，有时候也需要用汽车来解决。”潘洁回忆说。

为此，1996 年，倪良正在沈半路上觅得了 3 亩土地，在上面建起了 3000 多平方米的厂房，并于 1997 年搬入。沈半路办公厂房的兴建，大大缓解了圣奥的生产压力，满足了销售市场的需求，为企业的快速发展奠定了基础，此为后话。

1996 年元宵节刚过，石祥路杭州家私市场新年开张营业的第一天，潘洁就迎来了一个大客户。他在牡丹家私的经营部看到产品后，便向潘洁咨询：新年一过，公司打算给部门经理以上的中高层管理人员，换一套办公家具，包括桌、椅、书柜等，一共需要 30 多套办公家具，不知牡丹家私有没有现货？

潘洁一听，立即给倪良正打电话，询问：公司有没有现货？然而，倪良正很抱歉地告诉她：由于春节前出货太多，已经没有库存，而生产员工由于春节回家，直到现在才陆陆续续回来上班……

潘洁问：那么最快要多久才能生产出来？倪良正的回答是：至少一周。

然而，这位客户所能等待的时间，最多是 3 天。最终，牡丹家私由于缺货而失去了这个客户。

“倪总的一大优点，就是同样的错误绝不会犯第二次。”潘洁说，事后，自己曾向倪良正抱怨过，由于没货而丢失了客户。当时倪良正只是抱歉地笑笑，没有多说什么。

但是，到了这一年年底，倪良正就向生产部门下达了加紧生产的指令，要求产品的库存能够满足春节期间的销售需求。

就这样，1997 年春节来临之前，当员工们放假回家时，牡丹家私的厂房里已堆满了产品。

“1997 年春节过后，果然有好几个大客户前来购货，都是十几套、几十套的大单子。别的厂家库存顶多有个几套、十几套的，但牡丹家私的产品存货完全能满足客户的需求。”

潘洁说，从那之后，在杭州家私市场的圣奥经营部，再也没有出现由于存货不足而失去客户的事情。

20 世纪 90 年代中期之后，随着杭州家私市场的火爆经营，一些商家也看中了这块“香饽饽”，纷纷投资家具市场：1996 年，华东家具市场在秋涛路开张；1998 年，东方家私市场又在秋涛北路营业，家具市场一时风起云涌，为牡丹家私厂等制造业厂家提供了更多销售产品的窗口。而正在此时，1999 年，石祥路改造工程启动，杭州家私市场的生意大受影响，一落千丈。倪良正逐渐关掉了杭州家私市场的店面，转战于东方家私市场和华东家具市场。

潘洁的故事

1997 年，潘洁在杭州家私市场时，嘉兴有一个经销商傅某与她洽谈业务，希望代理牡丹家私的产品，并提出要求，第一次进货暂不付钱，等到将货物卖出去后，再与牡丹家私厂结算。看了傅某的相关证件和资质后，潘洁本着互相信任的原则，答应了傅某的要求，并将十几万元的货物给了傅某。

然而，两个月后，傅某的一位下属来到杭州，向潘洁说明，上次进的牡丹家私产品已经卖空，希望再进一批货。而由于老板傅某出差外地，一时回不来，第一次进货的货款暂时结不了；客户急需牡丹家私产品，所以希望潘洁再发一批货物，等到傅某出差回来后，就立即将两笔货款一并结清。

听了傅某下属的叙述，潘洁虽然不太情愿，但还是与人为善，将货物发与傅某，并叮嘱其下属，等到傅某回来，立即来杭结清货款。

然而，又过了一个多月，傅某再次给潘洁打电话说，需要一批货物。潘洁说：这个没问题，但请来的时候，将前两笔货物的货款也带过来。对方答应了。

第二天，傅某的两位员工，果然开着车来到牡丹家私。这一次，潘洁再也不肯示弱。她向当时负责生产的翁法根交代说：如果傅某公司结清了前两次的货款，那就给他这一次的货物；如果对方没有将货款带来，那么不但不能发货，而且要将其车辆扣留，逼其交清货款。

果然，两位员工并没有带钱过来。翁法根按照潘洁的意思，将其车辆扣留在厂区。潘洁拨通了傅某的电话，说道："傅总啊，扣留你的车，我也是没办法的办法。我们合作这么久，我的为人你也是知道的。这个工厂不是我的，你如此欠款，我没法向倪老板交代，而且我们公司也是要资金周转的。希望你能尽快过来把货款付清，把车开回去。”

电话那边，傅某答应着：“好，好，好！我马上过来！”然后挂掉了电话。

然而，中午吃饭的时间，翁法根忽然来了电话：“潘姐，不好了，那车子丢了！他们趁我们吃饭时，开着车跑了！”

潘洁火了，发脾气道：“连个车子都看不住！快追啊！这次要是让他们跑了，这笔钱就算是丢了！”

此时的潘洁，已经清楚地知道，对方是蓄意欺诈了。

潘洁于是和翁法根一起带了几个人，赶紧驾车去追。可是追了大半天，竟然不见车的踪影，只好回转到杭州。然而巧合的是，当翁法根们在回程路上经过余杭临平附近的福盛家具厂门口时，眼尖的翁法根发现，那辆车竟然就停在厂里！

“当时见到那辆车，就像见到亲人一样啊！”潘洁说。说时迟，那时快，潘洁、翁法根带着一车人跳下车，将傅某的车辆紧紧地围住。一看来者不善，傅某的两位员工早吓得逃之夭夭。

这一次，翁法根把车子开回杭州，看得牢牢的。一直到傅某来杭州结清了货款，潘洁又将在傅某处没有卖完的货品拉回杭州，才将车辆还给傅某。

▲ 潘洁

在潘洁的记忆中，做了10年销售，可谓是什么样的人都碰到过。上海某家具市场的张老板，是潘洁的一个客户。在最初的几次合作中，张老板都是货款两清，绝不拖泥带水。后来有一天晚上，张老板向潘洁要一批货，但告诉她说:“我现在手上没有钱，你先把货送来，我明天把钱打给你。”潘洁说:“那不行的。我们一向都说好的，货款付清就发货。”但是对方还是坚持说没有现款，最后承诺说：“你把货送过来，我当场付款。”

潘洁听了，作了让步。第二天就让翁法根与人一起将货送往上海。然而，当货物送到时，张老板还是告诉翁法根说没有现款，等到以后再付。

“其实这次在去上海之前，我就有一种预感，这个客户要耍赖。因为好好地做了几年以后，他忽然这样，其中可能有诈。”潘洁回忆说，当她接到翁法根的电话，说张老板并无付款的诚意时，便让翁法根将卸下的货物重新装上车，运回杭州。

张老板听说潘洁要将货拉回杭州，便给潘洁电话说：“你若拉回杭州，岂不是白跑了一次？”潘洁就告诉张老板说：“你如果没诚意，以后我就不跟你做生意了，吃亏也就吃这一次。但我如果不将货物拉回杭州，你不付钱，我就被动了。”

挂了电话，张老板又生一计。他转身对翁法根说：“刚跟潘洁说好了，你们将货物给我全部安装好，我就付钱。”

翁法根不知情，也觉得好不容易把一车货物运到上海，再拉回去的话，太浪费。于是就按张老板的要求将家具装好。然而，家具装好之后，张老板还是说没有现款，事后再付。

翁法根便打电话问潘洁：怎么办?

潘洁大怒，告诉翁法根:如果对方不付钱，就再把货物拆下来，运回杭州!

“那次对方最终没有付钱，我们最终还是把货物运了回来。虽然白跑了一趟，而且浪费了人力物力，但在对方明显存在欺诈的情况下，我没有让对方得逞。”潘洁说。

这次之后，潘洁再也没有与张老板合作。“我不跟不值得信任的人合作。”潘洁说。

【文正手记】

创业过程中，会遇到各种各样的艰难，各种各样的痛苦。在这个过程中，要想放弃，会有一千种理由说服自己放弃，而要坚持，有一项却必须承受，那就是痛苦。

创业初期的倪良正，坐火车丢过钱，使他在春节回家时愧见父母妻子；在市场租摊位维过权，人身安全都受到威胁；为了租个厂房，都要向别人赔尽笑脸；借钱时受过白眼，让自尊心受到伤害……

事实上，本章所记述的，只是倪良正创业过程中所遇困难的冰山一角，还有更多的故事，由于各种原因没能写进正文。比如，创业初期的倪良正，不懂经营，只会赚一点加工费，即便如此，还要经常赊销，使得倪良正以及跟着他干活的师兄弟们的日常生活非常拮据。再比如，在 20 世纪 90 年代初期那个整个社会向市场经济转型的初期，社会在治安管理、人心道德方面都存在着“失序”现象，一些人对于外来的务工者，仗着势力吃喝拿要，少付工钱的事情时有发生。还有一次，倪良正发现买菜的钱都没了，就找朋友借 200 元钱暂时渡过难关。但是向人借钱的规律是，越是有钱人，借钱越容易；越是没钱人，别人都不愿借钱给他。当时的倪良正，一直到第二天晚上，才从一个浦江老乡那里借到了 200 元钱……

创业如挖井。第一铲子落下之后，必须义无反顾地选择继续往下挖，直到挖出甘洌的井水才行。这个过程中，创业者要忍受别人所不能忍受的困难，付出别人所不能付出的努力。只要坚持就会有希望，一旦放弃就前功尽弃。倪良正成长为今天的倪良正，圣奥大厦能在钱江新城傲然地矗立，都源于当年倪良正的一念坚持。

第五章

“小团体”问题的解决

倪良正消除“小团体”势力的办法，并不是把自己的亲戚朋友兄弟姐妹拉到公司里来，以壮大自己的势力。他认为，所有的员工都是圣奥的员工，消除“小团体”势力对企业管理的影响，并不是要壮大自己的势力，而是要让所有的员工成为圣奥的员工，而不是某个个人的员工。

最初的“秀才”

2000 年 1 月底的一天，位于金华的浙江贸易学校的上百名 97 级毕业生迎来了一次就业大考。10 多天前，这些来自财务、营销、食品、检验等各个专业的中专生们，在学校的大礼堂里听了一场来自杭州的圣奥家具有限公司人力资源部的宣讲会。他们依稀记得那个人力资源部的负责人说，这家公司正处于快速成长阶段，对于各类人才求贤若渴……今天，这些有就业意向的同学们，将接受来自圣奥公司的负责人的面试。

来自食品专业的杜丽萍就是其中一个。这一年，杜丽萍 19 岁，建德人，到杭州去工作，一直是她的梦想。但是上次圣奥公司的负责人来做宣讲会的时候，她却没有勇气报名——因为公司希望招的是财务、营销、企划、售后服务等方面的人才，而自己的专业却是食品专业。但是，当看到那么多同学报名并递交了材料时，这次她也心动了。

“自从大学扩招后，中专生的就业压力就大了。”杜丽萍后来回忆说，抓住一切就业机会，应是明智的选择，跨专业就业已经成为常态。

想到这里，她心里决定今天要碰碰运气——事先没有报名，不知道有没有机会。

上午 9 点多，一辆丰田佳美开进了校园。同学们看到，一个看上去老实憨厚、衣着朴素的驾驶员，带着几位工作人员来到面试现场。

“那位驾驶员不会给我们面试吧？千万别让他面试，他又没有决定权的。”

▲ 倪良正在面试

一位同学在旁边小声地嘀咕着。

但是，杜丽萍没有事先提交报名材料，反而希望这个“驾驶员”能够引荐一下。果然，“驾驶员”参与了面试招聘工作，而且并不看那些报名材料，只是对同学们说：“你们有谁愿意来圣奥的，跟我聊聊吧！”

于是，杜丽萍大着胆子第一个走上前去，接受“驾驶员”的面试。

“驾驶员”手里拿着一支笔，一边与杜丽萍聊天，一边很认真地做着笔记。

这个“驾驶员”，正是倪良正。

“我直到大家全部面试结束后，才知道原来驾驶员就是倪总。”杜丽萍回忆说。

转眼就是春节。春节假期过后，2 月 23 日，杜丽萍与其他 20 多名同学一起，来到杭州沈半路上的圣奥家具有限公司报到，正式成为圣奥的一名员工。

倪良正为什么忽然如此大规模地招聘大中专毕业生？

历史地看，这是企业发展近 10 年后，外部环境急剧变化与企业内部矛盾日渐突出所提出的客观要求：中国经济在经过七八年的飞速发展后，“商品短缺”的时代已经过去，供求关系开始发生变化，这意味着消费者对企业产品会越来越挑剔，如果没有一支高素质的员工队伍，就难以生产出高品质的产品；与此同时，中国“入世”进程正在紧锣密鼓地进行，加入世贸组织，进入国际经济的竞争是大势所趋，没有一批高素质的人才储备，更不可能适应未来的竞争。

如果说这只是宏观经济情势对倪良正提出的客观要求的话，那么，在主观上，倪良正也有充分的理由。在倪良正的记忆里，不懂什么是“营业执照”、不懂什么是汇票、不懂什么是标书，这些都是“好笑的记忆”。一个老板未必需要什么都懂，但一个企业必须有人懂得这些，而圣奥多年来以生产制造为主，招聘的员工绝大多数是受教育程度水平比较低的木匠，即便设置了一些管理岗位，基本上也都是这些人。进入 21 世纪后，雄心勃勃的倪良正有了雄伟的计划——在二至三年内建成国内标准领先的 5 万平方米的新生产基地，1 万平方米的办公大楼和员工培训中心及员工宿舍；力争在三年内销售收入达到 2 亿元以上，从而使圣奥成为国内办公家具行业中的一支先锋队伍，同时争取与国际接轨，进军国际市场。企业经过近 10 年的发展，已经有了 500 多人的队伍，而先前的招工模式，造成了“小团体问题”，严重阻碍了企业的管理和生产，而要解决这些问题，必须要用企业管理的方式，而不能再用作坊式管理的办法，引进新鲜的血液，以冲淡原来的内部结构，就成为情势之需。

不过，当时的圣奥并不知名，从哪里吸引有学历较高的毕业生呢？倪良正经朋友引荐认识了金华浙江贸易学校的廖志林校长。于是就请廖志林校长向学生们推荐自己的企业，才有了本节开头的这一幕。

杜丽萍和她的同学们来到圣奥后，就开始了为期 2 个月的培训与实习。在公司召开的见面会上，倪良正对他们提出了自己的期望：

“企业要发展，关键在于人才。作为大中专毕业生，已具备了一些理论功底，但要想成为企业发展急需的人才，还要通过实践和继续学习，具备吃苦耐劳的意志品质，掌握产品和生产工艺知识，培养出色的沟通能力和组织协作意识。”

在这里，倪良正表达了自己的人才观:既要有理论知识，又要有实践能力。即便作为“稀缺资源”的大中专毕业生，也不能养尊处优，而是要有吃苦耐劳的意志品质。这一点，倪良正直到现在也一直坚持。大学生进圣奥，首先要到车间实习，从此成为圣奥的一个传统。

见面会结束后，杜丽萍和同学们被分成三组，分别进入后成型车间、转椅车间和屏风车间进行为期一个月的劳动实践。实习期结束后，圣奥又对他们进行了企业文化和产品知识的培训。培训考核合格后，他们被分派到公司相关部门进入见习期，而杜丽萍则负责公司的物流工作。此后的 18 年里，杜丽萍先后做过订单审核、销售、财务等工作，如今已是圣奥销售财务部的重要成员。

2000 年 8 月，倪良正在上半年工作总结中，再次强调了“以人为本”的管理思想，并对未来经济形势做出了自己的判断：中国马上就要加入世界贸易组织，“入世”之后的中国经济增速将大大加快。而要抓住这一机遇并分享这一成果，圣奥就必须以人为本，改善机制，不断开发人力资源，加大人才培养和引进的力度，从而扩大员工队伍和公司规模。

“小团体”问题

20 世纪 80 年代末至 90 年代初，在中国广袤的土地上，形成了当代历史上第一波“民工潮”。在持续数年的时间里，先后有几千万的农民工，从四川、安徽、江西、湖南、河南、湖北、陕西等省份出发，爆发性地集聚迁徙，去“长三角”和“珠三角”等沿海地区谋生。

尽管到了90年代，从上海回到杭州的倪良正，已经当上了“老板”，但从整个历史的背景来看，他事实上也是这一波“民工潮”中的一员。

20世纪90年代初、中期，是圣奥事业草创的时代。在这段时间，圣奥员工的引进，是通过老乡带老乡、亲戚带亲戚、朋友带朋友这一方式来解决的。所引进的员工，大多数以木匠、油漆工等技术工人为主，一些财务、销售人员，也基本由亲戚或亲戚介绍的朋友担任，而工厂车间的组长和车间主任，则由倪良正指定那些技术较优、品德良好的人员担任，他们不是纯粹意义上的管理者，也没有过管理经验和现代企业管理的训练，只是靠自己的威信，影响并协调着车间工人的工作。

这种“老乡带老乡、亲戚带亲戚、朋友带朋友”的方式，在创业初期，为圣奥迅速解决了人力资源的问题，而且这种招工方式，不需要媒体，不需要广告，也不需要专门的人力资源部门来鉴别、选用，而是利用知根知底的熟人关系介绍工人，有着效率高、成本低的优势，它符合一个创业公司对低成本的要求。

但是，随着企业的发展，到20世纪90年代中期，这种“老乡带老乡”的方式所带来的弊端日益显现出来：某一地区的员工过多，从而自然地形成了基于老乡之情的“小团体”，给企业的生产经营管理带来了阻力。这些“小团体”在内部以老乡情谊作纽带，有时会靠着人多而不服管理，拈轻怕重，给企业的生产经营带来损害。

首先，“小团体”形成之后，就容易欺生，排斥非团体成员，生产上的矛盾经常出现；其次，在工作分工上，生产厂长迫于“小团体”的压力，往往难以公平分配工作，有意无意地会向“小团体”力量强的一方倾斜；第三，“小团体”形成之后，团体内部互相包庇，对不合格的产品睁一只眼闭一只眼，产品质量提升不快；第四，交货时间难以控制，有些员工在小团体里按时完成任务的意识淡薄，经常拖延订单的交货日期，甚至鼓动同乡怠工，造成了生产管理的混乱；最后，由于“小团体”的形成，一些优秀的、势单力薄的员工，难以忍受这样的“文化”氛围，而只得选择离开，有些不称职的员工却在小团体的庇佑下难以淘汰。

“小团体”势力对圣奥正常的生产经营带来了严重的干扰，从 20 世纪 90 年代后期开始，倪良正就开始着手解决“小团体”带来的种种问题。

解决的办法，第一就是从管理人员入手。一般来说，每个“小团体”都有自己的核心人物，这些核心人物一般都在公司担任管理职务，多少有些权力，是“小团体”内部人员的依靠。要解决“小团体”问题，转变这些人物的理念至关重要。

“实际上这些‘核心人物’都是在无形中、非有意识地形成的。他们来公司时间早，很多老乡是由他介绍来的，潜意识里多少会有一些照顾老乡的思想。”倪良正针对这一点，在大会小会上给他们提醒，作为主管要搞好管理，调动手下所有人的积极性，发挥所有员工的能力，不要搞“小团体”，而是要善于吸收和团结来自五湖四海的员工。

除了从思想意识方面对管理层进行教育外，倪良正更多地从“外引人才”和“内建制度”这两个基本点入手，以达到既从根本上解决“小团体”问题，又为企业快速发展奠定基础的目标。对于这一点及其紧迫性，倪良正心里很清楚。为了彻底解决这个问题，从 2001 年开始，倪良正亲自参与一线员工的招聘工作，他不仅从年龄、身高、文化、健康、技术、品德等方面把关，并且每个月都到基层巡检一次，切实提高公司员工的整体素质和优化员工区域分布。

事实上，从 20 世纪 90 年代中后期，一直到 21 世纪之初，圣奥的一些重要的管理制度，都是围绕着“人才”与“制度”两大元素展开的。而事实也证明，高素质人才的大量引进，稀释了此前企业内部“小团体”的“浓度”，逐渐引导了一种业务水平竞赛的风气，同时为企业的快速发展注入了人才动力；而企业相关制度的建立和完善，又将员工的利益与自己的利益捆绑起来，从而使他们走向了正轨的工作道路上来。

还是要从制度入手

应当说，市场经济初期“作坊式企业”管理的弱点，多多少少在早期的圣奥公司都存在。由于人员庞杂、文化程度偏低，缺少专门的管理人员，公司的管理状况处于一种粗放式的水平，一些今天看来很原始的状况，都会在公司出现。比如生产一线上，有的员工家里搞装修，缺少些木料或五金材料，就从公司里顺手带一点回家；销售员有出卖公司业务信息或销售订单的情况；出公差的，则有虚报请客送礼、差旅等业务费用的情况；送货的，则有帮助其他厂家运送货物或私下带货的现象；其他如帮助别人加工制作产品或仿制本公司产品，帮助其他厂家做客户订单等，不一而足。

人类社会发展的历史表明，人的创造力是无穷的，同时人的破坏力也是巨大的。人的潜力是转化成创造力还是破坏力，制度很关键。发挥制度的约束功能，就会抑制人的破坏力；发挥制度的激励作用，就会激发人的创造力。这一定理，大至一个国家，小至一个企业，古今中外，概莫能外。不过，倪

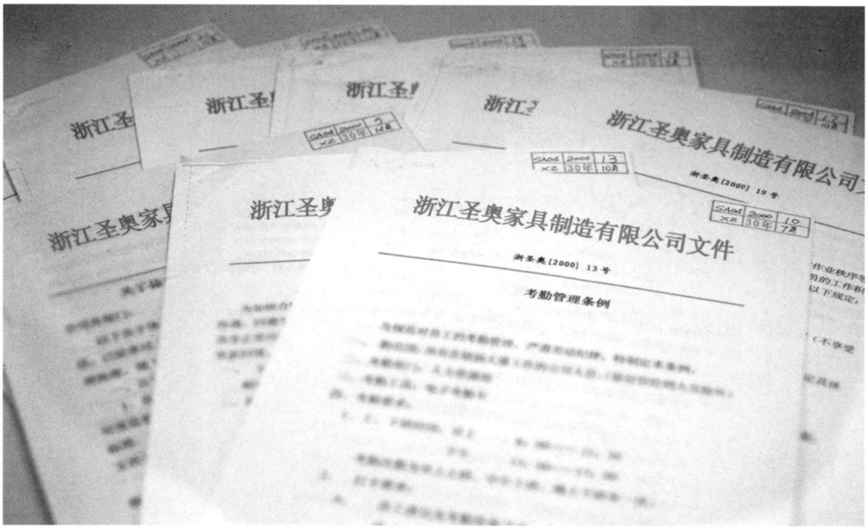

▲ 当年发布的管理制度

良正在创业之后相当长的时期内，来不及考虑制度建设。当企业处于起步阶段，员工数量少，而且都是自己知根知底的亲朋好友之时，人与人之间的软性沟通成本是最低的，而复杂的管理制度，反而使成本上升。

不过，当圣奥经过七八年时间的创业逐渐壮大，员工人数达到近 500 人，此前所有的软性沟通的低成本优势都已丧失，相关制度的建设就显得非常迫切了。

从 1999 年年底到 2000 年 7 月，是圣奥集中精力进行管理制度建设的时期。在这短短半年的时间里，圣奥出台了近 20 项管理制度，其中包括《员工培训制度》《财务部岗位责任》《人力资源部工作规范》《车间管理人员工作规范》《写字间工作纪律》《考勤管理制度》《员工着装管理条例》《员工奖惩条例》等基本制度。

从上述管理制度的密集出台可以看出，圣奥在经过近 10 年的创业之后，企业从几十万元的产值增长到数千万元，员工从最初的 4 人增长到 400 多人，企业形式从一个作坊式企业发展为粗具规模的现代企业时，对于制度管理的需求的迫切性，也急剧上升。

最迟到 1999 年年底或 2000 年年初，倪良正就已经认识到，通过事先把企业各岗位的工作职责、工作规范、工作手段及要达到的目标等进行详尽的安排，并通过一定的考核体系来评估员工工作的绩效，可以达到较好的管理效果。因此，倪良正决定在 2000 年推进各部门工作规范和制度的建设，要求人力资源部抓紧制定各部门的规章制度，“制定一项、实施一项”，以尽快形成一个井然有序、生机勃勃的工作局面。

火灾之后，如何处理？

2000 年 8 月 16 日凌晨，丁桥分厂油漆车间发生了火灾。火灾面积占整个车间的 2/3，烧毁了一部分成品、半成品。

关于这次火灾的原因，由于发生在凌晨，现场没有目击者，也一直没有查出。但是，既然是发生在油漆车间，不管什么原因，分厂领导和车间负责人为此就必须承担责任。不过，在责任意识和责任观念还没有深植于员工的思想中时，让一位车间领导为了一场原因不明的火灾承担责任，又难以有令人信服的说服力。怎么办？

倪良正首先责令丁桥分厂进行了为期一周的整顿。9 月 3 日，倪良正带领了生产厂长朱明枝、计划部经理鲁文华、设备部经理刘俊卿、采购部经理陈日光及各车间主任一行 10 人，在各分厂厂长的陪同下检查了各分厂的生产情况。检查完毕后，倪良正召集大家开了个短会。会上，丁桥分厂厂长余继家就整顿情况作了汇报。倪良正在会上首先检讨了自己，并提出解决方案：

▲ 油漆车间火灾后现场

“我们生产方面的各部门沟通不够，以往开会虽都是大家在一起，但缺少对生产现场的考察。今天，我把大家召集起来，到生产现场去看看，是想把存在的问题，通过商量、讨论的形式解决掉。以后还要经常这么做。”

短会结束后，倪良正就带着各分管领导到各个生产车间逐一逐点进行检查。当他到了油漆车间，看到因火灾而受损的厂房已经修复一新，便对分厂的工作表示了肯定，同时要求各分厂管理人员提高防火意识，保证安全生产。

然而，在接下来的检查中，倪良正发现，油漆车间正在生产的一批课桌，油漆质量明显不符合公司的标准和要求。为此，倪良正当场责令车间生产人员停止生产，并要求追究车间负责人的责任，同时要求相关管理人员写出书面情况报告。

9 月 5 日，油漆车间承包人鲍晓春（化名）向公司递交了书面检查，“检查书”写道：

由于我没有把好油漆质量关，导致油漆质量不合格，我现在必须进行深刻的反思。我愿意接受厂里对我的处罚，并以此为教训，管好生产，使产品的油漆质量达到较好样品的水平。8 月 16 日，丁桥油漆车间发生火灾，给我敲响了警钟。我们在消防安全方面确实做得很不够。比方说，过道不能存放太多的油漆，下班没有较好地进行检查、整理等。这次火灾给厂里造成了较大的损失，我认为我作为油漆车间负责人，有着很大的责任，我愿意承担责任。我保证今后按时按质按量完成生产任务。

鉴于鲍晓春认错态度诚恳，愿意改进，倪良正作出决定：除本批产品不计工资外，处以 5000 元的罚款，暂保留鲍晓春车间主任的职务，以观后效。同时，油漆包装组人员没有很好地配合车间主任对产品质量进行监督，在没有仔细检查产品质量的情况下进行包装，也属工作失职，因此决定对负责此次产品包装的两位管理人员进行罚款，金额为每人 150 元。

这次“现场办公会”，当场发现问题，当场严肃处理，办得雷厉风行，滴水不漏，起到了敬畏制度、公平执纪的作用。而作为油漆车间主任的鲍晓春，事实上也明白了自己的责任所在，并为此承担了责任。

这件事情结束后，倪良正在公司会议室召开了总结会。他对各位管理人员说：“我们圣奥公司所要生产的，是一流的办公家具，是办公家具中的精品。产品质量这根弦一定要绷紧，生产纪律这个‘牛鼻子’要严抓狠抓，这是对公司负责、对客户负责。如何管理好生产，需要大家相互交流，学习好的经验、好的方法，各部门要加强沟通与联系。存在的问题，也需要各部门，特别是各位主管多沟通，共同来解决。”

当然，在倪良正的管理理念中，“罚”是万不得已，而“奖”才是他乐意看到的。“事情做得好、做得超出标准就会奖，奖励越多，说明工作做得越好。我何乐而不为？”倪良正说。

事实证明，倪良正更喜欢奖励。公司内外，无论大小事情，员工的工作只要超出标准和预期，就会得到奖励。比如：

2000 年 9 月 20 日晚，计划部安装人员许文福、高荣华、刘思国等 8 名员工接到一个给客户安装办公家具的任务。由于客户在第二天急需将办公桌椅等派上用场,所以要求这些安装人员,务必在当天晚上安装完毕。事发突然,许文福等 8 人赶到客户的办公现场,连夜为其安装家具,一直到子夜 1 点多。这位客户过意不去,在安装结束后,随即拿出了几百元钱给他们,算作当晚的“夜宵费”。然而,许文福等人却恪守着公司的规定,礼貌地谢绝了客户的好意。第二天,这位客户的电话就打到了圣奥公司,对几位安装员工尽职尽责的行为表示了感谢和表扬,并称以后要是再买办公家具,一定会首选圣奥!

8 位安装工在客户面前表现了圣奥员工良好的素质,维护了圣奥的形象,公司立即根据相关规定,决定给予通报表扬,并给予奖励。

2000 年 8 月,杭州黄龙体育中心招标采购一批办公家具,标的达到 156 万元,这对当时的圣奥来说,绝对是一个大单子。而参加竞标的家具厂家,除了圣奥之外,还有其他 10 家企业。在与杭州黄龙体育中心的业务洽谈中,圣奥公司出样的产品,在各个质量指标上都超过了参与招标的其他企业,为最终成功夺标奠定了基础。为此,公司也决定对参与此次样品生产的 19 名主要人员进行通报表扬,并给予奖励。

翻看当年的《圣奥报》,有关通报表扬和奖励的报道不胜枚举:财务部徐云松、彭庆娥,通过多方努力,为公司融资做出贡献,为表彰他们的成绩,公司决定各奖励 500 元;后成型车间徐谷根木匠组专门生产定制、出样产品,技术要求较高,工作量大,且产品质量达到要求,奖励该组 200 元;对积极协助公司督察部收取货款的苏州仓管员施能友、驾驶员徐志鸿各奖励 200 元……

奖罚分明,有罚必有奖,从正反两方面对员工进行物质和精神的激励,是圣奥早期管理中的一条重要原则。“公司初创,员工素质参差不齐,各项制度尚待完善,人们对物质的需求还比较强烈的时候,通过金钱上的赏罚,可以起到立竿见影的效果。”倪良正相信，管理必须切中员工内心深处的核心需求，抓住员工的兴奋点。在员工平均月工资只有千把元钱的时候，上百元的罚款或奖金，都会令员工感到心痛或欣喜，从而起到了调节员工行为的杠杆作用。

安装工携货款逃跑之后

2000 年 10 月中旬，发生了一件令人震惊的事件：圣奥苏州市场的一位名叫何清（化名）的安装工，在收取了一位客户 16500 元的货款后，见钱眼开，竟然携带货款潜逃，从人间“蒸发”了。

何清潜逃后，公司通过多个渠道寻找他的下落，公司督察部的相关人员甚至去了他的农村老家找过他的父亲，但杳无踪迹。

“像这样的情况，我们当时完全可以报警，通过公安部门将其抓获归案。”倪良正在回忆这件事情时说道，“何清毕竟是个年轻人，他可能一时头脑发热做下了坏事；但如果将其交送公安部门，以他的行为，触犯的是刑法，最终等待他的必然是牢狱之灾，这一辈子就毁了。”

倪良正决定给何清一个机会。11 月中旬，在何清携款潜逃一个月后，圣奥公司通告全体员工：知其下落者，或敦促其速来公司认错，以求宽大处理；或向公司报告其下落，以及时挽救，不致使他越陷越深。

这一通告连同何清携款潜逃的消息，在企业报上刊出以后，何清一下子成了公司的“新闻人物”，其行踪就成了公司内一个热门的话题。同样，何清的行为，也深深刺痛了他在家务农的父亲。12 月初，何清的父亲带着愧疚来到圣奥，向公司表示了歉意，并还上了他东凑西借的 7500 元钱。

但是，区区 1 万多元，不会支撑何清太长时间。12 月 13 日，他回到了老家。他的父亲立即通知了圣奥公司。12 月 15 日，何清被圣奥督察部人员带回了公司。圣奥在对其做出相应处罚的基础上，同意了他继续为公司服务的请求。为了教育他本人，并使广大员工从中吸取相关教训，圣奥责令他写了检讨书和保证书，分别如下：

检　讨　书

我叫　是杭州圣奥办公家具公司苏州市场安装工，在2000年10月17日那天帮公司到客户那里收了16500元货款现金跑了，在外面56天。想到总公司对我的培养，由（于）12月13日回家，12月15日跟公司督察部汪经理一起到公司赔礼道谦（歉），承认错误。我以上所做的事情是一时湖（糊）涂，我向公司诚心赔礼道谦（歉）以后请公司给我一个改过的机会。我知道错了。

检讨人：

2000.

保　证　书

厂领导：

我　因工作方面的过失，给公司各方面造成了不良的影响，在此我认真地向公司的各位领导认错，表示真心的歉意。

蒙公司领导的宽大处理，给我一个重新工作的机会，在此我作出以下保证：1，认真踏实地工作，做好领导安排的工作；2，以集体利益为重，不谋利，不为私；3，守厂纪厂规；4，保证在厂里三年之内表现良好。请各位厂领导对我监督。

保证人

2000.

至此，“何清携款潜逃”事件，画上了一个句号。这件事情的发生，也引起了倪良正对公司管理漏洞的反思。“首先，公司对员工的法制教育存有缺陷。

何清敢收取货款逃之夭夭，说明其法制观念淡薄。而从他写的检讨书的错字和文笔来看，也反映出员工的文化素质有待提高。其次，公司在财务管理上不够完善。何清到外地做安装工作，因为没有钱吃饭、住宿，公司又没有借钱给他，这是公司的疏漏。第三，公司在货款回收工作上，没有做到专人管理，这就给何清留下了空子。”

亡羊补牢。从坏事情中反思自己，发现隐患，弥补漏洞，这就是“吃一堑，长一智”。从任何一件“坏事情”中吸取教训，自我成长，不做于事无补的事情，不将全部过错推给他人，给犯错者以悔过自新的机会，是倪良正身上的优秀品质，也是圣奥日渐成长、成熟的基因所在。而也正是从“何清事件”中，倪良正发现了企业管理中“制度”的漏洞和缺失。“何清给我敲响的警钟之一，就是要加强企业制度的建设，以堵上管理的漏洞。”倪良正说。

“要多挣点钱回家”

所谓管理，其实就是通过制度安排，避免、克服人性的弱点，将其负面作用降到最低，同时最大限度地激发人性的优点，挖掘员工的积极性。

员工工作的首要目的，是取得工资报酬。如果可以不劳而获，或者可以少劳而多获，那么，绝大多数人的行为就会倾向于少劳甚至不劳；反过来，如果做一分活拿一分钱，做十分活拿十分钱，甚至还有奖金，那么绝大多数员工，也同样会根据自己的需要和能力，尽量多干以取得自己想要的报酬。

这与道德无关，而与人性有关。而要约束或者激发某种人性，重要的是有一套行之有效的机制，这就是管理。

2001 年年初，倪良正在车间巡检时发现一个问题：产品订单不断增多，而生产的效率远跟不上订单的需求。

怎么办？木匠出身的倪良正明白，按照目前的一线员工的人数，只要保持一个基本的工作量，就完全可以承担现有的订单，而且绰绰有余。生产跟不上订单，主要原因在于管理机制不到位，生产一线员工的积极性没有被充分调动起来。

通过分析，倪良正发现，公司的车间存在计时与计件两种计工方式。计件制的车间生产状况还没有能够达到公司所下达的高标准严要求，计时制的车间更是存在着“等下班”的现象。为此，倪良正开始从薪酬体系入手，以调动员工生产的积极性。

比如油漆车间的油漆工作，是产品质量的重要组成部分。由于油漆处于家具产品的表层，它的质量直接关系到整个产品的观感。但是，公司在飞速发展，油漆车间的油漆质量却一直没有同步提升。为了调动员工的积极性，倪良正决定按照油漆工序，以工种为基础，把油漆车间员工分为四组，每组人员按技术确定其工资基数或基本工资。设计部 2001 年的薪酬改革方案则为：设计人员按组自由组合，每组 2 人，由组长和助理组成。组长月基本工资为 1000 元，助理为 600 元，每月奖金则按本组设计的图纸成交额的 0.4% 提成，以营销部后勤每月的登记为依据。在营销淡季时，公司又保证组长的月薪不低于 1500 元，助理的工资不低于 1000 元。而后成型车间工人的工资计算方法，也由原来的计时制，调整为：在基本保底工资的基础上，计时与计件相结合……

当然，薪酬的改革也是一个不断完善的过程。比如 2002 年 4 月，设计部的薪酬体系又在 2001 年“基本工资＋提成”的基础上，改为“基础工资＋销售提成＋图纸制作奖＋福利待遇”，使得难以用“量”来衡量的设计人员的薪酬体系，变得更为科学合理，也更加调动了设计人员的积极性。

总之，在2001年的这次薪酬体系改革中，倪良正确定的最重要的原则就是：多劳多得，按劳取酬，奖勤罚懒。在保证基本工资的基础上，员工收入的增量部分直接与对公司的贡献挂钩。实践证明，对于那些以“量”计算的工种，“底薪＋提成”的工资分配办法，不仅可以极大地调动员工的工作积极性、提高工作效率，而且对于优胜劣汰、提高工作质量也能起到积极的促进作用。它在很大程度上避免了固定工资制缺少比较，没有差别，大家都吃“大锅饭”带来的弊病，在公司效益提高的同时，员工的个人收入也随着劳动付出得到较大幅度的提高。

这一改革直接调动了员工的生产积极性。正如一位员工所说：“计件后大家干活时间会更抓紧，交货也会更及时。因为在外打工，就是为了多挣钱回去。”

随着公司效益的不断提高，员工的收入水平也水涨船高。从2001年开始，圣奥员工的平均工资水平，每年都有增长。

【文正手记】

从20世纪90年代走过来的圣奥“老”员工，大概都深切地感受过当年“小团体”势力的存在，以及由此产生的困扰。从90年代后期到21世纪初期的数年时间里，作为企业管理者的倪良正，日渐感觉到“小团体”势力对企业经营管理的严重阻碍。

“当时圣奥在各个车间采取承包制。在承包制下，车间主任就如同小老板，对一线员工的利益分配有决定权。事实上，由于很少能和真正的老板接触，员工们一般会听‘小老板’的。”圣奥副总裁孟勇分析说。

事实上，倪良正曾几度决定要整顿“小团体”势力，但每次又都投鼠忌器，担心挫伤了一些元老级员工的积极性，而没有狠力整顿。

2000 年，浙江某通信公司的一个订单，在生产过程中出现大量瑕疵，最终不得不返工重做，给圣奥造成了重大损失。这次教训使得倪良正再次发现，“小团体”势力已经产生了政令不通、管理不畅、工作分配下去得不到执行等严重后果。如果继续任其存在和发展，必将威胁企业的生存。这使得倪良正痛下决心，改造员工结构，消除“小团体”势力的影响。

倪良正消除“小团体”势力的办法，并不是把自己的亲戚朋友兄弟姐妹拉到公司里来，以壮大自己的势力。他认为，所有的员工都是圣奥的员工，消除“小团体”势力对企业管理的影响，并不是要壮大自己的势力，而是要让所有的员工成为圣奥的员工，而不是某个个人的员工。

为此，倪良正采取了“掺沙子”“建制度”两种办法。所谓“掺沙子”，就是从高校和职业学校中大量招收大中专毕业生（比如从金华浙江贸易学校招收 20 多名中专毕业生），从社会上招聘有经验的工作人员，充实到各岗位中去，同时停止招收安徽芜湖、杭州桐庐、金华浦江及东阳等籍的员工，以稀释原来的“小团体”势力；所谓“建制度”，就是通过一些典型性事件来抓管理，处罚一些“小团体”势力的“头头”，并以此为契机促进制度的建立，无论是谁，只要违反制度就会受到处罚，以此确立制度的权威性，降低“小老板”的权威。

而这两点，恰恰暗合了一个现代企业对人才和管理的要求。可以这么说，圣奥从一个草根型自然生长的企业转向一个具有现代意义的企业的过程，也正是倪良正解决企业“小团体”势力影响的过程。

第六章

撑起“半边天”的女人们

无论是20世纪90年代，还是今天，江苏都是圣奥除浙江省外最重要的市场之一。有意思的是，这块市场的绝大部分成绩，都是由女性创造的。从20世纪90年代到21世纪初期，江苏市场上涌现出了沈建初、沈建华、陈媛、周品亚等女性开拓者，到今天，又有宗卫英、陈庆瑜等女性经销商。可以说，她们顶起了圣奥市场的“半边天”。

从杭州到苏州

1997 年的一天，苏州中心路家具商场。正在某品牌卖场做销售床垫的沈建初，接待了一个特殊的“客户”：他不是来买床垫的，而是来邀请沈建初加入他公司开设的卖场。

这个人正是圣奥家具（当时称牡丹家私厂）在苏州的负责人陈永贵。1996 年，牡丹家私厂在苏州中心路家具商场开设了一个卖场——这也是在苏州开设的第一个卖场。当时，这个卖场由倪良正的表弟陈永贵负责，业务员主要是姚爱莲。然而，到 1997 年，姚爱莲由于个人的原因需要回到杭州，卖场就需要重新物色人选。

刚 20 多岁、在某品牌卖床垫的沈建初就成为陈永贵寻找的对象。

“当时圣奥的卖场在中心路家具商场的位置很好，产品质量也不错。”沈建初回忆说，当陈永贵找到她时，自己其实是有些动心的。“但是，原来姚爱莲她们业务做得太优秀了，我怕自己做不到她们那么好，有很大的压力。”

接下来的几天，纠结中的沈建初就在家里，哪里也没去。

陈永贵等不及了，与老谢一起登门造访。“你可以先去上几天班试试啊，如果觉得实在困难，再打退堂鼓也不迟。有什么好怕的？”

过了几天，沈建初去上班了。

“做了几天下来，其实没有想象中的那么难，最初的畏难情绪一扫而空。后来也就这么做下来了。”

20 多年过去了，沈建初后来虽然离开了圣奥，但一直在办公家具行业中打拼。2009 年，她自己创业，在苏州成立了桑尼亚办公家具有限公司。

“其实当时还没有什么‘营销’的概念，所谓销售，就是在卖场里，等客户上门做订单。”沈建初说。

不过，随着时日的增加，令沈建初想不到的是，相比于家具商场的其他品牌，牡丹家私厂的产品显然更受欢迎。商场中的业务员们空的时候，会在一起闲聊，相互比较这个月的业务谁做得多、谁做得少。结果，沈建初发现牡丹家私厂的销售情况总是比其他的品牌好，而自己的实际收入也远比其他业务员高，她不由得自豪起来。这种荣耀感慢慢地让沈建初喜欢上了这个行当。

在杭州经营得好好的倪良正，为什么要跑到苏州去开个卖场？

20 世纪 90 年代中期，当杭州的第一家家具市场——石祥路杭州家私市场开张营业时，在杭州的近邻，同样有“天堂”之称的苏州，蠡口家具市场已经做得风生水起，成为全国知名的专业家具市场。

蠡口家具市场的起步要追溯到 20 世纪 80 年代。当时，大量农村剩余劳动力从家庭联产承包责任制中解放了出来，本来就喜欢抽空鼓捣些沙发等小家具的蠡口农民，便让自己的手艺派上了用场，在家里手工制作一些沙发、茶几、小橱柜等产品拿到集镇上去销售。后来，“蠡口镇上有便宜家具卖”的

▲ 苏州市场的营业员

消息逐渐传开，吸引了不少周边居民和苏州城里人，蠡口镇上的家具交易日益兴旺，当地政府便因势利导，“依市建场”专门办了个家具市场，把家具交易规范到一个平台操作。到 90 年代中期，蠡口家具市场已经颇具规模。

“石祥路杭州家私市场刚开张时，最大的竞争对手，就是苏州的蠡口家具市场。”潘洁回忆说。事实上，在 20 世纪 90 年代中期之后，蠡口家具市场已经成为全国第二、华东地区最大的家具交易中心。而依托蠡口家具市场的名气，苏州城里又先后或同时兴起了几个比较知名的家具市场，比如上面所说的中心路家具商场，以及金海马家具市场等。

这么近在咫尺的一个市场，杭州家具界的老板们不可能忽视它的存在。于是，你带我，我带他，杭州很多做家具的老板们都搭帮结伙去了苏州，拓展自己的销售渠道。而倪良正在苏州设的第一个销售点，就是在中心路家具商场中的卖场。

1999 年，圣奥在苏州金海马家具市场开设卖场，沈建初就与姐姐沈建华承包了这个卖场的销售指标。有了销售指标的压力，沈建初就再也不能“守株待兔”，等客户上门。她开始主动出击，四处寻找项目。“我们去金海马家具市场之前，金海马营业部每月销售 5 万元左右。我们承包后第一个月，销售额就达到了 20 万元，翻了两番。”沈建初回忆说。而作为窗口的门店，她聘请了一个人来守着。“记得给她的月工资是 1200 元，圣奥承担了一半。”

从守店的业务员，到自己承包当了“老板”，沈建初既有压力，也有动力。“那时年轻，虽然有承包的指标，但我根本没时间理会指标完成了多少，每天就是在外跑市场、抓客户。”沈建初说，也就是在那时，自己开始成为一个真正的营销员。

1999 年，沈建初中标的第一个单子，是苏州市政府采购中心采购的一批用于电视电话会议的椅子。这个只有 50 把会议椅的小单子，却让第一次参与政府采购的沈建初颇费周折。“我先去了采购处，后来采购处告诉我要去找代理公司，去了代理公司，又要我准备招标书等。”

几经折腾，沈建初最终中标了这个项目。在沈建初看来，这个单子虽然小，意义却十分重大：首先，它是圣奥历史上第一个进入政府采购流程的订单。沈建初通过这件事情，搞清了政府的采购流程。其次，它给圣奥带来了“广告效应”，圣奥在政府里面树立起了形象。使用多年后，政府部门对圣奥的产品还赞不绝口。后来，在苏州市政府采购中心的其他招标中，沈建初作为圣奥的投标方，还多次中标。最后，它打开了沈建初新的营销思维，得到了很多人的认可，也结识了不少代理商，为日后的事业发展打下了基础。

沈建初的第一个“大单”，是 2000 年江苏海安县苏中集团的一个 50 万元的项目。这时的圣奥，在华东地区的办公家具界已有相当的名气，公司也成立了设计部，但对这一项目的角逐依然激烈。“除了圣奥外，还有来自广东的、本地的七八家企业参与投标。”不过，经过激烈的竞争，最终还是花落圣奥，沈建初成为最后的赢家。

2001 年 5 月，由于沈建初、沈建华姐妹在金海马家具市场的出色表现，倪良正奖励了她们一辆价值 10 万元的奇瑞汽车。

“当时我还不会开车，那辆车就在停车场风吹日晒了两个月，然后我去学了驾照。”沈建初说。

在这期间，圣奥在苏州的网点，除了金海马营业部，还有苏州直销部、专卖店等，但金海马营业部显得更有活力，对市场的开拓也更加得力。

坐镇苏州

2000年8月18日，圣奥办公家具苏州金海马营业部和苏州直销部拿到了一块镶嵌着“苏州市政府采购定点供应厂（商）”的铜牌，它标志着圣奥办公家具在苏州市场的知名度和美誉度，在同类产品中已处于领先地位。

这一年，苏州分公司拥有了全公司最大的一支销售队伍，销售业绩提升较快，苏州市场成为圣奥在浙江之外最重要的市场，几乎与浙江本地市场平分秋色。然而，对于这一成绩，倪良正并不是很满意。

“2000年，苏州分公司的销售人员超过了杭州总部，但销售额的增长并不明显。”倪良正后来分析原因说，这一方面是由于总部在后勤、生产上无法给予充分的保证，特别是在新厂房未建成之前，不相适应的生产场地、设备等硬件条件使生产跟不上销售的要求，生产、计划等部门在管理上也未能给予销售部门以很好的支持；另一方面，苏州分公司在管理上的问题较多，费用开支无标准；相互“碰单”尤为严重，价格不一，造成了不良影响；同时也存在摩擦扯皮现象，团队意识薄弱等。

为了加强对苏州市场的管理，倪良正决定亲自坐镇指挥，并从2000年9月18日起将办公地点作出调整:每周的一、二、六在杭州总部办公;周三、四、五则在苏州直销部（金洲大厦）办公。

2001年，圣奥暂时撤销了苏州分公司经理这一职位，重要事情由倪良正亲自负责管理。针对产品报价不够统一而导致各市场、直销部“碰单”比较严重的情况，倪良正也决定从 2001 年起，确定最低销售价格，如有特殊情况需低于此价格，必须上报倪良正总裁审批；此外，针对在销售过程中的开销，公司将根据情况，派专人协同销售人员办理销售过程中产生的费用开销，并确定了销售人员的年度销售任务。

事实证明，这样的调整起到了立竿见影的效果。2001 年上半年，圣奥销售额就同比增长 50%，是圣奥成立以来同比增长最快的半年。根据家具行业的特性，一般来说七八月份是销售淡季，但在圣奥，各个车间生产依然繁忙，特别是后成型车间和实木车间的生产量都创出了历史新高。

市场的发展日新月异。2001 年，苏州家具市场进入了“百花争艳”的时代，发展速度惊人，尤其是苏州蠡口国际家具城已成为国内规模最大的家具市场之一，竞争也是前所未有的激烈。2001 年 8 月，圣奥在原有两大专卖厅共 550 平方米的基础上，新租 1800 平方米。

到 2002 年年初，倪良正发现，集团化企业必须要以集团化的整合作为基础，“零打碎敲”的营销方式所花的精力多，产生的效益却不高，而且很容易被其他公司，尤其是国外家具巨头各个击破。为此，圣奥公司决定对苏州市场进行调整——将原来的新天地和 A 栋两市场进行撤并，充实各方营销力量，并规定了新的工资和考核办法，实行正反两个方面的激励：若超额完成全年任务，超额部分在原营业额提成的基础上再增加 50% 给予奖励；若未完成全年任务，未完成部分按原营业额提成的 25% 予以扣除。

▲ 倪良正与苏州市场营销人员沟通

三个女人一台戏

这一政策一出台，沈建华、沈建初姐妹就主动提出了承包圣奥在整个苏州市场——包括苏州直销部、蠡口市场、今日市场的销售（此时金海马市场已经撤销），第一年的销售指标为 1000 多万元。为了增强力量，姐妹俩把曾在苏州直销部负责展厅业务的陈媛也拉了进来，三个年轻女子唱起了圣奥在苏州的一台大戏：沈建华以政府业务为主，沈建初以台资企业和国内企业业务为主，陈媛则以外企业务为主。

年轻，有活力，聪明，肯奋斗。三个女人一台戏。2002 年年底，三人出色地完成了承包指标。

对沈建华来说，在圣奥做销售的日子里，有两件事情难以忘记。第一件事情发生在 2002 年 10 月。当时，沈建华斩获了苏州吴中区地税局的一个订单，所要的货物是一批办公桌椅以及书柜等。然而，眼看第二天客户就要搬入新大楼上班了，所订的货物却无法交付。

“那时，圣奥刚搬入萧山厂区不久，再加上企业成长迅速，订单很多，有时确实无法按期交货。”沈建华回忆说，虽然自己也理解生产的难处，却并不能以此向客户交代。交不出货就是合同违约啊！无奈之下，心急如焚的沈建华，开着自己的 POLO 小车从苏州赶往圣奥萧山厂区，要求生产车间无论如何也要把货物赶出来。“即便不能全部交付，至少要把领导办公室、会议室等几个重要场所的货物先交付安装，随后再马上交付其他的。”

为了监督车间的生产，这一夜，沈建华就在车间里忙这忙那，一直看着工人们赶工、喷漆。直到晚上快12点，实在又累又困，沈建华才在车间和衣而睡。

“10月份，杭州还有蚊子，我被咬醒了，腿上、胳膊上起了几个大包。到后半夜，又有点凉。”这一夜，沈建华毕生难忘。

凌晨3点，她再次醒来，嘱咐包装工将货物打包、装车……天蒙蒙亮，一辆卡车就已经发动，开始向苏州奔去……

沈建华难以忘记的第二件事情，是发生在一个月后。这一次，她获得的是苏州高新工业园区一家名叫SNAND的德国企业70多万元的订单，货物主要是一批屏风。然而，当圣奥将货物交付到客户手中时，德国人却对沈建华连说：“NO！ NO！！”

原来，由于当时圣奥的钢板喷塑，不是由电脑和机器控制，而是靠人工操作，这就不可避免地出现了色差。这样的色差，在中国或许不算什么问题，但在严谨刻板的德国人眼里，却无法接受。德国人的要求，就是退货。

“不可能啊！七八十万元的货物，怎么能退？！一旦退了，这批钢板就报废了，根本没有任何利用的价值。这不但是我的损失，也是公司的损失，我怎么向倪总交代？”

当时的沈建华，全部心思就是用在如何不让德国人退货上。可是怎么办呢？货物不可能返工，与德国人交流又有困难。沈建华想出的办法就是：技术不过关，就把服务做好。

当时SNAND正抓紧赶工期，一边厂房还在施工，一边办公家具就开始安装。“我那时一边让安装工人先安装着，一边就在他们厂里抹桌子，擦玻璃，搞卫生，帮这帮那。安装工人为了赶工，一直干到晚上，累了，就睡在地板上，我也睡在地板上。”

沈建华的服务和诚意，最终打动了德国人。“OK！ OK！！”他们最终接受了沈建华的请求。

对于这两件事情，沈建华有两点感叹：第一，圣奥的员工是好样的，无论是生产员工还是安装工，加班都无怨言，都能打得了硬仗。第二，做营销员，首要的不是营销技巧，而是做人：肯吃苦，有责任心，为各方负责，善于服务；把人做好了，生意自然就来了。

由于沈氏姐妹入行早，在业界的人脉比较多，就负责接洽、公关外面的客户，而刚刚入行的陈媛，则负责展厅的接待工作，并从中寻找客户。

“当时有个客户，是装修公司的，姓郑。他大概对我的接待工作很满意，又知道我需要业务，就对我说：我给你介绍一个客户吧！”

郑某给陈媛介绍的，是自己正在服务的一家世界500强公司——“快捷半导体”在苏州工业园区投资的一家公司。当时，投资项目正在快速进行，正需要一批办公家具进入新盖的厂房和办公楼中。在郑某的帮助下，陈媛与快捷半导体苏州公司的负责人取得了联系，并拿到了他们的室内装修设计的平面图。

这是一个价值100多万元的单子。初出茅庐的陈媛，对于能否攻克这样一个大客户，心里很没有底。她去请教沈建华姐妹，希望得到她们的指点。

“像这种世界500强的公司，对产品的质量、品牌要求很高。按照圣奥现有的实力，与国际品牌还有差距，他们不一定会选用圣奥的产品。”沈建华告诉她，“不过，即便中标不了办公楼里的办公家具，能中标厂房里的办公家具也是值得的！”

然而，出乎陈媛意外的是，快捷半导体苏州公司的负责人在看了圣奥的有关样品后，就问陈媛：我们需要的产品，你们出样要多长时间？

陈媛一听，知道有戏，便盛情邀请快捷半导体苏州公司的负责人到杭州的圣奥工厂看一下。到了杭州，客户提出了包括功能、样式等在内的具体要求后，圣奥经过研究，一一给以解决。“比如以前办公室的电源插座，都是在墙上或者地上的，但是对方提出，插座要设计在办公桌的台面上。虽然圣奥当时还没有这样的产品，但为了满足客户的需求，还是在最短的时间内解决了这一问题。”

陈媛说，圣奥在最短的时间内生产出了合格的样品，赢得了客户的肯定。事情进展顺利，双方准备签订合同。

然而，再次令陈媛和圣奥方面没有想到的是，快捷半导体苏州公司方面拿出的是一份圣奥从来没有遇到过的国际合同。

“以前的合同文本，基本都是由圣奥提供，薄薄的几页纸。但这次客户拿出的合同，却是厚厚的一大本，里面对双方的各种权利、义务、责任，以及各种可能性，都作了详细的规定。”陈媛说。

这样的一份合同文本，对圣奥意味着什么？陈媛将合同文本拿给了圣奥的律师，律师看后，建议说：“如果按照这个合同文本执行，圣奥将面临很大的风险。”

签，还是不签？

这可是陈媛的第一个单子啊！权衡许久，陈媛还是坚持与对方签下了供货合同。

但是合同的签订，只是这一单业务走完了第一步。由于快捷半导体苏州公司的项目时间非常紧，室内装修、管线铺路与家具安装等各项作业都要同时进行，这就大大加大了家具安装的难度。

“我们习惯的是按部就班的线性流程，室内装潢全部结束后，再进行办公家具的安装。但是，当时快捷半导体苏州公司的要求是组合式流程，各种作业同时进行。这就需要各方面非常密切的配合。”

陈媛回忆说，在这个过程中，出现安装顺序上的错位是没法避免的。比如圣奥对该订单的生产，是按照整体的要求来生产的，不可能今天安装到哪个房间，生产出的就恰好是这个房间的产品。如此一来，为了赶上客户的工期进度，陈媛就干脆吃饭、住宿、办公都搬到了项目工地上。

“有时为了给客户更换一个插线板，就直接赶回杭州，拿了之后再返回苏州，以便完成当天的工程进度。”陈媛说，这样的日子，她从头到尾，持续了20 多天。“不过，好在客户方和圣奥方面都很照顾我、支持我，我的协调工作做得也很顺利。”

后来，陈媛也做了不少业务，一些订单比这个单子还大。但是在陈媛的记忆中，这是她印象最深的，也是难度系数最大的一个单子。当然，还有一个原因，就是：这是她的第一个大单。

“人生的第一次，都具有非凡的意义。”陈媛说，“就像我的第一份工作是在圣奥一样。”

深耕江苏

在苏州，圣奥先后有若干个营销点。第一个营销点在苏州中心路的家私市场，即沈建初所在的第一个市场，该市场于 2000 年搬迁，圣奥随之退出；第二个营销点是金海马市场，圣奥于 1999 年入驻，2002 年退出；第三个营销点是蠡口家具市场，这是华东地区最大的家具批发市场，圣奥于 1998 年入驻，并有两个营业店；第四个营销点是位于金洲大厦的苏州直销部。2003 年，随着中国房地产市场的快速崛起，倪良正敏锐地意识到了“房地产”的升值潜力。于是，他决定改变以往租用店面的模式，先后在杭州解放路、苏州干将路、南京珠江路买下房产进行自主经营，其中在苏州干将路苏州商务大厦买下的面积达 1000 多平方米。这种“大胆”的经营思路，在国内同行业中并不多见。但是，这种“以买代租”的经营方式使得圣奥真正成为销售的主人，把“客场”转变为“主场”，全面降低了运营成本，提高了产品的价格竞争力，圣奥家具在苏州市场的竞争优势开始凸显出来。

“苏州干将路苏州商务大厦房产买下来后，圣奥自己经营了很多年，其价值也增长了很多。”从 1993 年就加入圣奥、如今已是圣奥元老的钱爱君回忆说。

沈氏姐妹与陈媛三人对苏州市场的承包，一直持续到 2004 年年中。随着苏州市本级、蠡口两地经济的上升，以及本土家具企业的发展，苏州、蠡口成为众多家具企业的必争之地。这一年，圣奥引进了来自香港的伍浩明担任营销总监，并推出新的营销思路和营销政策。“他们进来后，我们在回款、结款和财务方面与总公司产生了一些分歧，做得很辛苦，于是决定在 2004 年下半年终止承包合同。”沈建华回忆说。

经过半年的交接，2004 年年底，沈氏姐妹离开了圣奥，陈媛则从苏州回到杭州总部。2004 年 11 月，圣奥再次将苏州市场业务和蠡口市场业务进行合并，组合为“苏州圣奥办公系统有限公司”，并聘任曹大男为执行董事，全面负责圣奥在苏州市场的市场推广、营销、安装及售后服务等事务。

应该说，苏州市场与蠡口市场一直是圣奥公司的主要营销网点，对圣奥的销售业务作出了相当大的贡献。苏州是圣奥在浙江本土之外，开发的第一个成熟的市场。它的开发，使圣奥深刻地意识到了作为长三角地区的另一个经济重地——江苏省的意义。江苏省，特别是苏南地区，在地理上与浙江接壤，在文化上与浙江相似，又同属“长三角”经济区的核心地带，因此，深入开发江苏市场，就成为圣奥拓展省外市场的题中应有之义。

2001 年 3 月 18 日，无锡锡山区的红星美凯龙市场开业，圣奥在这个市场上租下了一个 800 多平方米的营业厅，市场部经理由周品亚担任。

“在到红星美凯龙之前，我其实已经做了两年圣奥家具的销售，不过那时习惯上还叫牡丹家私厂。”周品亚回顾说，1999 年，周品亚在无锡新世纪城，为广东的一个沙发品牌做营销员，当时负责无锡市场开发的陈永贵将她“挖”了过来，负责圣奥办公家具的销售，那时每年有三四百万元的销售额。到红星美凯龙市场开业时，她就顺势过来做了市场部经理。

“当时‘圣奥’在国内办公家具行业中，已经是一个叫得响的品牌，销售额也连年上升。”周品亚说，2001 年，圣奥给周品亚的销售指标是 500 万元，但这一年她就完成了 700 多万元。

跟多数早期的营销员一样，周品亚最初做营销，也是在营业厅等客户来，然后上门量尺寸，做方案，改方案……“单子不大，但是我不会因为单子小就不把服务做好。”周品亚说，“我是把 10000 元的生意当作 100 万元来做的。”

红星美凯龙市场圣奥营业厅开张时，周品亚的交通工具只是一辆轻便摩托车。2001 年夏天，周品亚听说无锡南洋国际学校需要一批办公桌椅，虽然只有 1 万多元，但她还是非常重视。

“学校离市场接近 30 公里，为了这个订单的一些方案和细节，我骑着摩托车，一天跑了三个来回。”到今天，当时与学校商谈的细节已经记不清了，但周品亚无法忘记的，是炎热的天气。“只记得那是酷暑天，至少有三十七八度吧，骑着摩托车，一慢下来，浑身都是汗。”

周品亚拿下的第一个大单子，是安盛电子一个 100 多万元的订单。周品亚更是将服务做到无微不至，定计划，出方案，打样品，带客户去萧山工厂，督促生产车间及时交货，上门现场指导监督安装工人安装……最终让客户达到百分之百的满意。

“只要客户经过我的手，七八成是可以做成的。”周品亚对留住客户这一点非常自信。“这原因，当然是圣奥的品牌和影响力，还有我的服务和态度。”

周品亚也有懊丧和郁闷的时候。“有时候前期工作都已做好，马上就要签合同了，对方却中途变卦，我们只能放弃；有时候跟客户签订的明明是 10 万元的合同，送货安装后，他们找各种理由挑剔，最后只付 9.5 万元，我也没办法。”

不过，这还不是最惨的。有一次，市场里来了几个人，自称是江苏阜宁人，需要一批办公家具。在展厅，他们挑选了一批班台、桌椅之后，就与周品亚签订了几十万元的购货合同。

过了两天，办事员打电话给周品亚，通知她去阜宁拿定金，并叮嘱她说：“来的时候，带 5 条中华香烟过来。”

周品亚想，原来是要回扣啊。虽然心里不舒服，但第二天，还是买了 5 条中华烟，坐大巴车去了阜宁。

在路上，周品亚就接到办事员的电话：“你就不用直接来公司了，我们在饭店订了一桌，你直接去饭店吧。”

到了阜宁，周品亚按照办事员的指示，直接去了饭店——这是阜宁当时最好的一家饭店。午饭时，办事员带了八九个人来，与周品亚刚好凑成了一桌。大家海吃海喝，不用说，最后买单的是周品亚。

然而，酒足饭饱后，办事员又告诉周品亚：按照公司规定，定金不能以现金形式给她，只能通过银行转账。他要周品亚先回无锡，并承诺第二天就把定金转给她。

周品亚虽然有一万个不爽，也只得答应。

然而，到第二天，周品亚发现定金还没到账时，便给办事员打电话。

“嗯，你猜到了。办事员的手机关机了，后来再也联系不上了。”周品亚说，直到这时，才发觉自己上当受骗了。

2002 年，周品亚离开圣奥。之后，她与另外两个伙伴合伙成立了“优卓”家具公司，开始独立创业。“我自己创业，无论是资金上还是营销能力上，都是圣奥给我打下的基础。特别是倪总，他处理问题的方式和办法，给了我太多的启发。”周品亚至今仍然感念倪良正对她的培养。“记得当时我和倪总一起去招聘营业员，他告诉我，如果应聘者对工资的要求低于 5000 元，基本上可以不考虑。为什么呢？因为他们对自己要求低，这样的人干不好事情的。”周品亚说，倪良正这种独特的思维方式，给自己留下了深刻的印象。

2000 年下半年，随着公司市场网络的日益完善，开发新市场也就成了圣奥扩大市场份额的必然选择。在苏州、无锡等市场开发成功后，抢滩南京成为公司在江苏的首选。在南京红星家具市场，圣奥办公家具已成为叫得响的著名品牌。2001 年上半年，圣奥公司又登陆南京宝林家具城。2001 年 7 月 28 日，又与徐州红星家具城签订了合同，租用 960 平方米设立专卖厅。

加盟商体系的建立

2002 年 3 月，圣奥从沈半路搬到萧山基地之后，扩大了厂房，更新了生产设备，也新增了不少技术工人，产能大大增强。但是，如果市场销售跟不上来，就意味着产能的巨大浪费和单位生产成本的大幅增加。

要在短时间内快速增加订单，仅靠原来“市场＋直销”的营销模式是远远不够的。只有将眼光放到全国甚至全球市场上，才有可能在市场销售上取得突破。为此，圣奥开始了两方面的探索：在国际市场方面，2002 年开始组建国际营销部，寻求国外订单；在国内市场方面，则着力于对原有的经销模式进行改革。

然而，随着圣奥知名度的不断扩大和提高，圣奥产品的销售半径也迅速扩大，特别是从 2003 年开始，圣奥开始全面推广圣奥品牌，在广州、上海、北京等国际性的家具展会上频频亮相，在中央电视台和浙江电视台向全国受众传播“让工作成为一种享受”的理念，圣奥品牌在业界得到广泛的传播……这所有的一切，意味着对原来营销模式的修修补补，已经无法适应市场格局的改变。要想取得营销业绩的突破性进展，使圣奥更上一层楼，就必须对原有的营销模式进行全面的调整。

那么，从哪里入手呢？

21 世纪初期，美时、震旦、优比、励致等四家办公家具公司，被称为中国办公家具界的“四大家族”。这些主要由外资投资的企业，有着雄厚的资本，丰富而先进的管理经验，在市场销售方面，也有着各自的擅长，比如震旦在直销方面领袖群芳，而美时在经销渠道建设方面则独擅胜场。

倪良正意识到，要在短时间内扩大订单，取得营销上的突破，建立经销商体系是最为有效和最为现实的做法。

但是，在国内市场建立经销商体系，谈何容易！圣奥在这方面，既没有现成的经验可以学习，也没有成熟的人才可供利用。如果自己培养人才，摸索经验，又需要相当长的时间。而市场，不可能给圣奥和倪良正如此充裕的时间。

“那些港台家具公司不是在经销方面做得比我们好吗？一定有人才啊。”2003 年 6 月，倪良正终于“挖”来了营销总监伍浩明，并委以大任，对圣奥的营销系统进行全面调整。

伍浩明的到来，给圣奥的营销体系带来了里程碑式的革新。

▲ 倪良正（右二）、伍浩明（右一）与特许加盟商签约

2003 年年底，圣奥具有纲领性、战略性的《2004—2010 年前景规划（纲要)》出台。根据这一规划，圣奥提出了市场扩张的原则。

相比于以前的营销制度，2004 年的营销制度可以说是一场革命。这场“革命”的主题是：采用市场化的运作方式，逐步实现各运作单位的独立经营。用倪良正的话说就是：“让每一个营销人员都成为一个老板，让大家都赚大钱！这不是由公司决定，而是市场经济发展的必然趋势。”

这一营销制度的思路是：圣奥生产基地承担制造功能，保证按时做出符合客户需要的产品；圣奥营销总部确保给予营销网点最大程度的支持，管理好展厅，推出一流的产品资料；人力资源部负责营销人员的审核、备案；此外的其他权力全部放给营销网点，可能产生的一些费用，原则上也由各个网点自行承担，但圣奥总部会以高额返利的形式给予费用补贴，销量越大，返利的比例也就越高。

可以看出，这一营销制度的核心，是圣奥营销总部以管理职能为主，导向以服务、支持为主，它鼓励每个网点上的营销人员自觉地去拉动业务。

此外，在这一营销制度中，所有的网点负责人都不再采取行政任命的方式而是通过竞争来产生，以让能力强、水平高的人脱颖而出。同时，一旦成为网点负责人就要承担相应的责任。

在圣奥的发展史上，2004 年营销制度的建立，是具有里程碑意义的。新的营销制度确定后，圣奥开始大力加强营销网络建设，着力开拓国内和国际两个市场：在国内，采取“以长三角为中心，逐步向全国辐射”的营销策略，逐步在全国各个一级城市设立专卖部，不断扩大加盟商队伍；在国际市场，一方面在产品设计、产品质量上与国际接轨，另一方面充分利用网络手段向国际市场渗透。

与此相配合的是，圣奥狠抓营销前的品质把控和销售后的服务。在品质方面，把产品质量作为公司生存与发展的效益之源，引进世界一流家具生产线，以先进的生产工艺提高产品质量；培养了一批高素质的研发队伍，着力提高产品创新能力;制定了完善的内部管理制度,编制了完善的生产作业规范,对各车间的生产操作流程进行了治理整顿。在服务上，重视售后服务体系的建设，先后组建了高素质的售后服务队伍，设立圣奥售后服务联系卡，实施圣奥客户回访制度；定期组织技修人员与研发中心开展质量问题现场反馈会议，实行售后服务“看板”管理制度，定期对售后服务中的疑难问题进行集中讨论，研究解决方案，定期对售后服务中的典型案例进行集中分析，及时总结经验。

营销制度的创新和改革，使得圣奥的营销人员迸发出了前所未有的活力，也厘清了生产、销售和服务这三者之间的关系，直接促进了营销业绩的飞升。

第一个加盟商

圣奥第一个真正意义上的加盟商，是一直被加盟商们亲切地称为“大姐”的传奇式人物，她就是常熟市圣奥办公家具销售有限公司总经理宗卫英。

宗卫英是在 41 岁人到中年的时候，被抛入到失业的洪流之中。2002 年初夏，宗卫英为之打工的常熟家具店老板突然通知她，家具店将于第二天关门歇业。这个通知无异于五雷轰顶，将上有老、下有小的宗卫英打懵了。回家后，她不敢把失业的事情告诉老公，又不甘心就此认命。思来想去，她选择了面对现实，自己当老板搏击人生。当年 8 月 23 日，宗卫英向常熟市自来水公司租了两间门面房，办起了自己的公司，雇了一名看店的员工。

宗卫英与圣奥公司的前身——浙江牡丹家私在苏州蠡口家具城开设的直销店负责人齐文国联系上，确定经销圣奥的产品。由于自己没有资金，她只能帮苏州直销店做业绩销售，自己骑着摩托车上门推销产品，按完成销售业绩结算返点。就这样，无论是酷日当头，还是寒风凛冽，宗卫英都不停地跑，有时半路上跑断了油，就推着摩托车走。然而无论她如何努力，一连三个月，宗卫英的生意没有任何起色。这时她的心情坏到了极点，有一次忍不住放声大哭起来。哭虽然哭了，但宗卫英知道自己别无选择，知道做任何事都不是一件容易的事，只能坚守信念继续往前。终于，2002 年 12 月 24 日，圣诞节来临的前夜，她与常熟市开关厂签下了有生以来第一笔 103 万元的家具供货合同。这让她激动得一夜未眠。

常熟离苏州直销公司有 40 公里的路程，客户的家具设计方案由苏州直销公司来做，很不方便。由于苏州直销公司本身的设计任务很重，宗卫英客户的设计方案只能排到下半夜进行。为此，宗卫英每次去苏州做设计方案，都是早早买好常熟到苏州的末班车票前往苏州，晚上就在设计室的沙发上过夜，第二天一早再返回常熟。

为了能从圣奥直接拿到货，2003 年 7 月，宗卫英通过齐文国找到了倪良正，希望倪良正能给他开个口子。没想到，此时的倪良正恰好打算在全国推出加盟商制度。

“你来得正是时候。我们公司刚开过会议，决定将产品进一步向外拓展，用什么办法呢？就是准备以加盟店的形式，在全国各地开拓销售网络。如果成功，你就是我们的第一个加盟商。”倪良正说。

“是吗？我乐意做圣奥的第一家加盟商。”宗卫英一听就高兴了。

“不过，加盟圣奥，我们有一个门槛。这个门槛不高，必须每年到我们总部拿 300 万元的货。”

▲ 宗卫英

“300 万元？我没有把握呀！去年我们才做了 200 万元的生意，要一下子增加 100 万元，不太可能的。”宗卫英想了想说，“能不能 200 万元呀？”

倪良正笑了：“宗经理呀，你直接和我做起生意来了。这样吧，我看在齐叔引见的份上，又是第一个加盟商，对你特殊照顾，220 万元。少于 220 万元，我是不答应的。”

“好吧，就 220 万元，谢谢倪总！”宗卫英说。

“但需要你缴 3 万元履约保证金。如果你在合作期内遵守法律，履行协议，协议期满后退还。价格按内部合作价结算。如果你不能完成销售指标，我们要收回经营权，不到部分按规定在保证金内扣除。完成全部指标，还可以有 1% 的返利。”倪良正说，“如果你认为可以的话，我们现在就签个协议。”

“好呀！”宗卫英兴奋地说。她想不到这位董事长这么爽快，做事一点也不拖泥带水，是一个干事业的人，感觉到跟着他，事业肯定会越来越发展。

倪良正于是让营销总监伍浩明与宗卫英协商加盟事宜，拟了一份加盟协议书，并在协议上签下大名。

这一天，是 2003 年 7 月 19 日。加盟协议书期限一年，至 2004 年 7 月 18 日。期满后如继续合作，须在到期之日前一个月另行签订协议。

宗卫英回到常熟后，将原来的“常熟市大友办公家具有限公司”更名为“常熟市圣奥办公家具销售有限公司”，开始了与圣奥风雨兼程的成长之路。

2004 年，圣奥总部给宗卫英下达的年度指标是 300 万元，同时建立了返点制度：在年度指标内，完成指标 55% 以上，视完成额度进行递增返利，最高返利 5%；超额完成年度指标的，同样实行递增返利，最高返利为 10%。

这一年，宗卫英最终完成了 257 万元。此后，常熟圣奥一发不可收拾，年年超额完成任务：2005 年，总部指标 300 万元，完成 540 万元；2006 年，总部指标 400 万元，完成 605 万元；2007 年，总部指标 500 万元，完成

696 万元；2008 年，总部指标 600 万元，完成 970 万元；2009 年，考虑到金融风暴的影响，总部指标没有增长，依然为 600 万元，但常熟圣奥却高高跃起，竟然完成了 1385 万元，超额完成年度计划指标 130.83%……

此后，常熟圣奥一直保持着良性的上升态势：2010 年，总部指标 700 万元，常熟圣奥完成 1050 万元；2011 年，总部指标 820 万元，常熟圣奥完成 1838 万元；2012 年，总部指标 1025 万元，常熟圣奥完成 1578 万元……

由于出色的业绩，宗卫英成为圣奥经销商群体中的佼佼者。在每年一度的圣奥经销商大会中，宗卫英几乎每次都会站上领奖台，并作为代表发言，交流、分享自己的经验与心得。由于她的频频“亮相”，每一个经销商，甚至圣奥总部的每个员工，都知道了“宗姐”的名号。宗卫英，成为名副其实的“大姐大”。

“经过 10 多年的市场开发，目前常熟地区的固定消费群体已达 1400 多个，办公家具的市场占有率接近 60%，圣奥产品的认可度超过 70%……10 多年来，我们为圣奥总部贡献了总共近 2 亿元的销售额！”说起常熟圣奥，宗卫英没有理由不自豪。

常熟圣奥的崛起，也引起了业界的关注。

2015 年的一天，江苏常熟市建材市场总经理何东生找到了宗卫英，盛情邀请她进驻建材市场旗下的国际装饰城。“当初我们放走了一只‘绩优股’，现在我们必须把她请回去！”何东生说，他愿意给常熟圣奥以最大的优惠和支持。

对于这一邀请，宗卫英有些犹豫。她记得倪良正曾经叮嘱说，要在常熟扎根，一定要设法拥有自己的商铺，不能一直租用别人的。但是，在这一机会到来时，她却有些犹豫了：一是要买下 1800 平方米的商铺，资金上是一笔巨大的支出；二是宗卫英记得，早在 2004 年，自己在建材市场租了 500

▲ 早期常熟圣奥专卖店

平方米的商铺，做了三年，却业绩平平……

拿不定主意的宗卫英给倪良正打了个电话，要倪良正给“参谋”一下。倪良正于是派了圣奥置业总经理冯天荣与宗卫英沟通后，又派了资深业务员庞国海来到常熟调研了一周。

“倪总没有建议我买还是不买，他要我自己拿主意，毕竟这是一项很大的投资。”宗卫英说，自己最终的决定还是：买！

于是，1800 平方米的展厅纳入宗卫英囊中。“2017 年的一件大事，就是要装修这个展厅。”宗卫英说，此前，她在常熟租了民用家具和办公家具两个展厅共计 3000 平方米。

年轻女子创造了江阴奇迹

25m^2，200 m^2，300 m^2，1500 m^2。

这几个数字，是江阴市博竣贸易有限公司（下称“江阴博竣”）圣奥产品展厅面积在短短几年内的变化。

就圣奥的经销商系统来说，江阴博竣可以说是在一个县级市里创造了一个奇迹。这个奇迹的创造者，是一个年轻的女子，名叫陈庆瑜。

事情还得从 2006 年说起。这年秋季，28 岁的陈庆瑜第一次来到圣奥铭扬大厦的办公区时，就被紧张忙碌的工作气氛所吸引，在她的印象中，只有外资企业才会有这样井然有序的工作环境和氛围。然而，接下来的事，却让她感到沮丧——区域主管告诉她，要做圣奥的加盟商，不仅要缴纳加盟费、保证金，还必须要完成每年 200 万元的区域销售业绩，如果完不成，就扣保证金。此时的陈庆瑜从来没有接触过办公家具，心里根本没底。无论是与一个成熟的优秀品牌失之交臂，还是完不成销售业绩会面临的境地，这都不是她想要的结果，在如此高的考核目标和严苛要求前，她打了退堂鼓。

从圣奥出来后，她又参观了另一家家具工厂。在回江阴的路上，她选择先代理后来参观的这家工厂的品牌。

然而，仅仅半年后，陈庆瑜彻底改变了想法。通过这半年的比较，她对家具品牌的含义有了深刻的理解：一个品牌不仅需要有强大的知名度，优良的产品品质，成熟的运作团队，还需要自身持续不断的研发和生产投入，对加盟商帮助成长的计划。而自己这半年来所代理的品牌，虽然在各种要求上没有圣奥严苛，但其无论在品牌知名度、产品品质方面，都远不如圣奥。更重要的是，它无法帮助加盟商成长。

意识到这一点，陈庆瑜决定回过头来，重新代理圣奥品牌。

对一个白手起家的加盟商来说，家具是一个辛苦的行业——不可能一夜暴富。但是，有着圣奥这样的品牌，只要有好的心态，只要肯放下身段、俯下身子耕耘市场，持续稳定的盈利是没有问题的。但是陈庆瑜很清楚，一个人的力量是有限的，她必须寻找创业搭档。好的搭档，不仅能分担风险，还能互相帮助、互相促进。陈庆瑜找的搭档，就是自己的小学和初中同学王海萍，以及第一个员工马剑锋，他们彼此熟悉对方的性格，能够互补。巧合的是，

▲ 陈庆瑜

他们三人都出生于 1979 年，属羊。俗话说“三羊开泰”，就这样，三只“小羊羔”就开始了创业的历程：从最初的一张办公桌，一台电脑，三人分工合作，开始发展业务。通过一段时间的努力，开始拥有了第一批客户，业绩也跟着上去了。但是，业绩的上升也随之带来了资金短缺的窘况。陈庆瑜和王海萍就东借西凑补上货款——曾经连续 10 个月，陈庆瑜和她的搭档没有给自己发过一分钱工资，还拿各自父母的房子做抵押，将贷款用于公司的流动资金。

江阴虽然只是一个县级市，却是长江边上一个发达的江南城市，其客户潜力不可小觑。然而，由于一开始圣奥在当地缺乏品牌影响力和典型客户，陈庆瑜就一边通过与装饰设计公司合作获得项目，一边培养自己的销售团队，增加客户数量。在最初的一年里，她降低销售折扣，通过牺牲一部分利润来争取客户，同时还要拿出一部分利润与设计公司分享。就这样，渐渐提高了圣奥品牌在江阴的知名度。2007 年 4 月，她获得了第一个项目——江阴市地方海事处 60 万元的办公家具订单。

此后，江阴博竣一发不可收拾。2007 年，加盟圣奥当年就完成业绩 250 万元；2008 年 520 万元；2009 年 1000 万元；2010 年 1300 万元，到 2012 年，更是达到了 2000 万元……

江阴博竣的展厅面积，也从无到有，从 200 平方米、300 平方米到 1500 平方米，在经销商中成为首屈一指的“大户”。

如今，富裕的江阴市，办公家具 70% 以上的市场，被江阴博竣所占领。

【文正手记】

经销体系是现代企业营销的一个重要手段。在近些年，经销商系统所占的销售比例，在圣奥的内销总额中，一直占一半左右。在 10 多年的经销商发展中，涌现出了常熟圣奥、江阴博竣等经销商，更需要指出的是，迄今为止，还没有一家经销商因为经销圣奥产品而亏钱。特别是在近几年来，在日益激烈的市场竞争中，许多办公家具企业面临亏损甚至倒闭，经销圣奥品牌的经销商能取得如此成绩，实属不易。在这之中，位于长三角的常熟圣奥和江阴博竣的经验，都有值得借鉴之处。

首先，选对品牌。大树底下好乘凉，选择一个有实力的品牌非常重要，选对品牌是旗开得胜的第一步。陈庆瑜曾经选择过浙江其他品牌作补充，但她很快就发现，这会影响客户对她们的信任，因为这个品牌有时难以及时解决售后服务问题和存在的部分质量问题。为了面上的价格优势而选择不带条条框框约束的品牌，对后续的企业发展必将产生一定的影响。而宗卫英也认为，圣奥品牌的良好形象和圣奥总部的大力支持与帮助，是常熟圣奥的强大后盾。依靠这后盾，常熟圣奥攻下了一个又一个堡垒。比如，2013 年，波司登研发中心大楼竣工，常熟圣奥中标其近 800 多万元的办公家具项目。这一项目，仅设计方案就改了 15 遍，提供样品 10 多批次共 30 多款 80 多件，圣奥总部派出了精兵强将，多次前往工地现场勘测，无数次地与对方沟通交流，直至提供出完全满意的设计方案，整个设计过程长达一年。与此同时，工厂车间也在最短时间内为工程项目制作样品。圣奥的真诚服务和技术实力，深深打动了对方。最终，圣奥成为该项目唯一的家具供应商。

其次是将圣奥品质与个人品格融为一体，自成经营理念。宗卫英一直把圣奥家具视为生命的一部分，呵护有加。为了开拓常熟市场，并让圣奥家具扎根常熟，她给自己立下了“高档不高价”的规矩，坚持薄利多销，在任何情况下都拒绝因利益驱使而涨价或变相涨价，并且十年如一日，兑现承诺。常熟的客户，看重的不仅是圣奥的产品，还有被宗卫英的诚信所打动。而陈庆瑜则以真诚待人，给合作伙伴吃定心丸。江阴博竣的成功，很大程度上取决于创业团队的团结合作。但作为团队领头人陈庆瑜，为了团队的巩固却作出了常人难以作出的牺牲：创业初期，为了坚定对方的信心，陈庆瑜作出承诺，如果经营一年有盈利，就按照股份分配利润；如果经营亏损，那么搭档投入的资金，陈庆瑜按照 10% 支付利息；如果一年后搭档想终止合作，陈庆瑜愿意一次性返还利息及本金。此外，在有限的资金下，陈庆瑜给搭档配了一辆车，而她自己仍然用多年前的那辆旧车。

第三是敢于投入，舍得付出，在“小地方”树立圣奥品牌的美誉度，实现品牌维护与经营拓展的良性互动。从加盟圣奥的第二年起，宗卫英就利用当地的电视广播、报纸杂志、短信平台、车身广告、大型社团活动等各种媒体媒介，进行不间断的形象宣传，除了圣奥总部给予的部分广告费用补贴外，常熟圣奥每年投入的广告费用在 15 万元左右，在 2011 年之后每年更是达到 40 万元以上。陈庆瑜也把“圣奥”看作是自己的品牌，将品牌之根深扎于江阴——每逢中秋节、端午节等传统节日，陈庆瑜们都不会忘记问候客户；数年中，他们除了领用圣奥总公司的宣传画册外，每年在江阴投入的广告费用，都不低于 20 万元，她们在江阴至常州的主干道上投入了大型广告牌，在地方主流报纸与 DM 杂志上刊登广告及公司短信平台，还在人才招聘会上发放自己设计印刷的宣传物品……圣奥品牌形象在常熟和江阴市民心中扎下了根，这一无形资产已成为宗卫英和陈庆瑜拓展经营的有力推手。如今，在常熟近 70% 的政府机关和知名企业，用的是圣奥办公家具，并呈现出非圣奥不买的现象，市场份额与日俱增；而陈庆瑜正确的战略投入也带来了市场上的唯我独尊：圣奥品牌在江阴的市场占有率达到了 70% 以上。

在陈庆瑜看来，2010 年之后，圣奥已经形成了成熟的经销商体系和规范的经销商制度。“做圣奥的经销商，哪怕是生手，上手也会比较快。”陈庆瑜分析说，圣奥的经销商制度非常规范，脉络清晰，每个问题都有职能部门对接，都能找到专人负责，并迅速得到解决，从来没有出现过推诿责任的事情。而且，圣奥内部员工非常清廉，绝不会出现需要内部公关才能行得通的情况。

第七章

模式创新与市场裂变

考察圣奥发展史上这两个重大的营销模式的改变，可以发现其相同点，都在于充分发挥了营销人员的能动性，都充分注意调动和发挥每个营销人员的积极性，那就是“让每个营销人员都成为老板”，在职权和利益上让营销人员得到更多。

全国市场的开拓

2004年，圣奥营销部门加快了加盟商的拓展步伐，并在广州展会前获得了突破性进展：长春、北京、郑州等多个地区都有分销商加盟——不仅加盟的区域比以往更广，而且加盟商的质量也比过去普遍提高。

此外，2004年，国务院“振兴东北老工业基地”的战略提出后，圣奥加快了东北市场的拓展，对各个有实力有意向的企业进行了综合考核，确定了各地的加盟商名单。2004年五六月间，长春、大庆、哈尔滨、沈阳等地的加盟企业相继开业，将圣奥的文化和设计理念带到了广袤的东北大地。几乎同时，北京、太原、洛阳、郑州、石家庄等地的圣奥加盟企业也陆续开张营业，北京嘉木兴业的圣奥北京展厅基本完成，展厅面积500余平方米，为圣奥赢得了一大批重要客户。

应当说，2004年是圣奥走出“长三角”，布局全中国的“元年”，并在一年之内基本完成了东北、华北和中原市场的布局。从2005年开始，圣奥又将市场的触角伸向中西部地区，这以2005年2月圣奥中润云南公司开业为标志。到2017年年底，圣奥的加盟商达到146家，除了西藏、青海、海南等少数省、自治区外，都有了圣奥的加盟网点，圣奥基本完成了全国的布局。

可喜的是，加盟商加盟圣奥之后，靠着圣奥迅速崛起的影响力和品牌知名度，在短时间内都获得了不菲的回报，并获得了当地一些有影响力的订单。比如圣奥中润云南公司开业仅两个月，就斩获了昆明五华区政府的订单；河北圣奥成立后，很快就跟踪某监狱，并最终中标该项目；2006 年 5 月，四川圣奥中标四川移动公司家具采购的 4 个标段；加盟商合肥国林公司中标宿州市政府行政楼办公家具采购项目……这其中，北京浙澳在市场的开拓具有很强的代表性。

2005 年 9 月，北京浙澳的潘永强总经理得到了人民教育出版社的一个项目信息。一开始，潘永强对出版社了解不多，感觉没有很大的底气。但是通过进一步了解，潘永强得知这一项目的金额近 700 万元，非常具有诱惑力。思忖良久，潘永强决定参与竞标。这个项目，客户需要订购一批以屏风为主的办公家具。同时获得这个信息的还有其他 4 家家具厂家，他们都是相当有实力的企业。

综合几家企业的情况，潘永强认为，以圣奥的实力，应该可以中标这个项目。如何与客户沟通，让客户了解圣奥成为关键。在对客户介绍时，潘永强本着真诚的态度，没有吹嘘夸大圣奥的优秀，而是把圣奥的“12 大行业优势”展现在了客户面前。而此时，圣奥推出的 PM300 屏风系列，风头正健，无论是款式还是功能，都是一款不错的产品，市场反应一片叫好。客户了解

▲ 潘永强参加公司活动

了圣奥，看到 PM300 样品时，喜爱之情油然而生。圣奥品牌很快得到了客户的认可。

圣奥的品牌、产品、服务的水准都得到了客户的认可，关键就看出样和报价了。北京浙澳与公司相关部门的生产人员积极沟通，以最快的速度和过硬的质量做好样品，赢得了客户的认可。报价其实不是一件容易的事，一个好的报价，既要有价格竞争力，在客户的心理承受范围之内，还要保证自己的合理利润。在进行了各项成本的核算之后，潘永强和接替伍浩明任全国拓展总监的孔飞综合考虑了竞争对手的报价可能性和公司的实际情况，给出了一个非常到位的价格。

开标那天，圣奥成为理所当然的赢家。

不过，随着 2004、2005 两年中加盟商的急剧扩展，圣奥总部在服务、支持加盟商方面所存在的问题，也日益凸显。比如，由于产品开发、质检等部门没有形成系统、规范的操作程序，导致订单交货期不及时，错发、漏发等现象时有发生；宣传资料的设计、制作，不能完整地体现圣奥产品的优势；总部与加盟商缺乏顺畅的沟通渠道等。

2006 年 7 月，圣奥决定成立重大项目投标支持中心（简称“大项目部”），负责对各加盟商的重大项目竞标工作提供必要的支持。大项目部成立后，圣奥公司和各加盟网点以一个整体参与竞标，最大限度发挥双方优势，以提高竞标成功率。其操作程序为：遇到重大竞标项目后，加盟网点和区域经理必须在第一时间将客户的详细情况、招标文件、竞争对手情况、评标小组情况、圣奥公司和加盟网点的优势和劣势、需圣奥公司协助解决的事项等报至大项目部；大项目部根据各项目实际，制定相应的措施，并落实相关人员；大项目部成员接到有关支持重大项目的工作指令后，必须把该项目工作放到第一位，积极参与项目的竞标工作并直至完成。

董事长倪良正兼任大项目部总经理，圣奥其他各生产部门、采购部、客户服务部、设计部、财务部的负责人也均担任大项目部的副总经理。可以说，大项目部是圣奥营销的“特种部队”。它有的放矢，快速反应，扬长避短，大大提高了加盟商的中标率。数据显示，大项目部成立后的一年中，圣奥加盟商在大项目的投标中，中标率大幅提高。

在拓展加盟商的同时，圣奥也加快了在全国各地分公司的建设，以形成经销、直销并举的局面。1999 年，圣奥苏州分公司成立；2003 年 9 月，圣奥南京分公司成立；2003 年，上海分公司成立；2009 年 3 月 30 日，圣奥北京分公司成立……

上海试水

在圣奥诞生后的第一个 10 年，也就是 20 世纪 90 年代，以杭州、苏州为中心的浙江、江苏两个市场，为圣奥的发展奠定了坚实的基础。也同样是在这 10 年中，浙江与江苏的经济发展速度，一直遥遥领先于其他地区，以“温州模式”为代表的浙江经济，和以“苏南模式”为代表的江苏经济，甚至超越了学界、经济界、企业界，而成为社会的公共话题。

在这种背景下，圣奥的发展可谓占得了天时、地利之便——即 20 世纪 90 年代开始的，长三角地区经济的快速增长。

不过，直到 2000 年，圣奥还没有进入“长三角”的核心城市上海。其原因有二：一是圣奥在浙江省外的扩张，首先依靠的是当地成熟的市场，这一点上海在 90 年代并不具备；二是作为经济中心城市的上海，在品牌方面更加看重的是国际品牌和国内一流品牌，而 90 年代的圣奥，虽然处于一个品牌快速成长期，但显然还没有达到一流的标准。

事实上，上海市场有着浙江、江苏难以比拟的复杂性：一方面，上海作为中国经济的龙头，聚集了国内外最具影响力的企业（圣奥在上海设立分公司时，世界 500 强企业已有近 2/3 在上海设立了分支机构），写字楼、大厦鳞次栉比，具有其他城市无法比拟的客户资源，而且这些客户的购买力都非同一般；但另一方面，正是具有这样的优势，使得国内最有实力的家具公司都把上海作为“主战场”，甚至不少国外巨头也希望到上海滩分一杯羹，导致行业竞争的激烈程度也是其他地区无法比拟的。同时，上海的高端客户看惯了老外的产品，眼界高，对产品很挑剔。因此，在上海站稳脚跟，并不是一件容易的事。

转折点发生在世纪之交的 2000 年。这年 9 月，圣奥参加了上海举办的第六届中国国际家具展览会。在这次展会中，圣奥在学习别人长处的同时，也展示了自己的实力。通过展会这个平台，圣奥也正确地评价了自身在办公家具界的地位和潜力。

2001 年，在圣奥成立 10 周年之际，倪良正决定在上海成立分公司，进军大上海市场。这年 10 月，圣奥上海分公司成立。上海分公司把批量大、款式单一的校用家具作为市场主打品种，这是一个容易被人忽略的市场，又契合了圣奥机械化程度较高、流水作业的特点，从而开始了在上海市场的突破。

“不过总体来说，在最初几年，上海市场的开拓并不十分顺利。”曾经先后在上海为圣奥服务过 6 年的罗兰回忆说，圣奥在成立上海分公司之前，曾有浙奥、华奥等经销商耕耘上海，但效果都并不理想。而上海分公司成立初期，由于负责人难以适应上海复杂又激烈的市场竞争，最终不得不选择离开。在此情况下，2003 年 7 月，倪良正从深圳一家公司找到了俞冰泉，与其合作成立了上海圣奥英九家具有限公司。罗兰是俞冰泉在此前公司的同事。2003 年，上海英九成立时，罗兰与俞冰泉一起到了上海英九，成为圣奥在上海市场的关键人物之一。

上海英九在开拓上海市场时，曾经拿下当时金富得酒店一个近 500 万元的订单。“尽管当时来说，这是一个很大的订单，但由于酒店家具与圣奥办公家具是两套系统，我们的整个设计和生产过程都很痛苦。”罗兰回忆说，在交付完毕后，这个单子的收款过程也是一波三折。“俞冰泉为了这个单子，差不多掉了一身肉。”

罗兰在上海英九待了一年多。2004 年，随着圣奥调整全国的营销系统，推出加盟商体系，上海英九变身为经销商。到 2006 年 8 月，圣奥在上海成立直销中心时，倪良正再度邀请罗兰负责直销中心。

圣奥上海直销中心成立时，罗兰面对的主要任务，除了开拓市场外，还需要整合市场。“当时上海有浙奥、华奥、英九等经销商，如何协调直销中心与经销商的利益，整合有关资源，对我来说是个挑战。”罗兰说，当时圣奥在上海业务少，也没有样板工程可供客户参观，开拓市场尤其艰难。不过，即便如此，2007 年，罗兰还是谈下了国家某金融单位的一个 100 多万元的订单。“订单是一个屏风系列，我们把当时圣奥的屏风产品全部设计进去了。工程做得很漂亮，为开拓上海市场奠定了基础。”

史上最大的单笔订单

在笔者采访的圣奥经销商群体中，北京圣奥菲斯家具有限公司总经理周雷是最年轻的一位。然而正是这位拓展中国“心脏地带”——京津市场的年轻人，在 2014 年拿下了一笔合同金额达 2386 万元的订单。这个订单，堪称当时圣奥国内市场上最大的单笔订单。

周雷是浙江浦江人，生于 1982 年。2006 年，周雷大学毕业后就进入圣奥从事家具设计工作。2007 年，进入当时属于杭州直销部的投标设计部，做面向客户的设计工作。面向客户的设计，与销售的关系更为密切，也更接近市场, 更接地气。这样的岗位锻炼了周雷的市场嗅觉和服务能力。2009 年 6 月，周雷进入中心区营销部；9 月，开始负责北京和天津地区的销售，既有管理职能，协调加盟商和总部的撞单等矛盾，又有服务职能。在此期间，他配合经销商北京浙澳拿下了某国有金融机构 2 亿多元的项目。

2010 年，周雷离开圣奥去了广东中山，与父母一起做起水晶灯具生意。然而，经过一年多的打拼，他发现，灯具生意并不如原先想象的那样好做。2012 年年初，他决定重回圣奥。不过，这次他决定做的是圣奥的经销商。这一年，他注册成立北京圣奥菲斯家具有限公司，经销北京、天津两地的圣奥品牌，总部给他的经销任务是 300 万元。

天津虽然离北京只有半个小时的高铁车程，但其市场却与北京市场有着天渊之别，消费观念与北京也有很大的差别。一个典型的表现是：天津人很少到外地打工或创业，外地人也很少愿意去天津打工和创业。此外，周雷设在北京的经销总部，去天津却相当不方便。工作人员去塘沽、空港和武清等地看一个项目，来回就要一天时间。为了解决这个问题，2013 年下半年，周雷决定在天津的塘沽、武清和空港三个开发区设立三个办事处，深耕市场。

2013 年 5 月，北京圣奥菲斯的一位员工在梳理各种信息时发现，长城汽车在保定徐水有个项目，需要一批家具，于是就打电话过去询问。这个项目单子并不大，但鉴于长城汽车的影响力，周雷决定还是让这位员工到保定

▲ 周雷

拜访一下。这位员工去保定后，与项目负责人沟通时发现，圣奥在这个项目中中标的可能性很小。但是，该项目负责人告诉这位员工，长城汽车总部正在盖建一座新技术中心大楼，需要一大批办公家具，而且长城汽车总部的负责人对此项目高度重视。

“这位员工当时就给我打电话了，声音都很兴奋。”对周雷来说，这无疑是一个重要的信息。他决定与这位员工一起，亲自去拜访一下。很快，周雷去了长城汽车，经过多方询问，知道真正对这一项目有决定权的，是长城汽车的一个“新技术中心筹建部”，而招标管理本部只是走流程的部门。

“我们去了后，首先是了解对方的一些基本需求。但是，我们发现，我们进入的时机相比之下太晚，一些厂家早就介入了。”周雷回忆说，在圣奥之前，已有多个厂家准备参与竞标，特别是广东的一家中高档企业，是我们的竞争对手，它的许多方案，已经得到了对方的认可。

为了赢得对方认可，周雷首先向对方介绍了圣奥的品牌和影响力。在周雷的攻势下，对方松了口：“既然你们说圣奥这么好，这样吧，我给你们 10 天的时间，给我们一个设计方案，如果我们满意，你们就进来竞标；否则，我们也不可能为了你们一家企业而重新招标。”

10 天！这是最后的，也是唯一的机会！！

周雷立即召集设计员工，并与圣奥总部一起商讨如何拿出一个完美、有力的方案，让客户一眼就能看到圣奥的亮点与实力。他首先对对方的需求做了详细的分析：长城汽车董事长是一个“德国迷”，不仅在汽车的制造上崇尚德国的品质，在新技术中心大楼的设计上也体现出浓厚的德国风格。周雷最终做出决断，以“德国风格”为设计核心，俘获长城汽车的心。接下来，周雷走了三步：

一是请求总部以黑白灰色系为主调进行配色，并按比例缩放制作了产品的小样。“把小样拿过去给对方看，比图纸、描述更直观，对方一下子就看得见摸得着，还容易懂。”

二是让开发部与管理部配合，请人做了一个两分多钟与客户大楼员工区相匹配的动画片，将圣奥的各种设计要素都放了进去，让客户一看到动画，就非常明白。

三是制作了一份完备的 PPT，对各个办公间做了细致、翔实的方案解说。

10 天后，当长城汽车的项目负责人一看到周雷提交的方案时，立即就被深深地吸引了，并给予圣奥以最大的信任。6 月，甲方决定考察圣奥工厂。周雷后来了解到，这是他们考察的唯一的办公家具工厂。

“10 天内我们拿出的这个方案，使他们看到了我们的努力、诚意和水平。”周雷说，精准定位，牢牢地抓住客户的需求，是北京圣奥菲斯成功的主要原因。当然，这只是第一步。

在分析长城汽车的有关材料时，周雷发现，该技术中心大楼的建筑方案，是由德国 GKK 设计院设计的。“当时我就想，如何能与 GKK 联系上，并取得他们的支持，是这个单子成功与否的关键。”

也算机缘巧合。周雷有个做房地产的朋友，需要找一家建筑设计公司帮忙设计。周雷听说后，立即就想到了 GKK。有了这个由头，周雷请长城汽车有关负责人给了 GKK 驻华代表的联系方式。于是，在北京，周雷与朋友约了这个驻华代表，进行洽谈。

朋友的事情最终有没有成功，周雷后来没有过问。但是周雷借此机会取得了与 GKK 驻华代表的联系。在此后的相约中，周雷向其说明了自己的请求，并取得了这个代表的支持。“后来我们的每个方案，都会拿给驻华代表审阅，请他给予建议和意见。”而驻华代表的建议，总是非常中肯，切合了长城汽车的需求，达到了想要的效果。最终，圣奥递交的整个项目的方案，被长城汽车一次性通过。

在方案洽谈阶段，长城汽车公司项目筹建部还为北京圣奥菲斯推荐了两个家具采购项目，分别为该汽车公司上海的某研发单位家具采购项目，以及该汽车公司控股的某汽车金融公司家具采购项目，采购金额达 100 万元左右。“这两次推荐，我们圣奥是唯一被‘选中’的单位。两个项目的运作，最后都得到了合作方的认可。”周雷说，“这两个推荐项目竣工后，客户还特意前往其中一家进行考察，这是客户方对我们的一次考验，结果也是令他们满意的。”

2014 年 3 月，项目正式进入投标阶段。最初参与竞争的 20 多家单位，只有 9 家被授予投标和出样资格，其中被邀请出样最多的两家单位中，就有北京圣奥菲斯。经过几轮报价、相关资质出具、细节谈判后，终于在 2014 年 10 月 17 日，北京圣奥菲斯得到喜讯，成功中标长城汽车公司新技术中心项目。11 月，周雷代表圣奥与长城汽车签约。该项目总金额高达 2386 万元，是当时圣奥单笔金额最大的订单。

全国直销体系的建立

2004 年建立的营销体系，此后历经多次补充和完善。比如，2004 年 10 月，为了给加盟商足够的运作空间，圣奥规定加盟商可以自行选定合适的物流公司，以便在价格和各种服务上占有一定的优势；同时，公司总部在降低成本的前提下，不仅给加盟商绝对优惠的出厂价，还给予其额外的运输补助。2005 年年底，为了调动营销员的积极性，圣奥一方面加强了对营销员的授权，将圣奥办公产品、营销模式、专业培训等授予杭州直销部营销员使用，并以圣奥统一的专业形象，推广和销售圣奥办公家具系列产品；另一方面，又给每个营销员下达了年度的销售指标，对于完成年度业绩排名靠前的，根据名次进行额度不等的奖励。

在经过不断的修订和完善后，到 2006 年，“个人任务包干，统一价格核算，权责分明”的个体加盟营销体系在圣奥基本形成，“人人当老板”的激励机制在圣奥逐渐成熟。2008 年下半年，全球金融危机汹汹而来，中国经济遭到前所未有的冲击，人们对市场前景普遍看淡。正是在这时候，倪良正看到了危机中的机会，决定反其道而行，借此机会加速在全国建立营销网络。在这样的背景下，原来圣奥营销部负责某一地域的营销员，由于熟悉该地域的情况，借着圣奥“人人当老板”的机制，纷纷大胆地“转型升级”，从普通的营销人员，一变而为深耕某一地区的经销商。

2009 年，35 岁的裘国华从圣奥的一名营销员，脱胎换骨，成为一个经销商——在浙江嘉兴，他租了一个 70 平方米的房子，注册了嘉兴嘉奥家具有限公司。“所谓嘉奥，就是嘉兴圣奥的意思。”裘国华说，自从 1998 年来到圣奥工作，到如今已有 20 个年头，自己的一生都与圣奥结下了不解之缘。

从最开始的一个人，到现在的 20 多名员工；从 70 平方米的租用房，到现在共 700 平方米的办公室与展厅，年销售额 2000 万元，裘国华仅仅用了 5 年的时间。裘国华的秘诀，是把倪良正作为效仿的对象。“每当我遇到难题的时候，就会想：如果是倪总碰到了这个问题，他会如何面对？如何解决？这样想来，就增添了无穷的勇气和力量。”

事实上，裘国华并不是唯一从圣奥走出来成为经销商的员工。与他情况相似而时间更早的，有宁波的王珏、绍兴的包年福；与他几乎同时或略晚的，有金华的李伟平、台州的孟祥志等。

但是，全国经销商体系建立之后，倪良正在分析订单时逐渐发现：特定地区的经销商，在该地区所获得的订单，大多都集中于特定的行业或系统内，而一旦离开这个行业或系统，其订单就寥寥无几甚至为零。这就意味着，圣奥虽然在某一地区设立了经销商，但其市场和客户仅仅是该地区的某一行业或系统，对于更为广大的市场，圣奥事实上是放弃了。

造成这种结果的原因其实很简单，那就是经销商的销售，主要是利用自己的人脉和关系。这样的订单，当然不能否认有圣奥的品牌和影响力的因素，但毕竟不是完全市场化的运作。而且，这种模式的潜在危险在于，首先是经销商只关注自己的领域，不管其他领域市场，长此以往，就等于将别的市场拱手相让；其次，在主要靠“关系”的营销模式下，服务意识和品牌意识就可能会淡薄，而且一旦人脉关系出现变化，就会影响到圣奥在整个地区的销售。

为了改变这一状况，切实磨炼一支能打胜仗的营销队伍，并让圣奥品牌真正在市场上“拼刺刀”，倪良正决定在全国推进“经销和直销并举”的营销格局。

2009 年 6 月，倪良正聘请曾在一家台资企业工作 11 年，负责直销体系的施健加盟圣奥，负责国内直销体系的建设。

“刚刚到圣奥来的时候，真的不大适应。”如今已经成为负责圣奥营销的总经理施健回忆说，与管理制度规范的那家台资企业相比，圣奥尽管做过一些管理制度的建设，但是过于粗放，不成体系，许多规定都散落在各种“通知”之中。为此，施健花了将近半年的时间，学习圣奥的文化，整合圣奥的管理制度，了解圣奥的经营情况，并针对圣奥的实际，制定出了一整套关于圣奥直销的策略和制度。

2010 年，在施健的主导下，圣奥开始推出以“责任中心制”为主体的直销体系，其主要精神为：在全国各主要城市，建立数量不等的“责任中心”，责任中心独立核算，自主经营，分享利润。每个责任中心由主管 1 人，助理 1 人，设计 1 人，以及若干个营销人员组成，该团队与当地的经销商和其他责任中心协调，真刀真枪地拼抢市场。

这一年，圣奥在全国设立了 19 家责任中心；到第二年，2011 年，扩展到 29 家，此后每年小幅递增。截至 2017 年年底，圣奥在北京、上海、广州、杭州等地共设立了 37 家责任中心；而责任中心的销售额，也从 2010 年的 1 亿多元，增长到 2017 年的 4.6 亿元左右。

“责任中心”直销模式的建立，对于圣奥具有不可估量的意义。首先，它摆脱了中国做生意靠“关系”的陋习，将圣奥品牌完全推向市场，接受市场的洗礼，并以此倒逼圣奥的进一步成长。其次，它培养了一大批面向市场、有着丰富市场经验的营销人员，他们从“扫楼”开始成长，有着丰富的市场竞争经验，为圣奥今后的成长准备了人才。最后，它规避了经销商靠“关系”为主营销、一条腿走路的风险，使圣奥形成了多梯队、互相补充的立体营销模式。

▲ 施健

事实上，直销体系的建立，给圣奥带来了巨大的“红利”。有一段时间，经济形势萎靡，国内许多办公家具企业迎来了“寒冬”，销售大幅下滑，市场急剧萎缩，而圣奥却由于提前布局全国直销，锻炼了一批营销人员，销售业绩不仅没有随着大势下滑，反而逆势增长，使得圣奥在经济低迷之时增强了自己的市场地位。

责任中心：以上海为例

在圣奥上海责任中心成立之前，对圣奥来说，上海市场是一块难啃的骨头。从 2001 年进入上海市场算起，圣奥在上海先后设立过经销商、上海英九合资公司、上海直销部等营销部门，尽管这些营销部门为圣奥在上海的开拓奠定了一些基础，但总体来说并不尽如人意。

“从单体城市来说，上海是办公家具最大的市场，在某种程度上来说是‘得上海者得天下’，这里竞争最激烈，但机会也最多。”圣奥上海责任中心总经理陆兢分析说，只要参与上海市场竞争的厂家都会发现，在上海有高、中、低不同的品牌需求，几乎所有的品牌都有机会；而从项目上来说，上海大项目多，许多大的办公家具项目会分标段采购，各种品牌参与分一杯羹的可能性很大，与其他城市相比，上海市场更加公平、公正些。

陆兢是经过 8 年上海市场的探索得出上述结论的。

2009 年 4 月，在一家家具公司做上海市场的陆兢有感于倪良正的诚心，加盟圣奥，开始组建圣奥上海责任中心。

随陆兢一起到上海责任中心的，还有 3 个销售主管，加上原来上海直销部留下的 8 名营销人员，组成了最早的上海责任中心的班底。

“刚来时，我们手上都没有客户，每天都去‘扫街’，满上海跑，做品牌推广。”

陆兢说。

陆兢到上海后的第二个月，有次与营销人员一起坐公交车到松江的工业园区“扫街”，看到马路边有一个在建的厂房，就下车去了解情况。原来这是一个名叫“杜氏实业”的公司，是上海申花电器在松江的一个配套工厂，恰好需要一批办公家具。“松江处于上海边缘地带，由于项目比较偏，只有松江本地的两个小厂参与竞争，圣奥很容易地成为优胜者。”

这个订单，也是圣奥上海责任中心成立后的第一个金额超过 50 万元的订单，尽管现在看来是个小订单，但它的成功对“陆兢”们却有重要意义——它告诉圣奥的营销人员，必须多跑市场，掌握更多的客户信息，才会产生更多的业绩。“后来申花电器在浦东有个很大的项目，我们也成为他们的客户。”

与此同时，圣奥中央商务大厦的落成，圣奥海宁生产基地的投产，以及圣奥在广州、上海等国际性家具展会上的强势亮相，都大大推动了圣奥品牌知名度的提升，也促进了市场营销的拓展。“比如 2009 年，直销中心刚成立时，在上海，我们的主要竞争对手是内地的一些知名品牌，但到了 2011 年，圣奥的主要竞争对手就变成港台的一些知名品牌。”陆兢回忆说。

▲ 陆兢

上海圣奥直销中心得到了快速发展。从业绩来看，2009 年成立后的第一年里，完成 1300 万元的销售额，到 2010 年就超过了 2000 万元，此后一路上涨，2017 年销售额近 6000 万元；而上海责任中心也从最初的 1 个中心、10 多名员工，扩展到 8 个责任中心、70 多名员工。圣奥办公家具的客户，也扩展到了上海银行、熔盛重工等高端客户。

更为重要的是，上海直销中心始终做到了每一个订单的回款安全，将经营风险降到了最低。“直销中心成立多年来，基本没有出现坏账。”陆兢自豪地说。2014 年以来，随着中国经济形势的趋紧，一些企业开始赖账甚至“跑路”，上海圣奥直销中心更是加强了风险控制，对每一个订单都细加审核、密切跟踪，保证了可观的净利率。

【文正手记】

营销是现代企业生存和发展的根本保证。从利润的角度看，在一个企业中，营销是企业的核心部门，其他所有部门归根结底都可以看作是为营销服务而存在的。

在圣奥营销模式的变迁中，2004 年由伍浩明主导的经销商模式及营销制度，正是基于这一认识而确立的。在这次营销制度的变革中，圣奥营销总部从以管理职能为主，导向以服务、支持为主；生产基地承担制造功能，保证按时做出符合客户需要的产品；人力资源部负责营销人员的审核、备案；此外的其他权力全部放给营销网点，一切可能产生的费用，原则上也由各个网点自行承担。这次营销制度的变革，激发了圣奥营销人员的积极性，许多原来在圣奥营销部门的员工，也纷纷自愿变身为圣奥“合作伙伴”，成为圣奥开拓全国市场的一方诸侯。

2009 年下半年，由施健主导的以“责任中心”为主体的直销模式的确立，则是圣奥发展史上又一次具有重要意义的事件。它的深远意义在于，把圣奥品牌彻底推向市场，接受市场的洗礼，同时也在这个过程中，弥补了经销商靠“关系”走市场的短板,使得圣奥产品在全国市场上从“点式”营销走向了“网式”营销。可以这么说，在近几年中国宏观经济进入新常态、许多办公家具企业盈利困难甚至倒闭的背景下，圣奥却能逆势增长，风景独好，以责任中心为主体的直销模式的确立是功不可没的。

当然，需要着重指出的是，一种先进的营销模式的确立，并不必然地导向销售业绩的增长。要使销售业绩得到增长，除了营销模式外，还需要辅以能够激发每个营销人员积极性的营销制度。考察圣奥发展史上这两个重大的营销模式的改变，可以发现其相同点，就是充分发挥了营销人员的能动性。

首先，两次营销制度的变革，都是在职业经理人的主导下进行的。伍浩明和施健都来自港台企业，他们加盟圣奥，都是倪良正以高薪聘请、三顾茅庐请来的。同时，在他们主导营销制度变革的过程中，倪良正给予了他们充分的支持。

其次，这两次营销变革，都充分注意调动和发挥每个营销人员的积极性，那就是“让每个营销人员都成为老板”,在职权和利益上让营销人员得到更多。或者以高额返利的形式给予费用补贴，销量越大，返利的比例也就越高；或者独立核算，自主经营，分享利润。其最根本的一点就是：让营销人员得到更多的利益分享，以调动他们的积极性。

事实上，考察倪良正的成功之道，下述这一点是具有根本性的，即：他把圣奥的员工也同样看作是合作伙伴。而倪良正对待合作伙伴的原则是：让自己少得一些，让合作伙伴多得到一些。

因为倪良正深信“财散则人聚，人聚则财聚”的道理。

第八章

圣奥创造奇迹

2002年3月，圣奥在广州展上的第一次亮相，由于没有自主知识产权的产品，没有受到广大客商的关注，刺激了倪良正设计、生产真正属于圣奥产品的决心。此后，经过一年半的卧薪尝胆，圣奥终于在次年9月的上海展上，以“宁录多媒体会议桌”斩获了该届展览会设计大赛的金奖。

2001年，44岁的倪良正显得兴奋而又焦虑。

他的兴奋，来自于过去10年间，经过自己的创业和不断奋斗，圣奥从无到有，从一个作坊式企业成长为有着500多名员工、在浙江家具界响当当的知名企业，而销售额也从最初的几十万元提高到了2000年的过亿元，而且其迅速增长的势头一点都没出现衰退的迹象。

他的焦虑，则来源于他的“野心”——成为国内办公家具行业的佼佼者。但这种“野心”所面临的挑战也是巨大的，即不仅要冲出国内众多办公家具企业的重围，还要面对中国“入世”后，世界家具巨头的挤压。

“如果不尽快利用已有的优势，确立圣奥在办公家具界中的地位，那么在未来的几年，可能连参与竞争的机会都没有。”倪良正想。而要做到这些，就必须在各个方面尽快超越同行业企业，以争得与国际同行企业共舞的机会。

事实上，20世纪90年代中期之前，中国办公家具生产的重心，是以广东顺德、东莞等地为中心的“珠三角”地区，无论是在企业的数量上，还是在企业的知名度上，其他地区都难以望其项背。而在“长三角”，从20世纪90年代后期开始，以杭州为中心，也逐渐形成了中国办公家具的另一个生产基地。尽管这一基地相比于“珠三角”在总量和规模上都逊色了一点，但以“华洲”“港澳”“春光”“圣奥”等办公家具企业在业界的成长却有目共睹，被誉为办公家具界的“四小龙”。

“直到2000年前后，圣奥在‘四小龙’中的排名，还是在第三或第四名。”

当然，从20世纪90年代中后期开始，圣奥这个名不见经传的浙江家具企业，开始呈现出快速发展的势头。但即便如此，它也只是销售额的增长，而在产品研发、生产经营管理、人才等诸多方面，圣奥还远未形成自己的优势。因此，理想很丰满，现实很骨感。对于此时的倪良正来说，即便要在国内同行业中脱颖而出，也还有很长的一段路要走。更何况，眼下的他，还在为新厂区的建设进度而着急着呢！

超前的生产基地

工欲善其事，必先利其器。现代工业是高度机械化的流水线作业，产品的标准化以及产品质量的提高，离不开厂房和高精度设备的投入。

20 世纪 90 年代后期，中国家具业进入了迅猛发展的时期。据不完全统计，中国规模以上家具企业生产总量 1997 年是 770 亿元，1998 年是 870 亿元，1999 年是 1000 亿元，2000 年达到 1200 亿元，每年都以 15%—20% 的比率增长；到 2001 年，从事家具生产的企业已增至 5 万余家。拉动家具业迅猛发展的，是巨大的市场潜力，除了大城市的家具需求迅速增长外，中小城市的市场也在迅速启动。而随着中国城市化发展进程的推进，生活在小城镇的年轻一代，也逐渐放弃本地的手工自制家具，而选购工厂生产的现代化家具。而另一方面，中国的“入世”也为家具提供了可观的海外市场。

以上的这些因素，构成了中国家具行业前所未有的发展契机。抓住这一黄金发展时期，圣奥公司得到了长足的发展。

然而，与机遇相伴而来的，是市场竞争的日益激烈。一方面，市场已经全面进入了买方状态，国内家具企业间的竞争越发复杂，由于家具行业进入门槛较低，整个行业呈现出“小而散”的状态，集中度特别低，当时做得好的企业销售额也仅占到行业的 1% 左右；另一方面，伴随着外资和“洋货”的大量涌入，国内市场日益呈现出国际化的特征，国内家具企业必须与国际性的大公司展开角逐。

圣奥要在这种竞争激烈的环境中，保持并提升公司的信誉，就必须保证产品质量，降低成本。同时，销售额的快速增长，订制产品的不断增多，意味着生产规模的不断扩大，而这，就造成了现有的厂房、设备无法满足生产需求的巨大矛盾。

事实上，在倪良正创业的第一个 10 年中，曾经多次为了扩大厂房面积、拓展发展空间而努力。我们从下面列举的圣奥生产场所的变迁可见一斑：

1991 年，拱墅区小河路 37 号，租用农户房，面积 200 多平方米；

1992 年，拱墅区吉如村仓库，面积 300 多平方米；

1994 年，拱墅区吉如村仓库扩增面积约 600 平方米，合计约 1000 平方米；

1996 年，拱墅区吉如村仓库原址扩增 2000 多平方米；

1997 年，沈半路，自建五层楼厂房，面积 3000 多平方米；

1999 年，丁桥镇，租用厂房，面积 3000 平方米。

然而到 1999 年，圣奥的销售额突破 6000 万元，生产总量比 1998 年大幅增长。此时原有的厂区，即便加班加点，也难以满足生产的需求。同时，厂区的分散，也造成了管理上的诸多不便；生产技术的提高，圣奥必须引进一些高端的生产设备，而这样的生产设备，也要求有一个现代化的厂房与之配套。

一个更为敞亮、更大规模的现代化厂房，对于圣奥来说，是箭在弦上，呼之欲出。“就当时来说，我觉得生产能力扩大一倍，也就是有 2 万平方米的厂房差不多够用了。”倪良正回忆说。

那么，去哪里找这么一块适合公司发展的土地呢？很明显，随着城市居民住房的市场化和中国房地产业的迅速崛起，城市的土地价格水涨船高，用“寸土寸金”来形容毫不为过。在杭州市区找这么一块工厂用地，显然代价太高，而且也没必要。

1997 年，倪良正找到了时任拱墅区拱宸桥街道党工委书记的周连根，请他出谋划策。在过去的几年里，周连根给了倪良正和圣奥很多的帮助，包括沈半路上的厂房，当年也是周连根出面帮忙落实的。

对于自己辖区内的企业，周连根有忙必帮。此后的几年里，周连根马不停蹄，利用自己的资源多方打听，带领倪良正跑遍了杭州周边的经济开发区，如德清、桐庐、下沙、富阳、萧山等地。

最终，于 2000 年年初，在萧山宁围镇一块荒草丛生的地方，两人停了下来。

“虽然看上去还比较荒凉，但我相信很快就会开发的。”周连根建议说，“就这里吧！”

这是一块 60 亩的土地，地价 11.85 万元 / 亩。与两人跑过的其他地方相比，这算是便宜的。

60 亩的土地，再加上 52300 多平方米的厂房，倪良正在心里估算了一下，这大约需要 5000 万元！

他不禁倒吸了一口凉气。要知道，整个圣奥在银行的存款，当时也只有 200 万元。

这点钱，他连 20 亩地都拿不到，更不用说盖厂房了。

怎么办？倪良正想到了杭州家居界的一些同行好友，他们的厂区面积都不大，说不定也有建造新厂房的需求。“如果说动他们一起去拿地、建厂房，一方面一起拿地价格可能会更优惠一些，另一方面在建厂房时，建筑成本也可以低一些，还可以信息共享、资源整合、互相帮助。”倪良正说。

但是，由于各个企业的发展阶段不同，倪良正这些同行的朋友们，大多并没有很强的拿地需要。最终倪良正没有说动他们，只有他一个人去看地。

到了约定看地的日子，倪良正去了如今萧山宁东路的那块土地。走到半路上，却下起了暴雨。

“那天我约了萧山经济技术开发区管委会招商局的领导和科长来才茂。雨下得很大，雨刮刷开到最大，也不太看得清前面的路，为此我们迟到了几分钟。但当我赶到时，他们已经等在那里了。”倪良正回忆说，政府官员的这种态度，让他倍受感动。

当时的宁东路周围，还是一片荒野，出让地块里长着茂盛的杂草。局长和来才茂热情地向倪良正介绍着经济技术开发区和地块的规划和前景。倪良正看着这块地，心里盘算着：论地价，11.85 万元 / 亩的价格已经算低的了。但是，即便价格能接受，对自己来说也是一个很大的投资。

不管怎么说，圣奥确实需要扩大生产能力，需要建一个新的厂房，不过这个需要，也只是在原来的基础上增加一倍而已。如今这 60 亩的土地，一下子比原来多出了四五倍，圣奥是否有能力消化掉？而且资金的压力是显而易见的……

“但是圣奥要发展，必须要有足够的空间。”这时，倪良正做了冷静的思考：如果坚信圣奥是有未来的，那么这一时的困难是要下决心克服的。而且，中国的房地产市场刚刚起步，越是早点拿地，成本越低……况且，拿下这块地的消息已经放出去了，若是中途放弃，岂不令人耻笑？

倪良正决定自己拿下这块地，并建设新的厂房，装备新的设备。

这时的杭州家具企业，几乎都是租房子，很少有自己产权的工厂。

但倪良正决定吃这个“螃蟹”。经过多方面努力，倪良正最终以 11.5 万元 / 亩的价格取得了这块土地。

这下，杭州家具界炸开了锅。

“倪良正一口要吃成个胖子，就不怕撑死？”

“他搞那么大的厂房，至少要 10 年才能全部用起来！”

“他根本没那么多钱，搞那么大，肯定要垮的！”

……在杭州的家具界，质疑声、嘲讽声此起彼伏，只有少数人能理解倪良正的做法。

但是，倪良正下定决心要做的事，是十头牛也拉不回来的。他相信：办法总比困难多，没有克服不了的困难。

倪良正在困难的逼迫面前，无师自通地开始了资本运作：先缴土地预付款，签了土地合同；再拿了合同让银行授信；之后通过向朋友借钱缴清土地款，领到土地证后去银行贷款，归还朋友的借款；建厂房和买设备，分别与建筑公司和设备供应商谈妥请求分期付款；另一方面，加快回收下游客户的应收账款，员工工资先发 70%，其余年底结清……就这样，在政府、银行、朋友的支持与帮助下，倪良正成功地进行了一次“资本运作”，用 200 万元的资金做了 5000 万元的事情。数年后，倪良正在建造圣奥中央商务大厦时，再次运用了这一资本的“杠杆”，并获得成功——那时圣奥自有资金只有 2000 万元，但整个大厦的投资 4 亿多元。

▲ 萧山工厂开工

倪良正投巨资兴建萧山工厂的事情，没有得到人们甚至圣奥员工的理解。

“听说单位没钱了啊，萧山厂都建不下去了！”

“你还惦记着年终奖啊，工资都快发不出来了！”

“还是早做打算吧，过了年去别的工厂找工作！”

……在圣奥公司内部，流言也在员工之间蔓延，“唱衰圣奥”的声音也在暗地里传播。

“这次困难，确实是创业10年来碰到的最大的一次。”倪良正回忆说，“当然，起因于资金的问题，给生产和销售带来一些压力，但并不是最重要的问题。最重要的问题是别人无法理解你，甚至连一些跟了自己多年的老员工也不能理解。”

其实，更重要的是，倪良正所采取的“四两拨千斤”的“融资”办法，是无法与外人说明的。这段时间，所有的压力，倪良正都是以一个人为主，默默承受着。他相信自己的决断没错。

有一部分员工，在这段时间离开了圣奥。但是，他们很快就后悔了。

2001年3月28日，正是桃红柳绿的季节，位于萧山经济技术开发区的圣奥新厂房开始动工建设。在简捷而又隆重的动工仪式上，倪良正和萧二建总经理李炳泉一起为圣奥新厂房的建设铲下了第一锹土。

在此后的200多天中，包括圣奥公司委派人员、建筑公司和监理单位在内的300余人奋战于机器轰鸣、焊花飞溅的工地上。

2001年12月5日，52300多平方米的圣奥萧山生产基地竣工。10天后，圣奥屏风、后成型、椅子等生产车间开始搬迁至萧山厂区。至2002年3月13日，随着办公行政部门的搬迁到位，搬迁工作宣告结束。

圣奥萧山时代正式到来。

萧山厂区的建设，是倪良正在新世纪之初，在资金条件远远不能满足的

▲ 圣奥萧山生产基地

情况下，以其过人的勇气和超人的眼光，做出的一个极具战略意义的重大决定。这个使用面积5万多平方米、年生产能力超过3亿元的新生产基地的建成，在圣奥发展史上具有划时代意义。就自身发展而言，它让圣奥站在了一个崭新的起点上，在此后的是10多年间里实现了快速的腾飞；就行业地位而言，它一下子超越了诸多同行"小打小闹"的模式，在行业之中树起了一个标杆，从此实现了对同行的超越。一些在此之前领先于圣奥的生产企业，从此被圣奥"超车"并甩开距离。

知耻而后勇

回望整个中国办公家具产业发展的历史，人们不得不面对这样一个令人尴尬的事实，那就是：在产业发展相当长的时期里，中国办公家具在科研设计方面几乎是空白。在研发设计方面，绝大多数企业的所谓"研发"，不过就是“拿来主义”的“抄款”。一把尺子，一个相机，构成了很多企业的研发“工具”。

据海关统计，中国家具1999年出口额为27.4亿美元，这个数字相当于意大利的1/4。即便如此，当时的中国家具出口在很大程度上靠的还是中国香港和台湾地区在大陆的合资、独资企业以及欧美一些国家在华建立的加工生产基地，大部分民营企业与出口无缘。这就是在2000年前后中国家具行业的突出问题。

而导致这一问题的主要原因，就在于中国家具企业在设计上正处于发展初期。在历次国内、国际举办的全球性家具产品展览会上，中国家具在日新月异、附加值极高的欧美家具面前几乎没有特色可言，能在国际上站住脚的名牌产品更是凤毛麟角。

当时中国家具行业的真实写照：“广东学国外，全国学广东。那时浙江的家具企业，没少跑广东的同行那里去学习。”直到21世纪初期，广州的办公家具企业一直是浙江学习的对象，以至于当时广东许多家具企业，一听到是来自浙江的同行，就会经常拒绝接待。

倪良正曾经就是诸多到广州去学习的一员。“1999年，我曾带领几个公司的同事一起去广东企业学习。结果他们一听说我们是浙江的，就把我们挡在门外，不让进厂区。”

不过，“学习”被拒门外，只是令人尴尬。而2002年在广州首次参展的经历，却足以让倪良正感到难堪和耻辱。

2002年3月18日，倪良正带领圣奥20多人的队伍参加了中国规格最高的、被称为“家具界的奥林匹克”的广州国际家具博览会，这是圣奥在广州展会上的第一次亮相。虽然对于圣奥来说，这只是一次试探性的展出，参展的产品为数不多，只有几个品种的办公桌、屏风等。然而，对于这次“演出”，倪良正却给予高度的重视，特别是在展台的布置上，倪良正聘请专业设计公司进行设计，并最终因其新颖大气的设计，而在这次展会中获得“优秀展台”的称号。

但是，家具博览会展出的是“家具”，而不是“展台”。恰恰是在产品家具这个核心上，倪良正遇到前所未有的难堪。

开展第一天，倪良正就带领公司参展人员来到了展台，四处张罗着、检查着展品是否都布置妥当，等待着参观访问的人群。上午，随着参观的人流不断增多，倪良正也紧张地跑东跑西，接受人们的第一次“检阅”。

此时，几个金发碧眼的“老外”正朝着圣奥主展的一张办公桌走去。倪良正赶紧走到了这张展桌的旁边，并招呼懂英语的翻译人员过来介绍。然而，当翻译人员正在桌子的对面向老外们介绍的时候，站在这边的倪良正忽然发现，自己手边办公桌的一角，不知何时脱落了一块油漆！

“该死！”倪良正心里嘟囔了一句，“要是被他们看到，该有多么难堪！”紧张的倪良正一下子惊出了一身冷汗。他急中生智，赶紧用左手将脱落油漆的那块瑕疵盖住，身子保持不动，脸上保持笑容，看着对面的老外们指指点点。

可是，就在此时，当倪良正跟着老外们的目光回到办公桌上时，忽然发现在自己的右手桌面上，不知何时被什么东西砸下一个大大的凹痕。这个凹痕，如果从对面看过来未必能看得清，但是，如果走近了看，是非常明显的！急中生智的倪良正，于是赶紧又把右手捂在这个凹痕上。

就这样，倪良正左手盖住了脱落的油漆，右手捂住了砸出的凹痕，整个身体紧张而僵硬地站在那里，脸上带着不易察觉的惨笑，心里却满是尴尬和懊丧。那一刻，翻译人员是怎样介绍自己的公司，老外们究竟讲了什么，何时离开的，都不再进入倪良正的脑中，他的心里翻腾不已，一种羞耻的感觉充满了整个身心，他的心中升起了无数的念头……

而尴尬的事情还没结束。

由于圣奥这次展出的产品，其中有一款是跟其他企业相似的，结果在展出的时候，对方企业认为是模仿他们的，引来了双方律师的交涉。

被质疑的味道并不好受。

倪良正，是一个有着强烈自尊心的企业家。他领导下的圣奥，也是一个有着强烈自尊的企业。

倪良正将这一次挫折，视作自己和圣奥的耻辱。有志气的人，不会永远跟在别人的后面亦步亦趋，也不希望别人在同一件事情上第二次看轻自己。

事实上，到 2000 年，倪良正已经明确地认识到，在科技发展日新月异的市场竞争中，只有不断加大科技投入，不断加速技术创新，适时推出有竞争力的新产品，才能不断满足市场的新需求，才能巩固已占的市场份额，才能不断开拓新市场。

2000 年年初，倪良正决定“走自己的路”，不再抱残守缺，在别人后面亦步亦趋。为此，圣奥设立了新产品开发部，并招聘了数名设计师，以此增强产品设计和开发的能力。

也正是在这一年，新产品的开发成为公司上下热议的话题。如何开发新产品？新产品的开发应该遵循什么样的原则？具体又有哪些步骤？这些在今天看来已是“常识”的问题，在圣奥却是一个急需解答并具有挑战性的话题。

要做一件事情，首先要在理念上认识它，思想上重视它，才会有积极的行动和好的结果。现在看来，2000 年，圣奥新产品开发部虽然已经成立，但这一年的工作，更像是一个开发新产品的“思想启蒙”之年，这种思想观念上的“启蒙”，再加上 2001 年萧山新厂房的兴建以及 2002 年年初大批世界先进设备的引入，使得圣奥无论在“硬件”上还是在“软件”上，都为新产品的开发准备了条件。

而当 2002 年 3 月圣奥在广州展会的第一次亮相中遭遇耻辱之后，倪良正已经暗暗发誓：圣奥一定要造出属于自己的一流的产品来！

对于倪良正来说，雪耻之箭已经搭在弦上，不得不发！

亮剑

然而，新产品的开发，固然不能靠“抄款”，不能靠模仿，但也绝对不是天马行空，闭门造车。一款受欢迎的、优秀的新产品，必定是符合世界家具发展潮流的。因此，学习并掌握当今世界家具的流行时尚和发展潮流，是进行新产品开发的必要条件和必由之路。

当今家具界流传着这样一个说法：去米兰展看设计，去高点玩时尚，做贸易就去科隆家具展。特别是在办公家具领域，科隆家具展可以说是全球第一展会平台。为此，2002 年 4 月和 10 月，倪良正先后带领公司数名技术骨干一起参观考察了世界家具界顶尖的两大家具展会——意大利米兰的家居展和德国科隆的办公家具双年展。欧洲的这两大国际家具展，是全球家具行业的风向标，汇聚了世界家具行业内新潮的设计、先进的工艺、新颖的材料。而米兰和科隆的家具展会，无论是设计、品牌还是工艺、用材等，都享誉欧洲乃至全球，不但可以从中学习他们的设计、营销推广以及工艺用材，又可以了解世界家具的流行趋势和时代潮流。

倪良正发现，两大家具展上展出的作品，在造型设计上趋向简洁明快；在用材上更趋多样性和合理化，在保持实木特色不变的前提下，多方面采用 PVC、合金等新型材料，使家具在传统和新潮、美观和耐用上结合得更紧密。

而且展品大多是由机械化程度相当高的流水线上生产而成，产品的瑕疵率极低，同时也大大降低了生产成本。

在去意大利之前，倪良正看到这样一则信息：有关部门统计，2001 年浙江省的家具出口额在全国排名第二，但实际出口额和排名第一的广东省之间的差距却相当大。那么，如何在“入世”的有利条件下，在较短时间内缩小与广东在外销方面的差距？倪良正有了自己的认识。

回到杭州后，倪良正就向新产品开发部下令：

在目前可行的工艺范围内，尽量向国际最新趋势靠拢，力争在最短的时间内使圣奥产品在技术要求上与国际接轨！

为了明确责任，充分发挥每位开发人员的长处，使每一个开发项目落到实处，圣奥出台新举措：按照现有开发人员的构成，把目前急需开发的项目，逐项落实到人，并由责任人牵头带领项目组成员实施开发工作。

如今已经成为设计中心总经理的张叙俊，几乎见证了圣奥产品研发的全部历程。这位 1996 年不到 20 岁就进入圣奥做木匠学徒的小伙子，曾在做学徒期间，每天凌晨两三点钟就起床，赶在大师傅上班之前就到车间开料。他由于过人的勤奋从车间脱颖而出，也被倪良正所注意到。

2003 年，张叙俊被调入成立不久的产品研发部。

“2003 年年初，产品研发部就决定将‘标准化、系列化、智能化、人性化’作为新产品开发的方向，以对接世界家具的设计潮流。”张叙俊回忆说，在经过多次征求设计专家和各方人士的意见后，到 2003 年 5 月，在产品开发部的研发计划中，新产品的“四化”已经得到了引人注目的体现。

“十年磨一剑，霜刃未曾试。今日把示君，谁有不平事？”

2003 年 9 月，圣奥亮剑的日子到了！

是月 10 日，在上海第九届中国国际家具展览会上，圣奥展出的主打产品、自行研制的“宁录多媒体会议桌”获得了本届展会设计大赛办公家具设计金奖!

“宁录”，取自圣经故事中一位英雄的名字。这款会议桌，是现代家具与高科技联姻的产物，在它的“内脏”里，藏着一台多媒体电脑显示系统，在必要时会自动升起，与会人员可以在“不见一张纸片”的情况下，实现交流和互动——这工艺填补了国内办公家具企业的一项空白。同时，这款会议桌可以作为电视、电话会议等非现场会议的延伸工具，达到与现场会议一样的“保真度”。

事实上，除了雍容华贵的宁录多媒体会议桌，圣奥其他的新产品——婀娜多姿的迎宾台，简约大方的高隔墙……都得到了与会人员的盛赞。整个展台的色系富有现代感，设计具有亲和力。展品虽然不多，但很有代表性，同时巧妙地涵盖了公司产品三个系列的数十款新产品。

这是圣奥第一次向国际家具界展示自己的研发实力，这也是对圣奥两年多来潜心学习和苦心钻研的嘉奖。圣奥用不服输的志气向世人证明了：我们

▲“宁录多媒体会议桌”获得展会设计大赛办公家具设计金奖

完全有能力设计自己拥有知识产权的产品！

在上海展会上，圣奥成为大赢家——赢得了声誉，赢得了客户，也赢得了同行的尊重。它犹如一股强势飓风，以锐不可当之势向客户展示了圣奥的经营理念和设计风格。在当时办公家具行业依然盛行“抄款”之风的状况下，圣奥在经过了痛苦的蜕变之后，化蛹为蝶，开始走向了自主研发的康庄大道。

品质才是生命力

2003 年上海家具展上，“宁录”的获奖使圣奥获得了社会各界的认可，赢得声誉。但这并不是圣奥产品研发的终点，反而是一个崭新的起点。

为了产品品质的提升，圣奥一直在继续引进先进设备、进行技术改造和提升的步伐。2004 年 3 月份广州展结束后，国外公司购买圣奥软体产品订单急骤上升，原有的生产设施根本无法满足订单需求，为此，圣奥引进了传输带、包装机、铆钉机等一系列设备，大大提高了软体车间的生产能力。6 月，为了提高软体车间的生产工艺水平，圣奥又斥资分别从德国等地购置了一批先进的检测仪器和设备投入使用。

在圣奥的家具制造史上，油漆的工艺问题，曾经是困扰圣奥多年的技术难题。

“圣奥的油漆技术，在早期，细节上一直陷入了一个瓶颈期，比如通透性不够，容易划伤等。”2000 年进入圣奥公司，如今已经成为圣奥生产总经理的陈园芳回忆说，2005 年前后，圣奥采用的蜂窝纸工艺做家具，这种工艺对涂装技术要求较高，但圣奥的技工反反复复做实验，仍未能获得突破。

“后来我们在广州展会上，每次参展都发现广东有些企业在油漆方面做得很好。”陈园芳回忆说，他们有家公司做的一张办公桌，定价能比圣奥高出一倍多，其奥秘主要是在油漆的喷涂技术上。

为了尽快解决油漆技术问题，陈园芳与倪良正商讨，决定派实木车间负责人李其松和油漆车间负责人郭云峰南下广州，专门学习，攻克喷涂技术的难关。

2007 年 4 月，东莞家具展结束后，李其松与郭云峰便受命去了广东。在广东，他们虚心向同行的朋友学习，并互相交流，分享所学的成果和心得。终于，他们发现，广东企业在油漆方面做得好的原因，主要是在流程上的不同。

“首先是板材先成型之后，再贴面；其次，在喷涂油漆之前，专门有一个小组，负责处理面板上的各种瑕疵；最后，所有的封边，都不用人工，而是用模具。”李其松回忆说。

一个月后，郭云峰和李其松回到了杭州。

▲ 圣奥参加广州国际家具展盛况

回到圣奥后，郭云峰和李其松组建了“白坯打磨线”，将每一套要上油漆的产品都事先处理过，解决了打磨问题；然后，在油漆技术上，由原来的喷色法改为擦色法，彻底解决了油漆的通透性问题。

“后来我们为了解决生产的技术问题，还想了很多办法。比如以前经常出现研发和生产脱节的问题，也就是说，研发部门开发出来的东西，到了生产部门会出现一些难点，做不出来，导致产品迟迟不能上市。后来我们在流程上改进，研发部门在开发产品时，生产部门就参与进去。”李其松说。

油漆技术在圣奥曾经是一个“难关”，但在这次油漆技术解决之后，圣奥奋勇向前，一马当先，在办公家具行业成为创新的领先者。2009 年 7 月，圣奥发布“U +涂饰技术”，成功实现了从辊涂到喷涂的转变，实现了异性零部件大规模生产；2015 年 9 月，圣奥发布“7–PLUS 水性涂饰技术”，成为中国办公家具界率先采用环保的水性涂料技术的家具品牌，成为业界无可争议的领导者。

圣奥创造奇迹

随着与国际同行交流与合作的加快，圣奥产品的视野大大拓宽，无论是在产品设计上，还是在制造工艺上，都远远超过了国内同行的平均水平。从 2005 年开始，圣奥产品在中国最大的家具展会平台——广州国际家具博览会上，年年夺得设计大奖，成为中国办公家具行业中独一无二的现象。

2005 年 3 月，第 15 届广州国际家具博览会如期举行。这一次，圣奥作为华东地区的办公家具龙头企业，租下了 1500 平方米的展馆，是本届展会所有参展企业中面积最大的一家。这次展会上，圣奥展品涉及办公椅、办公桌、屏风、会议桌等系列，其中，瑞翔智能会议系统恢宏大气，诺亚会议系统简洁曼丽，伊姆屏风系列隐秘隔绝，转椅系列轻巧俊俏……

圣奥展品的设计实力不仅得到了买家青睐，而且得到了展会设计大赛评委的认可。在办公家具成套产品设计金奖的投票中，圣奥当之无愧，摘取了桂冠，而在办公家具独立产品设计投票中圣奥也荣获优秀奖。8 年来，广州国际家具博览会办公家具设计奖项，绝大多数被外资企业包揽，此次，圣奥作为民营企业荣获金奖，改写了广州展设计金奖被外资品牌垄断的历史，宣告了中国民营办公家具企业的崛起。这一荣誉，不仅属于圣奥，也属于中国民营家具企业，它告诉世人：只要顽强不屈，锐意进取，中国的办公家具民企完全有能力与国际品牌同台竞技，一较高下。当然，它同时也标志着“圣奥”品牌的真正崛起，已成为国内业界的赶超对象。

2005 年 3 月广州展夺得金奖之后，圣奥便一发不可收拾。2006 年 3 月，第 17 届广州展上，圣奥展出的 PN600 系列等产品，以人性化、个性化、智能化、简约而环保的产品设计，再次获得产品组合类金奖。

2006 年广州展之后，张叙俊又带领圣奥研发团队加紧研发另一款产品——钢木家具，并获得突破，圣奥成为国内第一家推出钢木结构家具的生产厂家。这款后来被命名为“E”系列的钢木结构家具推向市场，就深受欢迎，并被一些同行模仿。

“‘E’系列家具是圣奥办公家具中迄今为止被同行抄袭、模仿比例最高的一款。”张叙俊说，即便如此，这一系列在一年内也卖出了近 5000 万元。“单系列产品能有这个销售额，算是卖得很好的了。”

2009 年 3 月，第 23 届广州展上，圣奥再次推出“领驭”系列，并获得广州展产品设计功能创新金奖和产品外观设计铜奖。

"'领驭'系列本是旨在提升公司形象的一款高端产品，售价达28万元一套，其客户对象是企业的董事长和高管，他们对产品品质要求高，但对价格不敏感。"张叙俊回忆说，但是产品推出后，反而得到了市场的高度认可，可以说是无心插柳之作。"'领驭'也是单系列产品中市场销售情况很好的，它同样被很多厂家所模仿。"

不必再一一列举了。"拿金奖专业户"，事实上，圣奥在此后的广州展上，2010年，2011年，2012年……依然是每年捧回金奖！在中国家具史上，在中国的办公家具行业中，还没有哪一个企业像圣奥这样，每年都有金奖捧回。圣奥创造的，就是一个神话！

如果说"圣奥创造了一个神话"，还略显夸张的话，那么，"圣奥创造了一个奇迹"就是国外同行对圣奥最中肯的评价——Sunon Created A Miracle!

2003年年底，圣奥在《圣奥集团2004—2010年度前景规划（纲要）》中正式提出了"国内领先、国际争先"的目标后，经过数年的迅猛发展，已成为国内办公家具行业的领头羊，"国内领先"的目标初步达到。但是，"国际争先"的目标是否也已经达到了呢？

其实，一个企业在经过快速发展之后，总会有那么一个阶段，会出现对企业处于何种阶段的迷茫判断和认识上的偏差。这在基层员工当中尤为突出。事实上，圣奥自20世纪90年代末期迅速崛起之后，到2003年广州展上初露锋芒时，在公司员工中，对圣奥的认识就存在着两种流行的看法：一种认为，圣奥还是一个稚气未脱的少年，与一些老品牌企业相比还显得稚嫩；另一种则认为，圣奥拥有了一流的设备和规范的管理，已经达到了国际水平。

这两种认识导致的后果，前者就是妄自菲薄，后者就是妄自尊大。这两种认识和态度都是无法正视自己，将某些缺点或者优势任意夸大，从而可能

▲ 圣奥参加德国 ORGATEC展

丧失良好的发展机遇。不过，当圣奥在随后的几年迅速发展，并在广州展上连续多年夺得设计金奖后，在圣奥员工的认识当中，“妄自菲薄”的一面已经消失，但“妄自尊大”的一面依然存在。而“国内领先”的现实，也使得一些员工误以为圣奥已经“国际同步”了。

然而，要真正地达到与国际同步，就要与国际上的优秀企业同台竞技，在这个过程中发现自己的缺点和不足，学习别人的优点和长处。

为此，2008 年 10 月，圣奥决定远赴重洋，参加 21 日至 25 日德国的科隆国际办公家具展。

这是圣奥第一次在全球顶级的家具展上亮相。事后，倪良正对此次展会的总结是：第一，国内办公家具参展企业只有圣奥一家，这一方面说明中国虽是家具制造的大国，但还远非是家具制造强国，另一方面又显著地表明了圣奥是中国办公家具行业的代表，参展的产品也具有良好的民族品牌代表性；第二，一些有实力的客户在参观圣奥的展馆时表示“圣奥的产品设计是一流的”，圣奥的参展，在一定程度上改变了他们对整个中国办公家具行业现状的认识；第三，圣奥的销售业绩与其他展会相比增幅较大，特别是潜在目标客户群和订单的增长比较乐观；第四，本次展馆由公司品牌管理部自行设计，参展人员兢兢业业，表明公司的参展水平又上了一个新的台阶；第五，通过参展，圣奥的参展人员也看到了与国际顶尖家具公司的差距。

圣奥这次在海外的“处女秀”，虽然只是一次试探性参展，展出面积不大，但“SUNON”的品牌在海外获得了一定的影响力，展出的产品也可圈可点。

经过两年的发展，2010 年，圣奥在产品设计、展示水平和品牌维护方面都有了长足进步，倪良正决定再度参加科隆展，展示圣奥的实力。

为了在科隆展上完美亮相，这一次，圣奥在科隆租了 500 多平方米的展馆，并将参展的主题定为“智能办公、低碳生活”。而在展馆设计上，圣奥也提出了“一个中心，两个基本点”的要求：所谓一个中心，即以“低碳主题”为中心，贯穿各个展示区；所谓两个基本点，一是设计艺术与现代高科技元素交融，二是用东方文化神韵诠释传统家具发展史。

2010 年，低碳尽管已经成为中国社会普遍追求的价值观，但真正将其落实到具体运作中的企业还不多。而圣奥这次在科隆的低碳主张，并不是虚招，而是落实到设计构思、设计元素和最终的展品上。比如展馆墙面设计采用了木板和蜂窝纸制作，不仅比上次科隆展降低了 40% 的重量，而且减少了 56% 的用材；展馆的顶部也摒弃了木材，采用了可循环的铁制材料；墙面油漆也在以前的基础上进行了工艺改进，涂饰 U ＋漆，“锁”住了油漆里面的气味及挥发物，使展馆处在一个绿色生态的环境中。

在展品方面，圣奥着重推出智能化家具的代表作“领驭”系列，OE、Anyways 等产品也都融入了如升降系统、隐蔽走线、人机互通等时尚因子。在制造上，或采用了纳米等新材料，或使用 U ＋等环保型新涂饰技术，在展示产品艺术的同时，增加了产品的科技成分。

圣奥此次在科隆的“盛装”展出，让全球办公家具同行投来了讶异的目光。在 4 天的展出时间里，前来圣奥展馆洽谈和参观的客户络绎不绝，对圣奥这场东方的家具盛宴竖起了大拇指。一位欧盟客户对着圣奥的参展人员连声称赞：SUNON CREATED A MIRACLE!

灵动五感：国际水平的产品展厅

圣奥在设备、管理、市场等方面的全球化结出的果实，势必要在硬件上得到更多的体现。

2007 年前后，圣奥已经成为中国办公家具界名列前茅的企业。与其他商品相比，办公家具更注重直观性和体验性，其设计的美感、色调的和谐、线条的流畅、走线的方式、大小、高矮、长短，以至其用材、手感、功能、搭配、在特定环境中的效果等，都需要直观地体现，让消费者和经销商一看便知是不是自己的“菜”。因此，世界著名的办公家具企业，无不重视产品的展示和体验，展厅从来都是办公家具企业的重要组成部分。

2009 年 12 月底，位于杭州钱江新城的圣奥中央商务大厦顺利结顶。规划中，这个 30 多层的商务大厦，圣奥将在第一到第四层共近万平方米的空间中，打造中国乃至亚太地区顶级的多层情景办公体验中心。鉴于国内空间设计起步较晚的状态，圣奥要想打造这样一个中心，势必要向国际上一流的企业学习。2009 年 12 月，应 STEELCASE 等美国著名办公家具企业的邀请，倪良正率领品牌管理部、产品开发部、产品管理部等部门的负责人前往全球顶级的办公家具公司、空间设计公司等参观、取经。

▲ 灵动五感展厅开幕

在10余天的行程里，倪良正一行参观了全球最大的办公家具公司STEELCASE的展厅及办公区、大学及工厂；到美国知名灯具公司的展厅进行观摩；拜访了世界第二大的办公家具厂商HNI集团公司；与世界上知名的建筑公司和室内装潢公司PERKINS + WILL进行了友好而富有建设性的洽谈。

这次美国之行，通过考察、学习、沟通，圣奥不仅获得了展厅设计的前沿信息，也更加认清了办公家具的产品开发趋势。倪良正一行在这次对国际一流企业的考察中所学习到的东西，很快就被运用到了圣奥自己的展馆中。

2013年1月8日，以“灵动五感”为特色的亚洲多层情景办公体验中心落成于圣奥中央商务大厦。

这是圣奥10多年来研发力量的集中展示。它是国际前沿办公家具的新潮流，国内办公家具的风向标，它倡导“让办公成为一种享受”的理念，集设计、历史、产品、环境、感受于一体，树立了“亚洲多层情景办公体验中心”的形象，展出规模与科技应用都处于行业领先水平。它通过贯穿“办公家具精造师”的角色定位，为客户带来视感、触感、智感、味感、空间感等五感体验，带给客户全新的办公家具新体验。

▲ 灵动五感体验馆

令人称奇的是，近万平方米的体验馆，十几个系列的产品，竟然没有一丝凌乱的感觉；即便在其中参观体验几个小时，也不会有视觉上的疲劳。而这一点，正得益于设计师在设计体验馆时，充分吸收了国内外一流企业的经验，考虑了人的视感、触感、智感、味感和空间感，采用分区展示、移步换景和生态点缀的方式，使产品的色彩、外形、功能、材质和科技元素等相得益彰。

体验馆每层展示不同的产品搭配组合，有现场模拟不同客户的实景案例，消费者通过参观以及体验馆工作人员的讲解，可以很快从中找到适合自己的办公产品搭配方案，为以后的办公空间装修获得更为明确的参考。

施银娇：这个姑娘不简单

说到圣奥国际市场的拓展，就不能不提到一个看似娇小的姑娘——施银娇。

施银娇是广东阳江人。2004 年，25 岁的她在一次到杭州的出差中，就彻底爱上了这座美丽的城市。此时的施银娇，刚刚在一家外贸公司工作两年，决定辞职到杭州来工作生活，于是就在互联网上找了一份国际贸易的工作。而提供这个岗位的，正是圣奥。

2004 年 11 月，施银娇来到圣奥国际贸易部，正式成为圣奥的一分子。

“我的第一个客户是美国的 JEESPER。”施银娇回忆说，2005 年，她在网上找到了 JEESPER 发布的办公家具需求——这个在丹麦从事家具生意的经销商需要一批办公家具。施银娇将圣奥的有关资料传过去后，很快就迎来了这个美国的客户。

“那是 JEESPER 第一次来圣奥，也是第一次来中国。”施银娇说，JEESPER 对订单要求很高，稍有瑕疵就得返工，比如，好好的一个推柜，仅仅因为某个细节没有达到要求，就要求圣奥全部返工。JEESPER 的订单，一开始不仅没有给圣奥带来利润，反而给圣奥车间现场带来了负面因素，造成了工人的抱怨。是否继续维持这个客户？陷入纠结中的施银娇，此时得到了倪良正的支持。倪良正告诉她说：只要做这个订单能帮助我们提升管理和品质，对公司来讲就是赚到了钱。为了解决在生产过程中碰到的一些技术问题，圣奥提出让 JEESPER 从丹麦总部派了两个技术员长驻圣奥，以解决相关技术问题。“从那时起到现在，13 年了，JEESPER 一直跟我们合作，每年都有 500 万—1500 万元不等的订单，圣奥也因此提升了品质，为国际化之路打下了基础。”

不过，令施银娇最难忘记的，是来自利比亚的一个订单。

2008 年秋，利比亚客户发布需求，需要全国学校通用的课桌。虽然只是简单的桌椅，但由于其 40 万套的庞大数量和 3000 多万元的产值，仅在国内，就有 30 多家企业参与报价竞争。经过一轮轮的筛选，最终只剩下包括圣奥在内的 5 家企业。

“尽管有 5 家企业，但是我知道，最有竞争力的是我们圣奥和另外两家企业。”一直跟踪这一订单的施银娇回忆说，这个时候，除了要看运气，还要看谁在关键时刻能“顶得住”。

2009 年 2 月的一天，施银娇忽然接到了利比亚客户的电话，说他们目前在杭州，两个小时之后到圣奥参观样品，其中有一些样品需要马上变更……

这一消息对施银娇来说不啻一声惊雷。两个小时之内完成所有样品变更，几乎是一项不可能完成的任务。但施银娇细想之后，隐约感觉到，客户未必真的想变更样品，也有可能是想考验一下公司的快速反应能力。

“这对圣奥来说，是一个机遇，也是一个挑战。如果顺利完成了样品变更，将为接下来的洽谈合作打下坚实的基础；如果没有顺利完成的话，将使公司的形象大受影响。”施银娇想。

放下电话后，她立即停止手头其他的工作，按照圣奥快速反应系统的程序，立刻向倪良正进行汇报，同时打电话至研发一部、防火板制造一部的负责人，说明事情原委，请求支援。研发一部和防火板制造一部获知情况后，马上聚集在一起，讨论样品修改的方案，寻找样品改造的捷径。

▲ 施银娇

商机如火，这不仅仅关系到几百万美元的订单，而且关系到公司在国际客户面前的品牌形象，必须快速反应。研发一部的技术人员经过周密考虑，在 15 分钟之内便完成了样品改造的方案，然后交与车间生产。

两个小时后，利比亚客户抵达圣奥，万分惊讶地看到了按照他们的修改要求做好的样品。“太不可思议了！太厉害了！”利比亚客户连连惊叹道，能有这样的高效，40万套桌椅何愁不能及时交货？在对一些合作的细节进行沟通后，利比亚方面当天便与圣奥签署了合作意向合同。

“其实后来我才知道，利比亚客户在最后关头放弃其他一些厂家，主要原因是对方不可能在约定的时间内交货，而圣奥的这次快速反应，等于在交付期上给客户吃了一颗定心丸。”

施银娇说，这次几百万美金订单的签订，得到了倪良正及研发、生产等部门的大力支持，真实反映了圣奥快速反应的能力及部门之间整体协作的水平，不仅在国际客户面前展示了圣奥的实力，更为此后开拓海外市场奠定了坚实的基础。

但是，这个故事并没有结束。拿下订单的施银娇面临着两个问题：一是价格问题，由于利比亚方面的层层发包，到圣奥这里，价格已经压得太低，几乎没什么利润可言；二是交货期问题，由于数量庞大，而生产期只有短短的一个多月。怎么办？这时倪良正出了一个主意：既然利润很薄，还不如把一部分订单干脆交给圣奥的零、配件供应商——老朋友德昌五金公司，一方面可以让他们也赚点钱，一方面可以让他们参与进来，尽快完成订单。

如此一来，施银娇的这个3000多万元的订单便被一分为二，算到施银娇头上的业绩只剩下不到2000万元。而另一方面，由于国际贸易部员工的收入来源是以订单金额的提成来计算的，订单金额的减少，就意味着提成收入的减少。从常理来说，这种订单分流的做法无疑使得施银娇的个人利益受损。但是，平时深受倪良正“做人要懂得分享，不要斤斤计较，吃亏是福”等做人做事品行的影响，施银娇对此并不在意:“只要这样的合作能按期按质交货，对客户有保障，对公司有利，那就怎么方便怎么来。”

事实证明，倪良正的选择是对的。由于德昌五金参与到整个订单的生产中，与圣奥紧密配合生产，订单生产的进度十分顺利。2009年4月，这个订单如期交货之际，正是施银娇怀胎十月、将要临盆生产之时。但是，为了保证顺利交货，身怀六甲的施银娇一直坚持上班，甚至直到最后的临盆期，还坚持指挥着交付订单。

2009 年 4 月 14 日，施银娇看着最后一批货物运走，才放心地走进了妇产医院。第二天，施银娇的小宝宝呱呱坠地。

“做你不会做的事情，就是成长；做你不想做的事情，就是改变；做你不敢做的事情，就是突破。”在利比亚这个订单的跟踪过程中，年轻的施银娇迅速成熟，也赢得了倪良正的信任。2011 年 5 月，施银娇被任命为国际营销部总经理。

在订单完成后，按照公司的制度规定，作为订单跟踪者的施银娇应该能够拿到一笔十几万元的提成。但是，施银娇再次作出了令人惊讶的决定：“这笔业务是整个国际营销部共同合作完成的，我个人不能拿这笔提成。如果一定要给，那就请作为国际营销部的活动基金，让大家一起分享。”

此后，当圣奥公司的某些部门看到国际贸易部的员工亲如一家，还经常在一起聚会、分享时，都会问：“你们活动的经费是哪里来的？”当他们知道是施银娇贡献出了自己的提成作为部门活动基金后，都向这个来自广东的娇小女子伸出了大拇指。

2011 年，施银娇以其出色贴心的服务、快速的反应能力，再次获得了沙迦酋长国交通局局长杰特的信任，从“没有任何可能”到最终取得了 60 余万美元的订单。这个订单是从欧洲知名品牌厂商手中“夺”过来的，为了回报杰特，施银娇主动安排高级技师从国内赶赴沙迦，帮助客户把所有的产品安装到位。此后，每隔 6 个月，销售人员都会协同技师登门拜访，了解客户使用中的问题，例行家具的保养和维护，还向员工讲解产品的使用注意事项。时隔三年后，施银娇再次拜访杰特，他亲自授予施银娇一封感谢信和一枚奖牌，发自内心地赞叹道："这是我有生以来见过的最好的家具、有生以来受到的最好的服务。"

滴水可以穿石，主动、专业的服务温暖了客户。凭借这种服务态度，遵循公司"客户至上"的服务理念，施银娇带领下的国际贸易部陆续获得了通用、三星、谷歌、福特等上百家世界 500 强企业的高度认可，在中东、印度、非洲等市场建立了非常不错的口碑与品牌影响力。

"我非常喜欢我们这个团队，年轻又很有上进心，气氛融洽又充满激情与竞争。"施银娇说，12 年来，倪良正一手把她培养起来，谆谆教导了她很多做人做事的道理。"我知道作为部门的带头人，不是靠发号施令，而是靠带头奋斗。只有这样，团队才会有凝聚力和战斗力。"

2013 年 9 月和 10 月，国家主席习近平在哈萨克斯坦纳扎尔巴耶夫大学和印度尼西亚国会分别发表演讲，提出共同建设"丝绸之路经济带"和"21 世纪海上丝绸之路"的畅想。"一带一路"重大倡议，为圣奥新时期的国际业

▲ 倪良正（右三）、施银娇（左二）与印度客人合影

务拓展打开了全新的思路。近几年来，圣奥在“一带一路”沿线国家，谋全局、布“重兵”，在施银娇的带领下，圣奥国际营销部脚踏实地，业绩也是年年攀升，从2012年的11206万元，提升到2017年的26500万元。

【文正手记】

在当代家具业的发展史上，没有人能够忽略家具展销平台的巨大作用。在全球，米兰家具展、科隆家具展、美国的高点家具展，是全世界著名的三大家具展；而在中国，广州国际家具博览会（广州展）和中国国际家具展览会（上海展）则是两大展销平台。

圣奥对家具展销会的重视，始于2000年。这年8月，圣奥首次派出了11人的团队，赴广州、深圳、东莞三地观摩家具博览会并从中学习。也同样是在这一年9月，圣奥第一次在上海的第六届中国国际家具展览会、中国国际办公家具展览会上“小试牛刀”：圣奥的三人组办公屏风、胡桃木大班台、真皮或麻绒布艺面料的各式办公椅，都在这次展会中得到了展示。

这一年，正是倪良正创业的第10个年头。此时，圣奥办公家具已经形成了实木系列、防火板系列、铝合金屏风系列、皮绒沙发椅子系列等五大系列、1000多个品种。上海展虽然在规模上无法与广州展相比，但由于它接近圣奥的“大本营”杭州，有着地利之便。而且，对于从未参展过的圣奥来说，把上海展作为一次“实战演习”，并从中积累参展的经验，以在广州展上“一鸣惊人”，也不啻是这一个很好的策略。

然而，2002年3月，圣奥在广州展上的第一次亮相，由于没有自主知识产权的产品，没有受到广大客商的关注，刺激了倪良正设计、生产真正属于圣奥产品的决心。

此后，经过一年半的卧薪尝胆，圣奥终于在次年9月的上海展上，以“宁录多媒体会议桌”斩获了该届展览会设计大赛的金奖。

可以说，宁录会议桌是圣奥的发愤之作，是倪良正的自尊之作、雪恨之作。它是圣奥产品从“模仿”走向“创造”的里程碑式作品，也是圣奥从此超越同行的标志性产品。从宁录开始，圣奥如同插上了翅膀，其飞翔前行的发展速度，将大部分的国内同行远远地甩在了身后。

第九章

“贵人”相助

管理是现代企业永恒的主题。管理不是轰轰烈烈的一阵风，不是追求新闻价值的“轰动效应”，而是寂寞的坚持，孤独的忍耐，水滴石穿的渗透，天长日久的努力——这种管理的本质，倪良正在推行 ISO9000 管理体系时就认识到了。

临睡前，倪良正忙完一天的工作，轻轻捧起床头的一张照片。这是 2010 年 12 月，父子三人的一张合影：大儿子倪曙泉和小儿子倪曙华身穿迷彩服，格外精神。曙华胸前佩戴大红花，即将迈入军营。

作为一名成功的企业家，倪良正先后把两个儿子送进部队。

多年来，他始终对部队和军人怀有一种特殊的情感。在家族里，倪良正的父亲、堂哥、表哥等很多亲人，都受过部队的教育和熏陶。

正因为此，从童年的时候起，受家庭的影响，倪良正就对中国近现代历史深感兴趣，毛泽东领导共产党人，以“小米加步枪”的落后装备，最终打败了强大的国民党军队的历程，一直让倪良正深深迷恋。

创业之后，“毛泽东为什么能最终打败蒋介石？”这一个问题也一直盘旋在倪良正的脑海中。在倪良正看来，圣奥从无到有，崛起于阡陌之中，在外资企业、合资企业、国有企业、大型民营企业的夹缝中生存，似乎根本没有问鼎行业领袖的可能；但是，当年的共产党人，当他们十几个人在搜查与追捕中躲到南湖的一条小船上开会时，谁又能想到他们有朝一日能主宰这片土地的沉浮？

因此，阅读中国近现代史，从毛泽东带领军队干革命打胜仗的经历中，寻找以弱胜强、最终问鼎的经验，一直是倪良正读书学习的重点所在。

事实上，在中国的企业家群体中，行伍出身的企业家一直是人们关注的对象。华为的任正非、联想的柳传志、华远的任志强、万科的王石都有过在部队服役的经历，部队生涯对他们的性格塑造起到了重要作用，也给他们的企业管理带来了深刻的启发。特别是中国革命战争的胜利，对他们的企业如何参与市场竞争有着重要的启示。

儿子渐渐长大，倪良正希望他们也能接受部队的熏陶。大儿子倪曙泉初中毕业后，倪良正开始有意识地引导他。促膝闲聊时，或是周末外出游玩时，倪良正都会有意无意地提起军人和部队。有时，他还会带儿子去爷爷那里，听听部队的故事。

“儿子能报名参军，这是我们家的骄傲！”倪良正说，老一辈人都吃过苦，能吃苦耐劳，而现在的孩子太幸福了。“一个人如果没吃过苦，就不懂得甜。”

不过，当正式提出让儿子去当兵时，他还是遇到了不小的阻力。起初，两个儿子都不答应，尤其是 1991 年出生的曙华。曙华一心想着要从商，因而对当兵有些抵触，后来还开出条件：要参军可以，得先买辆好车。

“好车我们买得起，但你想过没有，自己适不适合开。如果没啥本事就开好车，会招来别人议论。”他语重心长地说，考大学错过一次，还可以继续努力。但一旦过了适合的年龄，再想当兵就没机会了。曙华听完，终于点了头。

2008 年，大儿子曙泉大学毕业，倪良正让他去当兵，而且选择了相对艰苦的消防部队，2010 年 11 月退伍。2010 年 12 月，倪曙华高中毕业入伍，服役于武警杭州支队某中队。

▲ 倪良正（左）与儿子倪曙泉（右）、倪曙华（中）的合影

“新兵训练后的那一年的除夕，曙泉给我们打来一个电话，好几分钟没讲出一句话，我在电话中听到他在哭。我就跟他讲，现在吃的苦是一笔宝贵的财富。部队严格要求你，对你的成长有好处。”倪良正回忆说。后来儿子说：“爸爸，我会坚持……”

一旁的妻子很是心疼，抱怨他太狠心。倪良正安抚妻子说：“他们这一代要承担更多的责任，需要让他们去锻炼，真正去体会艰苦。”

事实上，在美国，最大、最优秀的“商学院”，不是哈佛，也不是斯坦福，而是西点军校。据美国商务年鉴统计，第二次世界大战以来，在世界500强企业中，西点军校培养出的董事长有1000多名、副董事长有2000多名，总裁、总经理、董事有5000多名。当今世界上许多创业企业家就出身于军人，如众所周知的麦当劳、肯德基的创始人。连续5年位居世界500强首位的沃尔玛，其创始人山姆·沃尔顿是拿着5000美元复员费开始第一零售帝国征程的。

向军队学管理、从军队借鉴管理经验，这是组织管理的普遍法则。实际上，现代企业管理中的许多方法与原则都直接取自军队。商战中的很多术语大多也来源于军事术语，因为只有如此才能形容商战的强烈对抗性。军队也一直被认为是最具效率的组织，是众多企业梦寐以求达到的境界。而军人出身的企业家们则似乎有得天独厚的优势，奉献精神、冒险精神、团队精神、探索精神、服从精神等都是军人所具备的突出品质，这也是企业家和企业团队所追求的。

如今，退伍回家的曙泉已成为圣奥集团的一名员工，主要从事产品销售工作。“经过部队的磨炼，我现在做什么事都不觉得苦了。”他说，刚进圣奥时，他和其他新员工一起到车间工作了6个月，每天从早忙到晚，腰酸背痛，有些大学毕业生累得抱怨，可他一点儿也不觉得苦。

“最让我开心的，就是看到两个儿子通过部队的磨炼，变得成熟和懂事了。”

倪良正说。

当然，对于倪良正来说，把孩子送入部队进行培养是一方面，而另一方面，倪良正从毛泽东带领军队的经验中得到启发，并将这些启发运用到了企业管理之中，并使得圣奥快速成长起来。

9 个月，转椅产能增长十多倍

2000 年 7 月，倪良正在分析世界经济大势和中国未来经济形势时认为，中国“入世”后，对于家具行业来说，必定是机遇多于挑战，而已经走出亚洲金融危机阴影的中国，经济发展速度更将大大加快。

将要面临的，是一次前所未有的机遇。这种机遇，一旦失去就不会再来。时不我待，快马加鞭，抓住难得机遇，迅速做大企业，将企业推向一个更高的水平，是圣奥这一时期最为重要的企业战略。因此，他在 2000 年之初，就提出了“超越竞争对手，成为浙江省乃至华东地区最具规模的办公家具企业”的目标。为了实现这一目标，倪良正甚至决定“孤注一掷”，预算投资 5000 万元人民币，在萧山经济技术开发区建设建筑面积 5 万多平方米的生产基地，以解决制约公司生产的瓶颈问题。

然而，倪良正知道，横亘在圣奥实现梦想道路上的最大障碍，不是厂房问题，而是管理问题。

圣奥最初的企业管理水平的提升和管理制度的完善，是在一种犯错纠错、亡羊补牢的过程中完成的。所谓“吃一堑，长一智”，管理水平的点滴提升，都付出了代价。显然，这种被动成长的方式代价太大，一个快速成长的企业，经不起犯错的折腾。要想未雨绸缪，防患于未然，就必须全面地、系统地提升企业的管理水平。

2000年年初，倪良正决定借用管理工具，系统地推进企业的各项管理。他选择的这个工具，就是当时流行一时的ISO9000质量认证体系。

2000年8月，经过半年多的酝酿，倪良正亲自挂帅，成立了“ISO9001质量认证推动委员会”，并选中方圆咨询公司作为外部推手。在动员大会上，倪良正强调了ISO9001质量认证工作的重要性和艰巨性，并希望全体员工要转变旧观念，齐心协力，自觉做好相关协助工作，最终通过认证。

事实上，通过ISO9001质量体系认证，只是倪良正的手段。他真正的目的，是通过这一体系的认证，使公司的生产、研发、产品、管理、市场、形象、服务等各方面都有一个质的飞跃，并一举解决此前公司存在的种种问题。

要么不做，要做，就不达目标誓不罢休，要做，就必须做到极致。这是倪良正的性格。ISO9001质量认证工作一旦展开，倪良正就要强力推行下去。为此，他采取了全方位的措施，以服务于这一“工程”的实施：一方面以企业报为宣传阵地，系统、全面地介绍ISO9000族标准的质量保证模式和达标标准，另一方面成立“企业制度引导监管领导小组”，以落实公司制度，提高管理水平；同时通过开展管理竞赛，树立典型和榜样。圣奥每隔一段时间，就对各分厂的管理、生产进行总结，以树立标杆，把一些车间或分厂的好的管理方法、经验推广开来，以期以点到面地提升。

2000年9月，圣奥把转椅车间树立为管理的榜样。

回头看看那时“榜样车间”的标准，是一件非常有意思的事情。转椅车间被树立为其他车间的学习榜样，原因在于有下列表现：

1. 月生产量呈明显上升趋势：2000年6月份生产转椅2155张，7月份3076张，8月份3559张；

2. 人员配比上，人员过多区域的人数已经降到车间总人数的 15%，且初中以上文化程度的占 90%，在各车间、分厂当中，均处于领先地位；

3. 未发生火灾、工伤等安全事故；

4. 除因员工旷工等罚款 7 次外，未出现任何因产品质量问题的处罚；

5. 生产现场物品堆放整齐，成品、半成品合理区分，卫生状况良好；

6. 因出样产品质量过硬，受表彰一次；

7. 车间未发生员工滋事、吵架事件。

转椅车间最主要的两条管理方法，一是实行“责任到人”制，即每件出厂的产品都标有具体制作人的“编号”，一旦质量出现问题，可直接追究制作人的责任；二是实行“工作日记”制，即各生产组长每天都对本组员工的生产量与质量情况予以准确的记录，并将其作为分配工资的依据，使工资发放更趋合理，以提高员工的积极性。

当然，转椅车间之所以被圣奥树立为公司管理的“典型”，还因为它的起点之低令人难以置信：1999 年 12 月份，车间主任潘增峰刚刚来到转椅车间时，面对的是一个管理无序的“摊子”：由于车间人员配置不合理，车间内员工拉帮结派，工作分配不合理，使得车间生产效益偏低。低到什么程度呢？潘增峰的回答是：一个月的转椅产量，只有近 300 张！

而潘增峰上任后，通过调整人员、建立考评体系、把产品质量落实到人等手段，仅仅用了 9 个月的时间，产量就增长十多倍——从每月的近 300 张迅速扩大到近 4000 张！这足以说明，管理就是生产力，优化管理，可以释放出巨大的效益！

从上述故事可以看出，即便在初创事业 10 年之后的 2000 年，圣奥的管理依然处于一个水平比较低的阶段。但在此后的数年中，圣奥的管理水平却是迅速提升，日益增进。回望这一段发展史，让人不由得感慨万千。

事实上，在此后的 3 年里，为了巩固质量体系认证的成果，倪良正又在圣奥推行了质量认证体系的改版升级和 ISO14001 环境管理体系的认证工作。他坚信："现在我们还在学习别人的经验，但我们有信心在若干年后，圣奥将成为别人学习的样板，成为'教材'上成功的典范。"这句话，在数年之后成为现实，而在当时，几乎还没有人相信它的可能性。

管理提升的一个重要方面，是员工日常行为规范的管理。所谓"千里之堤，溃于蚁穴"，所谓"细节决定成败"，说的都是微小细节往往决定了重大事件的成败。《细节决定成败》一书的作者也认为："中国绝不缺少雄韬伟略的战略家，缺少的是精益求精的执行者；绝不缺少各类管理制度，缺少的是对规章条款不折不扣地执行。"因为伟大源于细节的积累，"魔鬼"存在于细节之中。2003 年 5 月，圣奥下发了《员工行为规范》，对员工在工作区域的个人行为作了规定。这些规定，基本都是资料摆放、穿衣戴帽、说话举止等琐碎小事，平时都在各类会议上强调过，但这次是通过文件的形式加以标准化和系统化。

"其实那个时候，我们知道 1SO9000 认证是个好东西，但真要严格地按照它的规定做起来，真的太难。"2014 年 5 月，曾在圣奥当过车间主任的路兵接受本书作者采访时回忆说，"由于家具不是一个标准的产品，每个客户所需要的家具尺寸、大小、厚薄、材料都不一样，就很难按照一个固定的模式去做。"

不过路兵也承认，公司上下都知道倪良正的真正用意，是想通过这一认证，加强质量管理，重要的是掌握质量体系的精髓，并将其运用到具体的生产管理过程中。

圣奥的管理不是轰轰烈烈搞运动，一阵风刮过，什么也留不下。圣奥的管理就是这种日常的坚持，它看上去很枯燥，甚至很折磨人，但也唯有在这种日复一日的"折腾"中，一些现代企业管理的理念和意识开始慢慢深植到管理者和员工的头脑中，并逐渐成为他们的行为习惯与思维模式。

海尔的启示

当倪良正高屋建瓴地以全球化视野对圣奥进行艰苦的管理革命时，他没有忘记，这场管理革命的切入点，却必须是“小切口”的。

从“小事”抓起，这往往是企业走向伟大的起点。比如 1984 年，海尔集团的张瑞敏在上任时，“欢迎”他的是 53 份请调报告。“上午 8 点钟来，9 点钟就走人，10 点钟时随便往大院里扔一颗手榴弹也炸不死人。”后来张瑞敏提出整顿，厂里有人搬出过去定的有一人高的规章制度，而他只制定了 13 条，其中一条是：“不准在车间随地大小便。”在今天看来，这 13 条规定简

▲ 倪良正亲自带领部分管理人员前往青岛海尔学习

直就是一个笑话，但海尔正是以此为起点，逐步走向了一个有世界影响的伟大企业。

而20年后的2004年，圣奥也推出《新一年度加强管理工作的若干措施》，因共有11条，简称“管理11条”。

“管理11条”根据《圣奥集团2004—2010年前景规划（纲要）》的要求适时推出。“11条”虽然只有薄薄的两页纸，但却涵盖了工作思路、工作方法、工作权限、人员结构、工资制度以及日常行为规范等各个方面。按照公司的设想，通过“管理11条”的实施，要改变员工“等事做”“看人做”的工作态度，以主动的姿态面对各项工作，从而最终与市场经济的要求全面对接。

事实上，“管理11条”正是圣奥向海尔学习的一个直接结果。

在中国企业史上，位于山东青岛的海尔集团，自张瑞敏上任担任厂长以后，用了短短十几年的时间，就创造了一个世界品牌，开创了中国企业影响世界的先河。在2004年度100个具有世界影响力的品牌中，海尔是唯一入围的中国企业。海尔在20世纪90年代的飞速发展，引起了中国企业界和学界的高度关注，“海尔现象”连续多年成为企业、高校、学术机构、经济学者的重点研究对象，其特有的“海尔经验”“海尔管理模式”也成为许多中国企业学习和模仿的对象。

2003年4月，圣奥中层以上管理人员听了一堂由中国人民大学郝杰教授主讲的“海尔成功之路”的公开专题课。在总结海尔成功经验时，郝杰特别强调了被称为海尔“独门暗器”的OEC管理法。

OEC是“全方位每人每天每件事的控制与清理”的英文缩写，由目标系统、日清控制系统和有效激励机制组成，这种管理方式是对过去粗放式管理的否定，要求做到“日事日毕，日清日高”，同时配合以“公平、公正、公开”的激励机制。

这次公开课后，圣奥掀起了一股学习海尔、思考海尔的热潮。比如，有的员工从海尔的“SST 经验”中得到启发，认为圣奥的生产管理，也可以把公司的每一个职能部门和生产车间的每一道工序都分解成市场要素，彼此向上一道工序和直联部门要效益和利润；有的员工认为，海尔“高标准，精细化，零缺陷”的管理战略，完全适用于圣奥的设备管理工作；还有的员工从海尔的“赛马机制”想到，一线员工在工作时对本岗位工作有更深层次的领悟，进而会有小窍门和小发明，可大幅度地提高生产效率，改善生产质量，认为公司应该重视员工的小发明、小创造，无论是否采纳，均要给当事人一定资金奖励——这一建议成为后来圣奥进行“精益管理改善大会”的先声。

这次讨论之后，2003 年 8 月，倪良正决定趁热打铁，亲自带领中高层管理人员，先后分两批前往山东青岛学习海尔的企业文化、业务流程再造、人力资源的开发和管理、OEC 管理以及市场营销与服务理念等多个专题课程。

在海尔的学习，让圣奥的管理人员真正长了见识，学到了东西。回到公司后，他们在同事间介绍、推广海尔成功经验，把学到、看到的东西运用到工作中。

“要让圣奥成为国内办公家具业中的‘海尔’。”倪良正说。

事实上，这次“海尔之旅”，为倪良正日后进一步提升圣奥的管理水平奠定了基础：2004 年，圣奥开始全面推行 5S 管理法，2005 年，又将其提升为 6S 管理法；2006 年后，在去日本普乐士（PLUS）公司学习之后，圣奥又开始推行精益管理方法。

遇到海外“贵人”

在圣奥的发展史上，日本普乐士公司可以说是圣奥的一位“贵人”。

进入 21 世纪，在大力拓展加盟商、成立分公司抢占国内市场的同时，圣奥也开始将目光投向海外。特别是 2001 年加入世贸组织后，中国加快了融入世界经济体系的进程。与国际企业合作，抢占国际市场，同时接受国际市场的洗礼与考验，在这种洗礼之中快速成长，已经成为中国一些有国际视野的企业家的选择。

2002 年, 圣奥萧山基地投入使用之后, 公司在硬件设施上基本达到了“国内领先、国际争先”的标准。产能和产品品质的大幅提高，也需要相应的市场开拓来满足。与此同时，2002 年年初，圣奥从南京林业大学、北京林业大学、中南林学院（现为中南林业科技大学）等高等院校第一次大规模引进了一批本科毕业生，为圣奥进行海外市场的拓展做好了人才准备。

按照圣奥的发展规划以及公司的条件和所处的行业地位，圣奥认为，必须由单一的内销向全面外销过渡，并逐步实现“内外销业务并举”的总体销售目标。

为此，2002 年 3 月，圣奥正式成立国际营销部。国际营销部的成立，标志着圣奥开始正式向国际市场进军。

“国际营销部刚刚成立的时候，只有我和张忠艳等三人。”2001 年从杭州商学院（现为浙江工商大学）一毕业就进入圣奥、如今已是国际营销中心美洲区经理的袁翠回忆说，国际贸易部刚刚成立时，可以说是“三无部门”——无人才，无客户，无经验。“寻找国外客户，对我们来说只有两个渠道，一是通过大型展会如广州展等平台，二是通过互联网。但是那时互联网刚刚兴起，还没有那么多人上网，在网上找客户也不是一件容易的事。”

袁翠的第一个客户，直到2003年年初才姗姗来迟——这年年初，她通过互联网发现美国一家名叫贝安娜的零售商需要一批实木油漆办公桌，于是就通过电子邮件将圣奥的产品照片和相关资料发给了对方总经理普尔。经过多次邮件往来，2003年11月，普尔从美国来到中国——这是他第一次到中国——在比较了几家供应商并参观了圣奥萧山基地之后，普尔最终将2万美元的订单给了圣奥。

普尔是袁翠的第一个海外客户，但并不是圣奥的第一个海外客户。圣奥的第一个真正意义上的海外客户，是日本的普乐士公司。

普乐士是日本一家以制造铁皮柜知名的家具企业，其旗下子公司奥斯科尔却只从事销售，其销售模式为：将自己的产品目录发放给客户，客户如果看中哪款家具，只要一个电话，遍布日本各地的各个仓储基地，就会将产品以最快的速度送到客户手里。“今天你一个电话，明天我给你送达”，奥斯科尔因这样的理念，其销售额远远超过母公司。

支撑这种销售模式的，是其背后严格的供应商体系。

2002年9月，经上海三渡贸易公司总经理赵强牵线搭桥，普乐士与圣奥开始洽谈供货：由普乐士公司提供设计，圣奥打样，获得通过后进入奥斯科尔的产品目录，并进行批量生产，成为其供货商。

“圣奥之前的产品看上去都还不错，但是细节方面还存在不少问题。”当年与普乐士对接的业务员、2002年从北京林业大学毕业之后就进入圣奥国际营销部的吴小成回忆说，大批量生产的家具，讲究家具零件的可替换性，也就是标准化，而圣奥在这方面还有很大的提升空间。“那时圣奥做的每一个单件家具都没有太大问题，但是如果全部打散装箱，运到目的地再重新组装时，就有可能会出现可替换性差的问题。”

2003 年，普乐士向圣奥下了 500 万元人民币的订单。订单突然增加，品质要求大幅提升，这对圣奥来说是一个巨大的挑战——不但要求在相关技术上获得突破，而且在现场管理、交货时间上，都需要圣奥有一个极大的提升。

要么不接单,接了就必须做到,而且要完美地交货——这是倪良正的“铁律”。

为了达到普乐士的要求，倪良正邀请普乐士公司的专家定期到圣奥进行指导。在长达四个多月的时间里，他亲自带领技术人员打样，无论是在技术方面还是在管理方面，都下了狠劲来提升。

2003 年 12 月，第一批 500 多万元的货物交付。但是，由于奥斯科尔已经将这批产品印上了产品目录，日本有些客户已经开始下单订购这批产品了。货物如果通过远洋运输，必定会延误时间。为了兑现“今天你一个电话，明天我给你送达”的承诺，普乐士公司决定租用飞机，将该批货物全部空运至日本。

“那场景实在太壮观了！”吴小成第一次见到圣奥一次性运输那么多的货物，“装好的木箱就有几百个，8 辆 12 米长的大卡车一字排开，连夜送到上海浦东国际机场，通过航空运到日本。”

为了及时将这批价值 500 多万元的货物运到日本，普乐士公司又花费了 300 万元的运输费用。这种不计成本、信守承诺的行事风格，也深刻地影响了倪良正和圣奥。

在圣奥开拓国际市场的最初几年里，普乐士公司一直是圣奥最重要的海外客户。比如，2003 年，圣奥的国际业务获得了真正意义上的突破，海外订单一共达 800 多万元，普乐士就占了 500 万元；2004 年，圣奥的海外订单达到 2400 万元，普乐士则占了 1200 万元。此后，普乐士与圣奥的合作一直不断，并从单纯的产品订单扩大到人才、管理、技术等各个方面，而圣奥在与普乐士的合作中，学到的不仅是产品品质的提升，还有生产管理以及大项目运作等方面的经验。

“为了增加海外订单，激励我们的积极性，倪总给了我们很大支持。”袁翠回忆说，在 2002 年圣奥开拓国际市场之初，倪良正在营销政策上向国际营销部倾斜，鼓励业务人员多走出国门、拜访客户、了解客户的需求，如果客户有任何要求，或者碰到问题和困难，都可以直接向倪良正反馈和汇报，并能及时得到解决。

圣奥国际业务的拓展，在 2005 年迎来了第一次高潮。这一年，在国际营销部的努力下，各项工作都走上了正轨；来访的客户比 2004 年增长了 40%，并与宜家、UW 等多家国际知名销售公司建立了良好的合作关系；销售业绩同比增长了 50%，达到了 3600 万元；客户结构也得到了改善，从之前仅与少数几个国家的客户保持商贸关系，到与欧洲、美洲、非洲和中东地区的客户都有密切的商贸往来。

2011 年，为了优化结构，圣奥将办公板块与民用板块进行了分割；此后，圣奥又对办公家具板块的国际业务按照区域进行了划分。到今天，圣奥已有亚太、印度、中东、北美、欧洲、海外电商以及大客户服务部等多个部门。

有些合作不赚钱，但可以提高管理水平

2004 年，倪良正趁出国观展之机，参观过全球最大的家具零售商宜家的

一个供应商，它的产品、设计及管理都给他留下了深刻的印象。回国后，倪良正问国际营销部的袁翠："能不能联系到宜家？如果能拿下宜家这个客户，只要不亏本就行，赚钱不是主要的，更重要的是我们要提升管理理念和生产技术……"

2004年年底，袁翠终于联系上宜家在上海办事处的采购经理，开始了与宜家家居长达一年半的接触与考察。

"在与宜家的接触中，我们碰到了很多第一次。比如，宜家要求我们报价，要我们提供原材料、配件、包装、损耗以及员工工资等所有的经营成本清单，我们必须按照他们提供的表单格式进行填写。"袁翠回忆说，这是圣奥第一次碰到如此严苛的客户。不仅如此，宜家家居还多次派员到圣奥工厂考察生产设备、工艺流程、现场管理、品质控制以及工人的工作环境与防护等。为了争取这个客户，圣奥不仅答应了宜家的所有要求，还不断地对生产现场进行整改。

在袁翠的记忆中，圣奥给宜家打样过程中的油漆问题，是一直困扰她的难题。为了解决油漆工艺的问题，宜家也将与其长期合作的油漆供应商专家从瑞典请到中国，驻圣奥工厂整整一个星期。

"那时油漆生产线白天要生产，我们要一直等到晚上9点钟，生产线下班后，才能进行油漆的测试和实验。每天晚上从9点到第二天凌晨一两点钟，连续一个星期。"袁翠回忆说，经过多次测试，最终在双方沟通下，添置了设备，改进了工艺，找到了最合理的解决方法。

在长达一年半的时间里，圣奥与宜家不断接触，打样、测试、试单、整改，最终宜家从2006年中开始通过其供应商的电子体系向圣奥下订单。

随着与宜家合作的深入，圣奥提供产品的种类也越来越多，由办公产品逐渐扩展到家居类产品。而宜家也在生产管理上对圣奥提出了更严苛的要求。2006年5月，宜家IWAY项目小组对圣奥进行了为期两天的评估。评估小组按照 IWAY 标准的有关条款，对圣奥工人工作条件、最低工资、加班次数、原材料来源、废料管理、消防安全、化学品管理及废气和废液排放等方面进行严格评估。每个细微之处，每个环节的每个细节，宜家 IWAY 小组都认真对待。

半年之后的 11 月，IWAY 项目小组再次来到圣奥进行评估。这次评估显示，圣奥在环境卫生、环保、污水排放、员工福利等方面都有了较大的提高，完全符合 IWAY 的标准，但在宿舍和消防等方面还与标准有一定的差距。

对此，倪良正表示：持续提高管理水平是圣奥的战略目标。无论与宜家的合作情况如何，都不会影响圣奥持续提高管理水平的决心，而圣奥也有信心成为宜家的优秀供应商。

圣奥生产管理水平的大幅提升，赢得了宜家的信赖。在此后的三年里，宜家家居在北京、上海、广州、深圳、成都的五个卖场，一共向圣奥下了 5000 多万元金额的订单。

“与国际先进公司合作最大的好处，就是能在最短的时间内，发现与他们的差距。”倪良正回忆说，无论是与日本普乐士的合作，还是与瑞典宜家的合

▲ 宜家公司代表到圣奥考察

作，都是如此。“一开始，我们会觉得他们的要求相当苛刻，但是回过头来想，要是没有这么苛刻的要求，我们怎么有前进向上的动力？”

倪良正说，圣奥的经营目标是“国内领先、国际争先”，“国内领先”，圣奥已经初步做到了；但“国际争先”，圣奥还有距离。要在短时间内缩短这距离，最好的办法就是与国际大公司合作，按照他们的要求去做。

事实上，从 2002 年之后，随着中国的“入世”和全球经济一体化的推进，圣奥加大了与国际顶尖家具研发、制造公司合作的力度。除了日本普乐士、瑞典宜家外，圣奥还与美国 UW 公司、加拿大 ALSTOM、荷兰 KSPD、澳大利亚 DEARS AUCTSOM 等国际著名家具经销企业建立了长期合作关系。而在与“国际同步”的过程中，除了硬性地根据有关国际公司的标准进行管理升级和技术改造外，圣奥还主动派出管理人员和技术人员，远赴意大利、德国等先进家具国家学习。比如 2005 年 3 月，圣奥就选拔了一批企业骨干，前去意大利、德国和中东等国大型的家具展会观摩，而这仅为圣奥送技术员工到国外培训、学习计划的开端。

以日企为师

在现代工业史上，如何让工厂更有效率地生产，一直是企业管理者孜孜不倦以求解决的问题。

20 世纪初，从美国福特汽车公司创立第一条汽车生产流水线以来，大规模的生产流水线一直是现代工业生产的主要特征。大规模生产方式是以标准化、大批量生产来降低生产成本、提高生产效率的。这种方式适应了美国当时的国情，在生产技术以及生产管理史上具有极为重要的意义，美国汽车工业也由此迅速成长为美国的一大支柱产业。但是第二次世界大战以后，世界经济进入了一个市场需求向多样化发展的新阶段，相应地要求工业生产向多品种、小批量的方向发展。为了顺应这样的时代要求，日本丰田汽车公司首创以“6S”为基础内容的精益生产，多品种、小批量混合生产条件下的高质量、低消耗生产方式，在实践中摸索、创造出来了。

丰田生产方式是日本工业竞争战略的重要组成部分。它的指导思想是，通过生产过程整体优化，改进技术，理顺物流，杜绝超量生产，消除无效劳动与浪费，有效利用资源，降低成本，改善质量，达到用最少的投入实现最大产出的目的。

所谓6S，即整理（SEIRI）、整顿（SEITON）、清扫（SEISO）、清洁（SEIKETSU）、素养（SHITSUKE）、安全（SECURITY）。它起源于20世纪50年代的日本，是指在生产现场中对人员、机器、材料、方法等生产要素进行有效的管理。日本企业界经过近半个世纪的实践，总结推行的6S现场管理法有提高生产效率、提高库存周转率、减少故障、减少安全隐患、降低生产成本五大好处。

应当说，这几乎是一切制造企业所追求的目标。与ISO9000质量认证体系的注重“规范化”相比较，6S现场管理法显然向前跃进了一大步——更为注重“效率”。这种对效率的追求，一方面是通过降低成本、减少安全隐患来实现，另一方面又通过提高生产效率、提高库存周转率来实现，是双管齐下、通过正反两方面来提升企业效率的管理方法。这样的一种管理方法，对处于迅速成长期的圣奥来说，无疑是一剂良药。

在与普乐士公司合作的过程中，日本式现代企业管理的诸多优点，“照”出了圣奥在企业管理方面的差距。倪良正决心缩小这一差距。

“好的工作平台，需要优秀的员工去创造。”倪良正说，优秀的员工，是在不断学习、不断扩大视野、不断提高管理和技术水平中成长起来的。

管理需要人才，人才需要学习。为了在圣奥更为彻底地推行 6S 管理及精益生产，倪良正决定将管理骨干和技术骨干送到日本普乐士公司学习。事实证明，这是继向海尔学习之后，又一次对圣奥日后的发展起到重大作用的举措。

圣奥与普乐士合作之后，2004 年 5 月，普乐士公司建设性地邀请圣奥公司的技术骨干到日本学习。而此时的圣奥，在迈开集团化发展步伐的同时，也正式提出了“国内领先、国际争先”的战略目标，加大了与国际顶尖家具研发、制造公司合作的力度。倪良正认识到，圣奥将来面临的一定是国际市场，竞争将越发激烈。同时，随着人们生活水平的提高，市场对家具的个性化、环保等特性提出了新的要求，在这个过程中，谁抓住了机遇、把握了机遇，谁就将在家具行业中拥有发言权。

因此，2006 年 11 月，在经过 4 年多的合作之后，普乐士公司的吉川社长及其他高层管理人员对圣奥公司进行了为期一周的实地考察，提出了很多生产管理方面的建议，并派丸山部长作为管理顾问驻留圣奥。倪良正等高层领导完全接纳了这些建议，迅速在公司生产系统中组建了工艺、生产计划、质量专案小组，学习日本的管理方式。

2006 年 12 月 9 日，倪良正召开了选派技术骨干去日本学习的宣导会。在会上，倪良正说：“圣奥的战略目标是‘国内领先、国际争先’，我们只有通过不断的学习和交流，才能达到这个目标。”未来的圣奥，应该达到“中国的制造，日本的质量；中国的员工，日本的管理”。

宣导会结束不久，圣奥选拔了当时的实木车间技术部经理侯为胜、品质管理部经理胡锡平、实木车间 QC 站站长万能、实木车间开料组组长秦涛 4 人以及日语翻译盛金金，作为第一批前往日本普乐士学习的骨干。

2007 年 4 月 10 日，侯为胜等 5 人启程飞赴日本，开始了为期近 3 个月的学习。在日本，他们先后学习了实木加工操作方法、操作程序、新员工培训要领、生产管制、部门成本把控、目标和执行程序改善、不良品处理程序、6S 现场管理、品质改善、QC 工具使用等相关知识。

6 月 27 日，4 人完成学业回国。不到一个月，4 人结合公司的实际情况，对一些隐性、纰漏、“夹生”的程序进行梳理和沟通，提出新的管理思想和工作方法，并很快拟制《2007 年下半年重点改进项目计划表》，从工艺改进和标准制订、现场 6S 规范、提案改善、各种检验记录和统计表的完善等 9 个方面，阐述了车间管理、质检、设备保养、随行配件备料作业规范、品质统计等方面需要改进的细节，以及实施方案和实施时间。

“日本企业之所以管理优秀，除了程序比较健全外，关键是坚决地执行。”侯为胜认为，这次计划要有所收获，最重要的是要求员工在项目改进时以标准为指南；程序建立和标准规范要从细节做起，不忽略任何一个细节；员工对自己的职责以及一些模糊的作业程序要加以明确和界定。

▲ 员工到日本家具企业学习

事实上，《计划表》远不是 4 位员工日本归来后的唯一成果。比如，万能、秦涛回国后，根据普乐士公司的经验，向公司建议改变品质管理部的结构，由原来的以车间为单元的检验模式，回归到品管部经理直辖，按职能统一分工。在这次改组过程中，万能、秦涛也被委以重任，分别被任命为实木 / 油漆制程 QC 组和软体制程 QC 组的主管。

第一批学员去日本的学习，回国后收到了理想的效果。圣奥决定派遣第二批、第三批员工前去学习。

圣奥管理、技术、生产、质检等各个部门的骨干与精英都先后受到了日本先进生产管理方式的洗礼。他们在学成归国之后，成为圣奥推行 JIT 精益管理的骨干力量。

管理再革命

在中国家具界，美克美家曾因引入精益管理，而使得企业大步向前发展，一度成为中国家具行业的佼佼者。2007 年，一个偶然的机会，倪良正参观了美克美家公司的生产现场。这次考察给倪良正带来巨大的震撼。

“一个最平凡的员工，到了这家公司却能做出最不平凡的业绩；同样的原材料、同样的设计，美克美家做出的产品，却比别人卖得贵。为什么？因为他们有一套严格、科学的培训体系，生产的每一道流程、每一个节点，都有严格的控制标准。”

倪良正后来知道，这就是传说中的精益管理，而美克美家的精益管理的顾问公司，是深圳一家名叫 3A 的公司。他决定将 3A 请到圣奥，给圣奥也来一场管理的革命。

2008 年 7 月 22 日，距离北京奥运会开幕还有半个月的时间。

这一天，圣奥精益生产启动大会在萧山隆重举行。

倪良正在大会上提出了推行精益生产的"四个必要"。一是工作的必要。平时工作不努力，企业倒闭了，那只能再去找工作，但不一定是如意的工作。如果平时工作努力，企业做大了，自己的业绩也做出来了，别的企业真诚地请你去工作，这样的工作才是有体面的。二是责任的必要。主管有为员工付出的责任，员工有为企业付出的责任，而企业有缩短行业与世界同行一流水平差距的责任。为了履行这些责任，有必要实施精益管理。三是改善生活的必要。为了尽快让大部分员工过上小康生活，有实施精益生产的必要。四是面子的必要。中国人讲"脸面",无论个人还是企业都如此。为了企业的脸面，有精益生产的必要。

同时，倪良正也说明了圣奥实施精益管理的有利条件，其中包括有一批优秀的管理人员和 1500 名有责任心、有素质的一线员工；有稳定、忠诚的客户群的支持；有雄厚的经济基础；有 3A 公司优秀咨询师的辅导等。总之，

▲ 精益生产启动大会

有这么多有利条件的支持，加上倪良正提升管理水平的决心，圣奥推行精益管理，没有理由不成功。

那么，圣奥如何推进精益管理？它的核心思想是什么？精益管理是否能一劳永逸？如何对待推行过程中可能遇到的阻力？这是在推行精益管理之前就必须廓清的问题。对于这些，3A 公司咨询师党新民都做了精确的回答，其要点大致如下：精益生产是分步骤实施的；精益生产与所有部门都有关系，是全员参与的，但在推进时，先重点从制造车间开始，然后在生产计划、设备管理、品质管理等各方面逐一改善；精益生产是一种思想，更重要的是将这种思想转化为具体行为，转化为每个人的行动，最终形成一套生产方式，这种生产方式要持续改善，永不停止；精益生产在推行过程中，一定会遇到习惯的阻力，但推行者一定要用事实说话，不在思想方面争辩；精益生产是持续改进，一步步前进，要注重巩固实效，而不是漫无边际地提大理想……

不用多说，看得出，这是一场务实的、没有任何花架子的管理革命。“持续改进，不提大理想，一步步前进”的推进策略，事实上表明了一种不达目标决不罢休的决心，因为只有有了这样的决心，才会选择这样的策略。任何一种空洞的口号和看上去伟大的目标，往往都是对信心不足和决心不够的掩饰。

陈园芳：圣奥生产总管家

陈园芳，是圣奥负责生产的总经理。

2001 年 9 月，25 岁的安徽黄山屯溪人陈园芳离开台资企业，通过应聘进入圣奥。

“那时的圣奥，在沈半路上，企业规模虽然不大，但很干净，部门设置齐全。另外一点就是有很好的培训机制，给员工以成长的空间。”陈园芳回忆说，当时与自己一起来圣奥的，一共 5 个人。“我本来是应聘做营销的，但由于我在里面算是年龄大的，人力资源部经理觉得我做行政更合适，后来人力资源部就把我分配到了办公室做行政。”

在行政工作上，陈园芳负责的是合同评审。做这个工作，需要具备各方面的知识。首先要了解具体的产品，而要了解具体的产品，就要跟生产车间打交道，了解生产的状况；其次，更多的要在生产和销售之间做协调，了解从生产到销售的整个流程。这样的工作，可以让陈园芳既能对生产和销售的细节有所知悉，又能对宏观的情况了然于胸。

在这个岗位上大半年的工作，给陈园芳打下了很好的基础。2001 年，陈园芳又负责全国各地的发货调度，对圣奥的售后服务体系又有了深入的了解。

经过两年多的调度训练，2004 年，伍浩明加盟圣奥，开始进行全国加盟商体系的建立，并成立订单运作部，陈园芳被任命为该部门的主管。在此岗位上，陈园芳形成了规范意识，做了一些数据性的统计工作，这些工作为企业的营销系统打下了坚实的基础。2006 年，倪良正任命陈园芳为总经理助理，负责生产车间的管理工作。在这个岗位上，陈园芳协助倪良正对生产车间的管理进行规范。

▲ 陈园芳

不过，真正具有里程碑意义的，是 2008 年陈园芳对生产车间进行的大刀阔斧的改革。

2008 年 5 月，陈园芳作为派往日本普乐士公司的第三批学员，到日本学习 3 个月回国后，就聘请了深圳 3A 公司为顾问，开始推动对圣奥生产流程和工艺的改造，以及生产制度的建设和完善。

“跟 3A 合作，无异于上了两年大学。”陈园芳回忆说，无论从哪个方面看，2008 年对于圣奥的生产模块来说，都是一个巨大的跨越。

2009 年，圣奥开发的第一个住宅房产项目“圣奥 · 领寓”竣工。这是倪良正在杭州房价上升之际，为解决员工住房问题而开发的一个房产项目。为解决员工的后顾之忧，加强员工的归属感，让员工能够安居乐业，倪良正出台措施，根据员工在公司贡献的大小，按照房产总价，向员工提供补贴。“我们许多员工从公司拿到的补贴，不仅可以交住宅首付，甚至还有几万甚至十几万元的盈余。”陈园芳说，包括自己在内，圣奥共有 50 多名员工陆续入住“圣奥 · 领寓”，占了整个小区的 5% 以上。

回顾在圣奥 17 个年头的历程，陈园芳感到非常幸运。除了获得各种工作经验和学习机会，以及公司对员工无微不至的关怀外，倪良正的行事风格也对陈园芳产生了巨大的影响。

“倪总对工作要求之完美，几乎达到了苛刻的地步。”陈园芳说，比如一份文件，倪良正会认真地逐字逐句地去审读，连一个标点也不放过，“虽然要达到这种细节的完美，对倪良正本人和员工来说，都不是一件轻松的事，但久而久之就会形成习惯。而这种习惯，就是企业文化。”

当然，这种“完美”主义也会给员工管理带来挑战。

那是 2008 年年底，圣奥在萧山金马饭店举办营销年会，参加会议的有 3A 公司的老总和来自全国各地的经销商。会场的布置和服务工作就由圣奥总务部来负责。

但是，会议期间，陈园芳发现，与会人员在喝完杯中的茶水后，得不到及时续水。

“我估计是总务后勤人员忙起来忘记了，就赶紧找了一个我自己手下的员工，临时过来给参会人员续水。”陈园芳回忆说，这本来不是自己的分内之事，做的算是“补救工作”，“这种事按道理是应该得到表扬的，却没想到后来受了小小的处分。”

原因在于，由于天气冷，茶水凉得快，而续水的员工没有调节好水的温度，一次次续水之后，客人杯中的茶水，喝起来是凉的。

这一点被倪良正发现了。年会结束后，倪良正就找到了陈园芳：“水为什么是凉的？因为你的属员没有掌握好续水的时间和频率，也没有掌握如何保持合适的水温。她们犯这样的失误，是由于你没有培训好她们，你们的接待没有规范和标准！”

最终，陈园芳为此受到了处罚。

“这件事情我当时特别委屈，因为这不是我的分内工作啊！”陈园芳说，“但是过了一段时间，我想通了。老板其实就是要我重视规范，重视细节。”

2010 年，陈园芳进入圣奥 10 年后，迎来了一次巨大的挑战。

这年 8 月，圣奥海宁工厂竣工。

倪良正对陈园芳说了一句：“小陈啊，海宁工厂建起来了，我就交给你了，后面的事你来做了。”

陈园芳接过来的工作，是管理萧山和海宁两个厂区的生产工作。她要做的第一件事，是要把萧山厂区的部分生产线搬到海宁厂区。

但是，海宁厂区只是建起了厂房而已，食堂、宿舍都没有建起来，再加上距离杭州市区有七八十公里，每天上下班来回很远，许多员工都不愿意搬迁。

“更为重要的是，在搬迁工厂的同时，所有的订单要如期交货，而且要保证品质。”陈园芳说。

在接下来的日子里，陈园芳成为搬迁工作和生产工作的“大内总管”：既要一个个说服工人搬到海宁上班，又要招聘新的员工；既要保证搬迁时设备的安全，又要规划好生产计划，还要保障1000多名员工的后勤。

在此后的半年时间里，圣奥先是搬迁了板式车间、屏风车间、民用车间，接下来是座椅、沙发车间。待萧山厂房搬迁完毕后，又把一直放在外面的仓库搬进了萧山。

这段时间，陈园芳因责任重大而高度紧张。“压力太大，心力交瘁，晚上失眠，白天没精神，身体状况非常糟糕。”她说。

在这种情况下，陈园芳向倪良正递交了辞职信，说自己无法承受巨大的压力，希望获得批准。

但是，陈园芳等来的不是倪良正同意其辞职的批复，而是一封长长的信。

在信中，倪良正感谢陈园芳为圣奥付出的一切，并给陈园芳提出了两条建议：一是聘请3A公司到圣奥，请他们代管工厂的搬迁和生产，陈园芳只做协助管理；二是公司出钱让陈园芳去清华大学读MBA，她可以借读书调养身体。

此外，倪良正咨询了医生的建议后，买了整整一斤冬虫夏草送给陈园芳，

▲ 海宁基地航拍图

希望她将身体调理好。

此时无声胜有声。倪良正的关怀和慈爱，让陈园芳再也说不出“辞职”二字。

2013 年，3A 公司撤出，陈园芳再次统管萧山、海宁两大厂区的生产。倪良正又通过秘书转给陈园芳一封信，信中叮嘱：在做好工作的同时，一定要注意身体，每周至少要保证休息一天；给予 1000 万元的资金支配权，只要用于生产管理的提升，她对资金的使用有最终的决定权……

“时隔 3 年，倪总依然记挂着我的身体状况，还给予我如此大的信任，我除了倾尽全力贡献自己的力量，还能说什么呢？！”陈园芳说。

【文正手记】

在倪良正的书架上，有一本书叫《向毛泽东学管理》。这本书以毛泽东带领军队夺取中国革命胜利为蓝本，将组织管理能力、领导水平、带兵艺术等思想精髓，与企业经营、管理、竞争、扩张等联系到一起，给管理者以启示。倪良正在这本书里的重点部分都画了红线，并对每个章节作了批注，由此可见倪良正学习之认真。

在改革开放 30 多年的历程中，中国民营企业开始自觉地学习企业管理，大约有 20 年的时间。在这 20 年中，各种管理理论和各种风云一时的企业，都成为中国民营企业家追逐和学习的对象。松下幸之助、德鲁克、稻盛和夫；华为、阿里、吉利、海尔、娃哈哈，《致加西亚的信》《第五项修炼》《细节决定成败》《中国式管理》《活法》……这些管理大师、企业和书籍，都一度成为中国民营企业家学习的对象，或为理念，或为工具。

不过，平心而论，这些大师、企业和书籍，固然为中国的民营企业家提供了有益的借鉴，但就具体的每个企业而言，却未必能从中吸取多少有益的营养。笔者曾见识过很多的民营企业家，在一波波流行的管理理念下追逐时髦，却依然建立不起属于自己的有效管理方法，其原因就在于：在一种浮躁的心理状态驱使下，无法推进和搭建一种适合自身的管理制度。

管理是现代企业永恒的主题。管理不是轰轰烈烈的一阵风，不是追求新闻价值的“轰动效应”，而是寂寞的坚持，孤独的忍耐，水滴石穿的渗透，天长日久的努力。它当然有理念，但必须要借助一些工具来推行，还需要管理者本人身体力行的示范——应该说，这种管理的本质，倪良正在推行ISO9000管理体系时就认识到了。到2006年，倪良正在全公司推行6S管理时，再次坚持了这一点，即：要么不做，要做就一定要做到，而且做到最好！他当然知道在全公司达到6S的目标要求，并非一件轻而易举的事，因此他对6S的目标贯彻采取了“持久战”战略：首先，定位为彻底的管理改革，即通过持续不断的6S管理，彻底解决日常管理中存在的问题；其次，它是一种长期性甚至永恒性的工作，它不是做表面文章，应付检查或者拿个什么证书，而是将6S精神灌注到每个员工的血液之中，成为他们的习惯，化为他们自身素质的一部分；最后，正所谓“没有最好，只有更好”一样，6S管理就是要发现并改善每一点不完美之处，并以此促进企业的创新管理。

然而，冰冻三尺，非一日之寒；滴水穿石，非一日之功。要改变一个人的习惯，并非易事。应当指出，圣奥6S管理在推行过程中，员工有时也会出现懈怠，旧有的不良习惯也时常会“卷土重来”，这是任何一家企业在推行管理改革时都会出现的情况。但是，倪良正和圣奥的管理者们早就认识到，这是一个渐进的、长期的过程，他追求的并不是毕其功于一役的一劳永逸，而是持续不断的改进。圣奥的管理水平，也正是在这种持续不断的推进过程中，呈现出螺旋式上升的势头。

第十章

要是有个大学生就好了

“圣奥在20多年的创业发展过程中，对资金、技术、场地等，都非常渴求。但是，这些需求都是暂时的，也都是容易解决的。唯有对人才的需求，贯穿了圣奥整个创业过程。”倪良正说自己从打算创业开始，就在寻找和物色合适的合作伙伴，一直到今天。

陈楷昀永远记得他来到圣奥的那个日子——2009 年 7 月 11 日。

那一天，他正式迈出了浙江林学院（现为浙江农林大学）的校园，从服装设计专业毕业后进入圣奥集团。与当年进入圣奥集团的 200 多名应届大学生一样——这是圣奥有史以来第一次招这么多大学生——进入圣奥之后，他也进入了车间，开始了为期 100 多天的实习生涯。“每天白天上工，晚上下班，与工人一模一样。唯一不一样的，是我们的学徒身份。”由于实习比较辛苦，也与一些大学生的“期望值”有差距，在这个过程中，有些毕业生受不了“落差”之苦，选择了离开。

而留下来的，都与倪良正有了单独面谈的机会。

陈楷昀至今还记得，实习了 20 多天后，倪良正开始与每一个应届大学生面谈。“我记得倪总问了我 5 个问题，并让我准备 5 分钟，问题包括我对杭州的印象、我选择圣奥的理由、我在圣奥的职业规划等。”

事实上，倪良正“面试”大学生，目的不仅是鼓励大学生在圣奥干一番事业，还希望通过与对方的交谈，了解对方的思想，当然还有表达能力、沟通能力等。“其实这种面谈，在大多数企业里，一般到人力资源总监就不错了，而在圣奥，倪总却亲力亲为，经常与实习大学生面谈。”

▲ 陈楷昀在演讲

陈楷昀是个有心的人。在面试后不久，他给倪良正写了一封信。他告诉倪良正，自己的父亲是普通工人，而母亲则已下岗。他知道倪良正是从小吃苦长大的，而自己也决心在未来的工作中学习、发扬这种吃苦精神。

2009 年，圣奥开始推行直销模式，在全国各大城市组建责任中心。10 月 21 日，陈楷昀结束实习期，进入了刚刚组建的杭州第一责任中心，成为 6 人中的一员。

“刚进责任中心时，我们的主管是林洪剑。他教会我们拜访客户、扫楼、看展、报价、调货等方面的技巧和知识。”林洪剑毫无保留地把自己的本领传授给陈楷昀，促使他进入工作岗位后迅速掌握了相关的技能，并迅速成长起来。

2010 年 3 月 31 日，陈楷昀在龙游中标了浙江某机械有限公司一个 72 万元的订单，这是经他努力获得的第一个订单。“记得合同是去上海签的，当时真的很兴奋。”对营销业务员来说，“第一单”无论金额多少，都是难以忘记的。

此后，陈楷昀进步神速，在杭州第一责任中心脱颖而出——2010 年四个季度全部达成目标，并在最后一个季度达到了目标的 139.6%，并且 90% 以上是新开发的客户。2011 年 1 月 11 日，伴随着新年的到来，陈楷昀被林洪剑推荐提名，并被任命为杭州第一责任中心的主任，而林洪剑则升任营销总监。“具备较强的业务拓展能力，团队合作精神较强，为激励同仁再创佳绩，同时该同事也有从事管理的发展意愿，建议给予晋升，未来作为团队储备主管的重点培养对象。”林洪剑于 2011 年 1 月 10 日写的这段评语，至今被陈楷昀珍藏。

2009 年进入圣奥的那批大学生中，陈楷昀是第一个升任主任的。这一批被称为“圣奥青年力量”的年轻才俊，开始显示出自己的价值。

从这一天起，25 岁的陈楷昀开始带领团队，在市场上纵横驰骋。

“在外面竞争，我们就是狼性团队，互相支持，紧盯项目，不达到目标绝不罢休；回到内部，我们是雁性团队，都是兄弟关系，我不过是雁行中排在前面的那个。”陈楷昀说，林洪剑教给自己的，不仅是销售技巧，还有如何对待自己的兄弟们……

从圣奥成长起来的陈楷昀，是倪良正实施“人才为先”战略的一个缩影。在如今的圣奥，像他这样的具有高等学历的人才，已经成为主干力量。

人才为先

“企业说到底就是人，管理说到底还是管人。一个企业的好坏，很大程度上取决于老板会不会用人，有多少能力吸引各种人才聚集在自己的身边。”

进入 21 世纪，倪良正越发认识到，人是企业生产、管理、营销等一切工作的基础；只有解决了“人”的问题，才能解决企业的问题；只有有了一批高素质能战斗的员工队伍和管理团队，圣奥的事业才能蒸蒸日上。

对于“人”的重要性，倪良正是在公司成立 10 年前后，产品已经在市场上扎根，圣奥开始进入从“求生存”到“求发展”的阶段时认识到的。比如在 2000 年，倪良正就提出了“人才为先”的观点；2001 年，倪良正在回望圣奥 10 年的发展史时总结说：“‘人才为先’的管理思想和务实求精是圣奥得以快速发展的动力之源。”

同样是在 2001 年的 6 月，倪良正在一次会议上阐述了自己的人才观:“人才”分两种，一种人才是会写、会算、会说、会做，确实是很宝贵的人才；第二种人才是虽然写也不够好，算也不够精，说也不够清，做也不是最好的，但他会求人帮忙，发挥别人的作用，这样的人同样也是人才。同时，倪良正强调，企业需要敢作敢为、雷厉风行、敢于承担责任的人；只要有正确的认识，

▲ 倪良正在第二届世界家具大会上发言

能够总结经验教训，即使错了、失败了，公司也会给予体谅和改进的机会。

他举例说，假设我们派两个人去开发市场，其中一个一年开发了 6 个市场，4 个市场赚钱，每个市场赚了 10 万元，另外两个市场亏本，每个亏了 10 万元，我认为这个人还是应该肯定的，不但总体上说赚到了钱，而且也积累了很多市场开发经验；而另一个人跑了一圈又一圈，瞻前顾后，一年总共开发了一个市场，赚了 10 万元，他不但赚到了钱，且也没有犯什么错误，但是，我认为这种人不是最适合我们企业的。

到 2004 年，倪良正提出了企业价值序列中“员工第一”的观点。他认为，在企业的发展中，员工是需要首先考虑的。员工就是为有需求的客户服务，如果没有员工，也就没有产品。企业之所以能够获得客户的忠诚度，最主要的原因是能够给客户带来价值，而这正是通过员工创新创造出来的。企业要将员工作为核心资源，通过激发员工的智慧和热情，使员工不断创造出一流的产品，服务于客户，赢得更多的客户，进而促成企业的发展。

2007年9月，在第二届世界家具大会上，倪良正在题为《中国的，才是世界的》的演讲中，提出“对人的尊重是一切事业的基础”，提出了一系列提高员工收入的计划，声称每个员工都是企业的主人，并努力“使圣奥真正成为员工的企业、公众的企业”——这无疑是“员工第一”这一观点的深化与升华。

“有个大学生就好了”

人才的缺乏，一直是倪良正心里的隐痛。他永远不会忘记，当年他第一次彻夜做招标书时，只能和一名名叫张巧芬的中专生一起商议着做，而她，是当时圣奥学历最高的员工。

“有个大学生就好了！”倪良正的心里，曾经千万遍这样想过。

但是，企业还不知名，大学生又是稀缺资源，去哪里请大学生啊！

事实上，一直到2002年之前，也就是1998年扩招的第一批大学生毕业之前，圣奥都没有多少机会接纳大学毕业生到公司工作。但是，到2002年，圣奥已经成为中国办公家具行业中脱颖而出的一匹黑马，而且它一路前进的势头并未停止，其行业领导者的地位已日益凸显；而此时，扩招后的第一批大学生即将毕业。天时地利，圣奥开始主动与相关高校接触。

2002年4月，圣奥先后去浙江林学院、南京林业大学，就优秀毕业生选送、校企共建教研基地等事宜进行商谈；5月，倪良正又到北京林业大学就双方合作的前景、合作方式等一系列问题提出了建设性的想法。

当然，这只是接触的开始。大学里的教师们，此时还远未认识到圣奥的潜力。圣奥在市场上过关斩将、风驰电掣的声音，还没有传到深居象牙塔里的师生们的耳朵里。所谓校企之间的合作，在彼时，也只能是一种单方面的设想。

然而，世易时移。扩招之后，大学生一下子多了起来，再也没有像以前那样好找工作；而另一方面，随着圣奥的快速发展，其在业界声誉日隆。

大学生们，最终被圣奥吸引。

2004 年 6 月 2 日，浙江林学院家具专业的 60 余名师生来到圣奥集团，参观圣奥展厅和各生产车间，了解圣奥的发展历史、现状和企业文化。这次来参观学习的都是浙江林学院家具专业本科三年级的学生，学校考虑到学生平时实践生活较少，了解自己相关专业的实践经验更少，为了改变教学方法，一方面培养学生的实际操作能力，一方面与企业取得联系，为企业输送合格人才，于是就选择了蒸蒸日上的圣奥集团作为学习参观的目标。参观结束后，一名学生代表说，圣奥品牌响亮，办公环境优雅，企业员工素质也高，如果有机会，希望能加入圣奥这个大家庭，为圣奥的发展尽一份力。这表明，大学生们开始主动向圣奥伸出橄榄枝了。

不出所料，在接下来的 3 个月里，有来自南京林业大学、浙江林学院等高等院校的 12 名大学生毕业后加入圣奥。

圣奥班

圣奥与高等院校的合作，在 2006 年第一次结出了果实。这一年 10 月 16 日，家具企业和家具院校产学研合作的结晶体——由圣奥集团与南京林业

▲ 圣奥家具管理学院成立

大学合作的中国首个办公家具“博士后流动工作站”在杭州落户。一年之后，2007 年 10 月，由圣奥集团联合南京林业大学合作建立的家具专业人才的培养基地——圣奥家具管理学院宣告成立。学院依托圣奥公司的管理优势和人才优势，联合南京林业大学，全方位、多角度地培养家具专业高端人才，以满足企业的需求。在成立大会上，倪良正再次阐述了圣奥的人才观。

“我认为员工刚到公司，不一定能够上手做，所以需要有培训这个过程，去了解公司的企业文化和经营理念，这有利于企业的发展。我认为只要是人才，我们随时都需要，因为企业改善、提高、发展，靠的是人才。对于人才，我认为是多一个是一个，多一个人才就多一份力量。”

圣奥与南京林业大学的合作日渐深入，但并未放弃与本土高校——浙江林学院的合作。

2007 年 4 月，圣奥集团、浙江林学院共同组建的浙江省第一家家具行业科研中心在浙江林学院工程学院成立。其模式为：圣奥集团从浙江林学院工程学院挑选出一批优秀的学生参与家具科研中心组建，并添置了一批先进的电脑及检验检疫设备，每月选派公司研发人员带新产品研发及老产品改良的课题，与科研中心人员一起研究或直接培训学生。

此后，2008 年 3 月，圣奥集团再次与浙江林学院联合推出新的人才培养模式——圣奥班。

圣奥班的基本模式，是由圣奥集团派技术人员到学校指导学生专业学习，并定期组织学生到公司各个生产环节进行实践锻炼，学习内容包括家具设计、研发、管理、营销等，并通过参观家具展、参与家具设计比赛等，掌握家具设计领域的知识和技能。选拔进入圣奥班的同学，由圣奥每月按 A、B、C 三档发放学习津贴，其中 C 档每月 200 元，每个学员都有，另外两档则要根据相应的业绩发放。此外，圣奥还视学员在学习过程中掌握的实践技能情况，每项给予 1500—2500 元不等的奖金。

圣奥班安排的学习内容和实训环节，都是在学生完成学校教学计划课程的前提下，利用周末、假期、课余等时间进行的，与学校学习相辅相成，相互促进。

首届圣奥班有 11 名学生，在 2008 年 6 月结业。

在浙江林学院的圣奥班中，柴晓东可以说是一个代表。柴晓东是浙江林学院家具设计专业 2004 级学生。2007 年 6 月，在圣奥与浙江林学院合作成立家具科研中心后，柴晓东就来到圣奥油漆车间实习。在实习期间，他将一把白色椅子，喷涂出朵朵梅花——没想到，这个无意之举，竟成为他后来设计“梅花椅”的灵感来源。2007 年，“梅花椅”在中国家具界的最高奖“金斧家具设计奖”大赛中获得了铜奖。

2008 年，柴晓东作为圣奥班的第一批学员，毕业后直接来到圣奥研发设计部工作。随后不久，在 9 月份上海举行的中国国际家具博览会上，柴晓东以其“穿旗袍的女人”——一组名为“四合如意”的沙发作品，夺得中国首届沙发设计金斧大奖专业组设计金奖。

即便如此，柴晓东并不因此沾沾自喜。上海展结束后不到一周，柴晓东等研发中心设计人员就要求到实木车间的各个工序实习，具体学习材料的工艺特性、色系搭配、工艺结构、主要机器的技术参数等，而且每道工序学习期满后都要进行工序过关考试，考核的结果还记录在册。

“到车间实习真的很有必要。”柴晓东说，“一开始大家还不太懂得为什么搞开发设计的要到车间去实习，等到参加展会后，才发现如果不了解公司的生产工艺，就不可能使自己设计的产品符合公司的生产工艺要求。”

与浙江林学院合作组建圣奥班的经验，圣奥很快将其“复制”到南京林业大学、中南林业科技大学。2008 年 7 月底，第一批南京林业大学圣奥班 2008 级学员在经过半个月的暑期实习之后，参加了圣奥组织的车间实习考核。2009 年 10 月，中南林业科技大学首届圣奥班正式开班，学员包括 29 名本科生和 5 名研究生，同一天，“中南林业科技大学——圣奥集团大学生科技创新中心”揭牌，这是圣奥携手中南林科大打造的又一大学生创新平台。

▲ 浙江林学院—圣奥科研中心2008级圣奥班开班典礼合照

▲ 首个圣奥班内景

“大朋友”对大学生说了什么?

2009 年 2 月 16 日,元宵节后的第一个周一。早上 6 点 45 分,天刚蒙蒙亮,圣奥萧山厂区的新进大学生们，就在教练的带领下,“一二一,一二一”，整齐划一地跑起了早操。

这不是中学生的早操，而是圣奥为公司新进大学生制定的一整套培训计划的一部分——早操活动从 6 点 45 分到 7 点 15 分，共半小时，包括跑步、俯卧撑、实战对练等活动。

“玉不琢，不成器。”大学生有着良好的理论素养，但要成为圣奥所需的实用型人才，还必须进行一番训练。

2003 年，圣奥成立研发设计部之后，只注重理论的大学毕业生的短板暴露无遗。由于研发设计部的员工以新进大学生为主，存在比较严重的理论和实践相脱节的情况，过于注重课本知识，缺少实际操作经验，开发设计的产品往往纸上谈兵，难以转化为实际的生产。倪良正认识到，长此以往，既不利于个人水平的提高，也不利于公司产品标准化、批量化、通用化的实施，更难以与国际高水平的设计团队进行沟通。

对新进大学生进行严格的实习考核，让他们在一线生产车间熟悉、操作各道工序，了解圣奥文化、精神，培养他们吃苦奋斗的精神，是倪良正坚持的人才培养路线。

2009 年 2 月 28 日，倪良正在交流会上，对新进大学生提出了 4 点建议:

▲ 倪良正与新进大学生一对一交流，帮助新员工解决工作中的困难

一是尽快转变角色，从学生转变为具有职业素养的青年；二是要找准自己的位置，进企业工作，就得能吃苦，有事业心；三是要有扎实的基础，合抱之木，始于毫末，要想有作为，就不能心浮气躁，急功近利；四是能力是硬道理，从事营销工作的，不能光凭一张嘴，还要有过硬的产品知识，遇事找救兵的人，成不了大事。

两个月后，倪良正再次与新进大学生沟通交流。他以一个大朋友的身份，对新来的圣奥人语重心长地说，一名优秀的圣奥人，必不可少的两样东西就是独立的学习能力和操作能力。在车间实习的过程中，大家应该把实践放在首位，学习方法也应该更具操作性，不能只靠书本上的理论知识。刚刚走入社会，在学习产品知识的同时，更要将产品知识与产品实物对照，全方位了解产品。倪良正还表示，圣奥决不会辞退勤奋肯干的员工，只要大家通过工序考核，便可以进入部门去工作，对于人才，求贤若渴的圣奥“有多少就要多少”。

2009 年，圣奥一口气招了近 200 名大学生，而每一名大学生在刚进入公司时，都被要求必须到一线生产车间实习锻炼，与一线工人一起上班，一起下班，一起加班。

这样近乎“残酷”的训练，对那些颇有优越感的大学毕业生来说，能承受得了吗？可是，如果不这样做，又怎能促成大学生们在圣奥成为真正的有用之才？

2009 年 4 月，一个春天的夜晚，倪良正对此反复思考，辗转难眠。最终，他安静下来，提笔写下了一篇题为《生活与理想》的文章，与大学生们做了一次交心的长谈。

新圣奥人：

你们好！我是倪良正。每当看到你们一张张青春洋溢的笑脸时，我发自内心地高兴，似乎感到自己也还年轻。今天，我想以一个朋友和长者的身份，跟大家聊一聊。

我是“50后”，读书的年代遇到“文化大革命”，十来岁学种田做到生产队长；23岁开始学木匠直到带过十来个学徒，1991年从两三个人开始办起家具加工厂。这期间，受过饥寒，也曾劳累过度，想起来就觉得自己命苦。但今天回过头去看，我当年一无基础，二无资金，三无背景，正是生活的磨难，培养了我坚持和努力的习惯，才有了今天的我。不客气地说，今天像我这样年纪的人在场面上还比较光鲜的，大都与我有相似的经历。

你们今天能有这样的条件我很羡慕，首先，你们现在都有理论知识，学习渠道丰富，家里对你们也全力支持，而整个社会对你们的就业非常重视，另外，我们企业的各项条件应该在同行业中还算不错的。这样的环境是我们当年不敢想象的。

但条件的优越并不能带来必然的成功。目前，很多大学毕业生都遭遇到了找工作难的困境，除了经济不景气等客观原因，还有一个主观的因素，就是我们不少大学生还停留在某种扭曲的就业观念上——认为只有坐办公室才是工作，去车间一线操作学习就觉得“降低身份”。我知道，在你们每个人的心里可能都有一个梦想，想有朝一日当老板，当一个受人尊敬的有社会地位的人。殊不知，你们要想实现理想，都必须从基层开始，从学习开始，从学徒开始，再凭借自己的努力和天赋，凭借公司的体制和提供的平台，通过多年的积累，才可能逐渐接近梦想。世上没有一蹴而就的事情。

成功的路径千差万别，但唯一相同的是，成功者都从最底层开始，一步一个台阶地迈向成功。有些学设计的同学可能会想，技术是如此，但设计不一定需要下车间，设计是可以靠天赋的。读过家具史的人都知道，那些经久不衰的经典家具，都是设计师历经无数次的技术攻关和制作才完成的，经典不是画出来的，而是做出来的。发达国家家具公司的员工，无论是从事研发、营销、生产管理还是其他岗位，至少有三年以上生产现场熟练操作的经历，这一点，与我们合作过的大企业就是最好的例证。如，瑞典的宜家、日本的普乐士等数十个合作公司的采购人员从技术沟通、选材、商务谈判、合同签订，一直到生产操作和检验等,都非常专业,特别当我们的工人有不明白的地方时，能亲手做给大家看。另外，我们的德国、意大利研发顾问，从设计到制样每个环节都能熟练操作。老外常常对我们的不少研发人员只会画自认为可行的图纸，只会叫别人打样而不会自己动手，感到十分不解。

我知道，你们中很多人希望成为未来的设计大师、营销大师和生产管理大师，但如果你没有从思想深处摆正心态，不能沉下心去，全身心地投入到每个工序、每个环节中，要想实现这些理想，看来是困难的。真正立稳脚跟，还得靠一些真本事。学到本事是自己的，将来你们学成了，能留下来，我当然欢迎；如果去其他企业工作，也能理解；只有学不成当“逃兵”的，才会让人感到遗憾！

我经常自问:什么是我的骄傲？不仅仅是我们的业绩和效益、厂房和设备，更有不少杭城同业的老板，以及你们身边的骨干！他们当初都是从圣奥的基层开始，一步步走到今天的，这就是我的骄傲！但我也有深深的遗憾，由于培训体系的粗放，再加上现在扭曲的就业观念，这些年虽然我们也引进了不少大学生，但成长为骨干的人还不多。通过今年开始对培训体系的进一步完善，而你们也要转变观念从车间起步打好基础，圣奥各个系统、各个部门都期待你们早日投入到各项工作中，尽快发挥各自的专长。如果你们遇到困惑，或者彷徨动摇的时候，我和圣奥都会尽自己所能给你们力量和帮助。

预祝新圣奥人，肩负着生活、工作和社会的使命和责任，心怀梦想，努力飞翔。我相信，将来你们一定会成为圣奥乃至民族家具界的栋梁！也祝你们在圣奥生活快乐，工作顺利，学习进步！

你们的大朋友　倪良正

这篇《生活与理想》中，倪良正诚恳而又深情地追溯了自己成长的过程以及在这个过程中所得到的感悟，也推心置腹地向刚刚踏入社会的大学生们，给出了自己成长、成才的建议。2010 年，圣奥人力资源部在新版的《圣奥新员工手册》中，将其作为序言放在最前面。

倪良正对新进大学生们寄予了太多的期望，也倾注了太多的心血。2009 年的 7 月中旬，倪良正第三次与大学生们倾心交谈。而且这次，他拿出了整整两天时间，与其中的 100 多名大学生进行一对一的零距离见面交流。他关心地询问大学生在车间学习的感受，真诚地倾听大学生对公司的意见和要求。他说，世界上最好的营销员，是做过生产、研发，懂得生产、研发的营销员，要明确自身当前的职业定位，慢慢积累，为以后的转变和发展做准备。

“青年力量”

在圣奥，2009 年进入公司的大学生是一个被屡屡提及的群体。不仅是因为这是圣奥第一次大规模招聘的应届大学毕业生，人数将近 200 人，也不仅是因为这是圣奥第一次对新进大学生进行严格的长时间的一线车间实践训练，更是因为，在此后的若干年里，正如倪良正所希望的那样，这一批大学毕业生中涌现出了不少优秀的人才，在踏上工作岗位后，迸发出了不一般的力量，其中不少甚至很快成为部门的带头人。

他们被冠以一个青春而响亮的名字："青年力量"！

这个名字，来源于 2009 年年底圣奥为这一年新进大学生专门举办的一次旨在展示圣奥青年力量的"父母陪我上天班"活动，共有来自浙江、山东、福建等地的 18 名圣奥新进大学生员工的家长代表参加了这次活动，每位家长不但都有圣奥的工作人员专程接待，还都收到了 1000 元的差旅补贴。

2009 年 2 月 11 日，李迪成为圣奥集团的见习生时，还没有从浙江林学院正式毕业。虽然家住岱山，离杭州不远，但一直到举办"父母陪我上天班"活动这一天，是他自前一年暑假返校后第一次见到母亲韩松娣。韩松娣拉着李迪的手，上下端详个不停。20 多岁的大小伙子，被母亲看得不好意思了。

"大半年都不回家，总说忙，忙些什么？"韩松娣的关心里，又带着一丝抱怨。

"在公司半年多，从板材开料进行尺寸加工到打孔、修边、成型、上漆，然后到安装和最后的包装，这一道道工序我们都要学习，然后考核。我们这批大学生跟一线工人一模一样，拿着钻头、打孔机、胶水，做最基本的木匠活。从一块板材剖开，到最后成为一张桌子、一把椅子，我现在都能做！"

"公司就让你们自己单独去操作吗？"看得出，母亲韩松娣既为儿子的成长欣喜，又禁不住心疼儿子的劳作。

"不是的，我们一进公司，公司就有专人负责培训一些基本生活常识的内容，然后根据个人的意愿和公司的统筹安排到各工序上学习。到了工序上，又有对应的老师傅指导实践操作。公司还有专门的新员工培训基地，供新员工在训后操作。每道工序学习后有严格的考核，一点都不能含糊。”李迪一边解释，一边劝说母亲不要担忧。

当韩松娣半信半疑地到李迪所在的工序参观，并浏览了李迪平时考核的试卷后，最终露出欣慰的笑容。

在这次活动中，圣奥在“青年力量”中还评选出“青春内阁”：戴尧君、许威武、史小蕾……

此后，在圣奥，“青年力量”就代表了对新入公司或新入公司不久的大学生们的称呼，他们在各个岗位上逐渐担任起重要的角色，发挥着越来越重要的作用。比如，2010 年，圣奥制造中心调整 JIT 推行组织架构及 JIT 推行先锋选举办法后，严杨俊等 6 名 2008 年以后进入圣奥、一直在生产一线从事 6S 现场管理等工作的大学生，成功当选为推行先锋，他们踏实的工作态度得到了同事和领导们的肯定。这其中，2009 年毕业于南京林业大学的王磊，进入座椅 / 沙发制造部三个月后即被任命为 JIT 推行先锋，他之前的工作内容即是负责制造部日常现场 6S 管理、效率提升，品质大课题推进和提案改善等 JIT 工作，每天绝大多数时间都在制造现场，发现问题点，解决问题点，

▲ 圣奥青年力量文艺汇演

在他的推动下，座椅 / 沙发制造部 6S 现场的评比很快跃升到全公司的第三名。

2012 年 12 月 1 日，“圣奥青年力量”在杭州梅家坞举行了一次聚会。这些 2009 年毕业的大学生，此时在圣奥工作了 3 年，开始了职业生涯的第一站，一起经历了艰苦的 9 个月的车间实习，彼此间建立了深厚的感情和友谊。在他们中间，陈浩和都俊芳，刘扬飘和杨惠平，史晓蕾和孟庆龙，都喜结良缘，筑起了爱的小巢……

这批大学生经过 3 年的成长，每个人都在圣奥找准了自己的位置和发展方向：戴尧君担任海宁采购部成品战略采购科副科长，史小蕾担任萧山技术部管理科科长；田伟、都俊芳任外贸销售部区域经理，孙明杰、阳军任杭州责任中心的营销主任……每一个人都各司其职，在自己的岗位上发展着自己，完善着自己。

在圣奥，以 2009 年毕业的大学生为代表的“青年力量”，不仅自身得到了锻炼，工作有成，还以其奋斗的经历、成长的足迹，成为后来者的榜样，引领着他们前进的方向……

侯为胜：从基层成长起来的管理者

“外来的和尚好念经”，倪良正重视人才的外引，以改变圣奥固有的员工结构，激活员工的创造活力，但并不意味着放弃对原有员工的培养。事实上，在对员工的培养上，倪良正是花了更多的心血和更大的成本的。

如今已是圣奥工艺技术部总监的侯为胜，就是在圣奥成长起来的一名优秀的“圣奥人”。

1965 年出生的侯为胜是安徽芜湖人。在来到圣奥之前，他曾先后在芜湖、北京、南京、无锡等地打工做木匠。1999 年 6 月，在一名老乡的介绍下，34 岁的侯为胜来到了圣奥实木车间，做了一名普普通通的木匠。

“刚来到圣奥时，有三个厂区：沈半路厂区主要做防火板；丁桥厂区主要做贴纸，小河路厂区主要做实木。”侯为胜回忆说，自己就在小河路厂区的实木车间，当时有七八十名木匠。

2002 年，圣奥生产厂区搬到萧山 10 个月后，侯为胜因其认真负责的工作态度，被倪良正提拔为实木车间的车间助理。

“做一线员工时，我觉得我的工作就是认真地做好自己的分内工作，其他的想得很少。担任车间助理后，我忽然发现，自己的水平还配不上这个职位。如果不多学点东西，那就对不起领导的期望。”正因为如此，仅有初中文化水平的侯为胜开始学习电脑，并逐步掌握了电脑画图纸的技能。

2003 年 5 月的一天，侯为胜将做好的实木车间的员工工资表给倪良正看。倪良正看着工资表，指着其中一名员工的名字说：“这个员工我熟悉，老员工了，技术也熟练，工资好像低了些，往上浮动一些吧！”然后继续往下看，又指着一名员工的名字说：“他家家庭条件不是很好，工作也很努力，也给他往上浮动一下吧！”……

“后来倪总把工资表好好研究了一下，认为总体工资偏低，就把所有人的工资都上调了 10% 到 20%。”侯为胜回忆说。

这一细节让侯为胜记忆深刻。“一般来说，老板希望员工的工资越低越好，那样才能降低人工成本。但是倪总不这么想。他对员工是真心实意地好。”

有这样的老板，侯为胜没有理由不努力干活。

到 2006 年，侯为胜被提拔为实木车间技术部经理。也正是在这一年，倪良正决定选派技术骨干到日本普乐士学习，侯为胜成为倪良正考虑派遣的

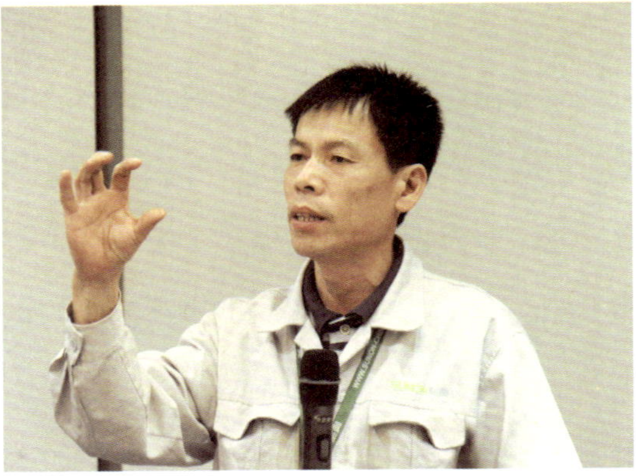
▲ 侯为胜

第一个人。

“学，必须有所得；学，必须有所用。”倪良正回忆说，派遣人员去日本学习，既要花时间，又要花成本，这样的人选，必须符合几个要素：学习能力强，执行能力强，人要忠实可靠。侯为胜虽然不太善于表达，但工作一直认真负责，而且学习能力强，是派往日本的最佳人选之一。不过，虽然在已经决定了侯为胜前往日本，但倪良正还是想听听他的想法。

“公司决定派你去日本学习，你准备好了吗？”倪良正问。

“我准备了一台电脑。”侯为胜答。

不善表达的侯为胜确实准备了一台笔记本电脑。“刚做管理时，一些管理制度、管理措施都不懂得存档，手抄之后，用完就丢了。后来学会了用电脑，把重要的文件都存在电脑里，要用的时候就调出来。我想这是管理的一部分。”侯为胜说，当时说准备了一台电脑，意思就是要在日本学习时，把重要的学习成果都存档在电脑里，带回圣奥。

2007 年 4 月，侯为胜等一行 5 人飞赴日本，成为圣奥派往普乐士公司学习的第一批学员。这 70 多天的日本之行，成为侯为胜职业生涯中的一件大事，对他的成长具有关键性的意义。

“那是我刚到管理岗位不久，根本不知道要管哪些东西，都是瞎管。感到自己太需要学习了。在国内也去过很多公司学习、考察，但最为彻底的学习，还是那次去日本普乐士。”侯为胜回忆说。

在普乐士，侯为胜惊奇地发现，自己作为一名“新员工”，竟有专门的老师进行辅导；在自己的工作岗位上，需要做哪些工作，都有详细的列表甚至图片示例贴在自己的工作台边；一天的工作忙完，需要填写哪些表格，也都有指导，这些表格详细记录了自己一天的工作，看起来一目了然，并能够存档查证。

普乐士公司的员工在遇到任何问题时，都会召集本部门以及相关部门的同事进行小组讨论，汲取大家的智慧，群策群力，以寻找解决问题的办法。

普乐士公司的各个部门，每个月底都会把当月的生产数据、次品数据等各种数据拿出来进行分析、比照，以发现问题、分析原因，并进行解决。

普乐士公司在从生产资料的“输入”到生产成品的“输出”的整个过程中，从计划下达到生产，围绕着品质控制，在设备管理、人员管理等方面，有一套科学标准的工艺流程，各个环节都有清晰的工作职责和岗位描述，整个过程又都有记录可查……

“流程，标准，精益求精，不断改善。”经过 70 多天的学习，侯为胜把自己的所学、所思、所得都记录、保存在电脑里，并总结了这几个关键词。

“其实在日本时，看到他们在生产管理上比圣奥先进这么多，我就很着急，想着如何才能把这些先进的经验搬到我们自己的生产车间里。”侯为胜说。

2007 年 7 月，侯为胜从日本回国后，决心以日本的经验来改造圣奥生产车间的管理，牵头拟制了《2007 年下半年重点改进项目计划表》。

除了主导编制《计划表》外，侯为胜还吸取普乐士“品质改善”的经验，在实木车间成立了以自己为组长的 10 人“提案改善专案小组”，要求提案组能够及时对生产中发现的问题与情况进行全面的梳理和改善，并同时建立健全各项操作标准；优先通过对人、材料、机械等因素变更的思考，来分析问题产生的原因并提出问题的解决方案。

实木车间的“提案改善专案小组”，事实上拉开了圣奥推行精益管理、提案改善的序幕。从2008年起，圣奥在全公司全面推行提案改善，每年举行“改善大会”，评选“改善之星”，并持之以恒，使之内化为一种管理精神。

肇始于实木车间的精益管理，大大提高了圣奥的生产效率，不仅返工现象大幅度减少，而且生产交货速度也大大提高。“同样一个订单，以前我们需要18天才能交货的，到2012年，我们已经减少到10天就能交货；我们的一个实木车间，在2007年实施精益管理之前，每月只有四五百万元的产出，在实施精益管理之后，产能月月涨、年年涨，到2010年，就达到了每月1700万元。”侯为胜说。

柴维龙：圣奥既是我的“品牌”，更是我的事业

“在圣奥15年，我从没有把自己定位成一个打工者，圣奥就是我的事业。”柴维龙，一个23岁时来到圣奥的“80后”小伙，在30岁时就任圣奥品牌管理中心总经理，成为圣奥最年轻的高管。他的成长，也是圣奥人才成长的经典案例之一。

柴维龙是江西鹰潭人，2003年从南方冶金学院（现为江西理工大学）装饰设计专业毕业后，到了杭州一家装饰公司做设计工作。由于家里生活拮据，在校时曾经贷款读书。工作后的柴维龙极其认真努力，在单位里做了很多工程。“那时就是希望多挣些钱，还掉学校的贷款，好拿到毕业证。”

2004年，伍浩明加盟圣奥之后，开始在全国推行加盟商制度。作为支持性部门，有很多圣奥专卖店（品牌店）的设计工作，需要一批空间设计专业

人员来做。为此，这年 3 月，圣奥人事部在杭州和平广场专门设摊招聘相关人才。对空间设计十分熟悉的柴维龙就是在这次招聘中加盟了圣奥，做起了空间设计工作。

柴维龙第一次被倪良正“发现”，是在这一年的年底。“那次我与倪总一起出差去上海，回到杭州已经很晚了，但倪总还记挂着公司请来的摄影师拍产品照片的事情，问我有没有时间一起去萧山工厂看看去。”柴维龙回忆说，虽然产品画册不是自己的分内之事，但由于自己是搞空间设计的，比起别人对产品的摆放和观感更有“感觉”，就答应倪良正一起去看看拍摄现场。

在现场，由于主办人对接不清楚、接待不完善，摄影师的工作很不在状态，有点应付的味道。为了加深双方的沟通，倪良正提出由柴维龙组织人用 CAD 软件把现有产品的拍摄角度画出来，做出脚本，然后摄影师按照这个脚本拍摄。在柴维龙的主导下，摄影师很快准确地理解了产品的特点，拍摄也很快就找到了感觉。

善待合作伙伴，就是善待自己，就能一起创造优秀的业绩。这天晚上，柴维龙好好地招待了摄影师，并安排其入住杭州的五星级酒店。接下来的日子里，摄影师的创作热情更加高涨，拍出的照片美感度大大增强。“后来倪总和销售部都认为这次出来的产品画册质量较以前有很大的提高。”柴维龙说，因为这件事情，自己给倪良正留下了印象，以至于有一次倪良正询问自己的意见：“如果让你来参与做平面设计的有关工作，你愿意不？”

“当然愿意。”

不过，彼时柴维龙的主要工作，还是空间设计。而对于柴维龙来说，2005 年的广州家具展的空间设计，是自己的一次“大考”。这一年，圣奥在广州国际办公家具展里首次拿下了 1000 多平方米的展厅，成为整个展馆中最大的展位之一。这次参展，从前期的展厅设计、装修，到后期的产品定位，

▲ 柴维龙

再到整个展出的组织、协调工作，柴维龙参与并主导了整个过程，交出了一张完美的答卷。第二年，由于国内另一家知名家具企业临时因故不能参展，为支持主办单位的工作，圣奥承接了其展位面积，再加上自身已有的展位，展厅的面积达到了史无前例的1500多平方米。这一次，依然是柴维龙主导了整个展厅的设计、装修与组织。也正是在这一年，随着圣奥办公家具产品的突飞猛进，加上圣奥展厅美轮美奂的设计，圣奥产品开始在广州展会上夺得金奖，并一发不可收拾。

“那时倪总去德国科隆、意大利米兰看各种世界顶级家具展，拍了一些照片。我从国外的展厅设计中汲取营养，激发灵感，再加上自己的一点努力，从而形成了自己的设计理念及风格。”柴维龙说。

不过，对许多圣奥员工来说，对柴维龙印象最深的一次，还是要数2008年的广州展。这一年，圣奥决定聘请当时国内知名的深圳汉唐设计公司设计展厅。开展前一天，倪良正到展厅视察展厅布置工作，查漏补缺，恰巧发现展厅的顶梁由于加固不牢而断掉，于是立即吩咐柴维龙设法修补。时间紧急，柴维龙立即加班加点，设法弥补。然而，正当柴维龙忙进忙出的时候，由于施工方现场管理不到位，一块木板从天而降，“砰”的一声闷响，正好砸在柴维龙的头顶，鲜血流了出来。

“那次柴维龙在医院缝了七八针，手术结束后马上又去了展厅现场。对工作这么认真负责，也是少见的。”柴维龙被砸到头时，圣奥总务部行政经理邓子君在现场，立即护送他去了当地医院。“那一次柴维龙在现场把原来设计不合理的地方改了，对一些地方重新进行了加固，到整个展厅布置结束，已是凌晨 1 点多。再过几个小时，就要正式开展了。”

工作认真负责，是柴维龙留给倪良正的主要印象之一。在 2006 年之前，圣奥的经销商、营销人员一直反映企业的产品画册做得不够精美，不能展示一个蒸蒸日上的企业在产品设计方面的优势和魅力。为了彻底弥补这一短板，2006 年 8 月，倪良正建议柴维龙联系行业画册做得最好的几家广告公司，建立沟通渠道和平台。柴维龙通过了解，打听到广东的珠海天王广告有限公司做产品画册很有自己的思路，不仅专业而且认真。2006 年 10 月，柴维龙的妻子已有身孕，但将要为人父的柴维龙顾不上照顾妻子，还是与倪良正一起飞赴珠海，与对方沟通产品图册一事。

“当时其他的都沟通好了，但是对方提出了高于市场的价格，我觉得太贵，一直暗示倪总砍价，但是倪总却一口答应，对价格分文不减，只要对方把图册做好。”柴维龙回忆说，通过这次事件，自己了解到倪良正的行事风格——对自己不懂的领域，宁可花大价钱购买服务，只要尽快将别人的长处学到手，那就值得。他也永远记住了倪良正的那句话：“现在我们这方面不懂，多出点钱没关系，我们要以空间换时间，尽快让自己成长，各方面都要找最优秀的公司合作。”

在此后三个月的时间里，柴维龙全力跟进画册的拍摄、排版、调色、打样、印刷的整个过程。“那段时间真的很辛苦，尤其是小孩出生的那几天，白天上班，晚上要照顾已经生产的妻子，还要跟进画册的所有工作。”柴维龙回忆说，画册到最后一道程序——进入印刷厂即将印刷时，自己还到印刷厂跟踪了五六天，看着印刷厂把每一张图片都调到最理想的样子。

期待已久的产品画册终于出炉，达到了当时办公家具行业的前沿水平。此后，圣奥的经销商和营销人员的抱怨大为减少。

2008 年，柴维龙在工作上也“升级”了——主管圣奥办公家具品牌管理部，负责办公室的设计、参展设计以及策划各种活动等。此后，圣奥连续参加了 2008 年、2010 年、2012 年的科隆办公家具展、迪拜家具展，均由柴维龙主导。

柴维龙不但勤奋，而且聪明好学。2007 年，圣奥开始跟德国设计机构合作，聘请了 HUSER 为圣奥指导产品设计，DIETZ 指导空间设计。在连续两年的时间里，HUSER 和 DIETZ 每两个多月来一次圣奥，每次待一周，圣奥为他们支付每人每天 1000 欧元的费用。柴维龙就利用这段时间，把英语练得很流利了。

原来，柴维龙跟大多数中国的大学生一样，虽然在大学里学习了英语，但口语和对话能力一直是个短板。自从 2005 年参加广州家具展之后，他发现在工作中需要与大量的外国朋友交流，虽然对方说的话自己能听出大概的意思，但却无法流畅地与他们对话，表达自己的想法。而两位德国客人的到来，无疑为自己提供了绝佳的练习口语的机会。为此，每当 HUSER 和 DIETZ 来到杭州，柴维龙就全程陪同，白天与他们讨论设计方案，晚上一起画图纸，事前做准备，事后再复习，就这样，等到两位德国朋友结束了他们的合作任务，柴维龙也练就了一口流利的口语。2008 年，当圣奥第一次参加德国科隆家具展时，柴维龙已经可以用英语毫无障碍地表达自己的想法了。

“其实要说好学，倪总是最好学的了。”柴维龙说，自己爱学习，在很大程度上是受了倪良正的影响。比如，2009 年，柴维龙与倪良正等四人一起去全球最大的办公家具公司——美国 STEELCASE 学习，从他们的接待，到产品的设计、生产，再到工厂的布局定位、人文环境，倪良正等人进行了全面的学习，并从中发现了自己的差距。“那些日子我们白天学习、参观，晚上在一起讨论看到了哪些,学到了哪些,圣奥有哪些需要改进,全方位对标、找差距。倪总与我们吃、住在一起,由于时差很难调整,他比我们还辛苦。”

在多年与倪良正出差、学习的过程中,柴维龙学会了换位思考,学会了“站在老板的角度”看问题。正是由于不断地学习、善于换位思考,柴维龙承受得了压力。

“现在有很多人,虽然在企业中是某一方面的负责人,但对每件事都不是最负责的,不拿解决方案,事事等着老板自己定夺。老板又不是神,他让你负责,你让他定夺,皮球到处踢,怎么可能搞得好?所以要创造好的业绩,获取上司的认可和信任,不是要把话说得多么好听,而是要把事情做好。”柴维龙说,“有人奇怪为什么我能与倪总毫无障碍地沟通,其实秘诀很简单,就是换位思考。”

【文正手记】

事实上,对倪良正来说,没有任何一种渴求,像渴求人才那样强烈又持久。

“圣奥在 20 多年的创业发展过程中,对资金、技术、场地等,都非常渴求。但是,这些需求都是暂时的,也都是容易解决的。唯有对人才的需求,贯穿了圣奥整个创业过程。”倪良正说自己从打算创业开始,就在寻找和物色合适的合作伙伴,一直到今天,圣奥已经成为世界家具行业中的知名品牌,依然对人才有着旺盛的需求。“尽管所需的人才的层次不一样了,但是那种渴求却是一样。”

创业初期的倪良正,通过朋友之间互相介绍,招揽木匠、油漆工,“大家一起干”。那时,谈不上什么“管理”,也说不上什么“人力资源”,有着市场经济初期“家族作坊式”企业的一切特点,虽然草根,但充满生机和活力。20 世纪 90 年代初期,还是商品经济短缺的时代,市场上的“规矩”还没那么多、那么复杂，只要有业务、有活干，就很令人兴奋和激动，至于其他的东西也就顾不上了。

直到后来，发生了屡次尴尬、屡次失败的事情后，倪良正真切地感到，做企业必须要有人才。而人才的来源，无非三种：要么自己成为人才，要么自己培养人才，要么从外面聘请人才。

自我的不断学习是必须的。但一个企业家再怎么学习，也不可能成为全才，成为全才也不是企业家所应追求的目标。一个成功的企业家，最为切实的途径，就是一方面外请人才，让他们加盟自己；一方面内挖人才，培养自己的“嫡系部队”。

在这两方面，倪良正都做到了极致。在内部成长方面，能列举出孟勇、陈园芳、柴维龙、张叙俊、施银娇、彭庆娥、韩芬燕、冯天荣、熊明河等一长串名字，特别是钱爱军、侯为胜、郭云峰、李顺荣等一批见证并陪伴圣奥成长壮大的老员工；在外请人才方面，无论是当年的伍浩明，还是现在的施健、凌峰、徐逸波、尹志远、吕锦明等，都是倪良正真诚请来的干将，数十年如一日，勤勤恳恳，甘于奉献，如今也早已成为圣奥重要的管理人员。此外，倪良正还善于与企业外部人员合作，将社会上的有用之才都请来“为我所用”，与他们建立长期协作、互利互惠的合作关系。这各路人才，成为圣奥发展的根本推动力。

此外，应当指出的是，由于中国办公家具行业起步晚，人才奇缺，倪良正在早期创业过程中外引人才，不可避免地要从同行企业里“挖人”，这其实也是整个行业的普遍现象。但是在这个过程中，圣奥也同样培养了大批人才，向行业输送了不少人才。特别是今天，在作为中国办公家具产业重要基地的杭州，圣奥成为公认的办公家具行业的“黄埔军校”，有数十家办公家具企业的老板都曾经是圣奥的员工。可以这么说，在杭州乃至整个浙江，办公家具企业都或多或少地与圣奥有着某种联系。

第十一章

给你一个家

在倪良正看来，楼盘开发，厂房建设，像家具制造一样，良好的品质都体现在一个个的细节上。面上的东西、常规的东西谁都会做，但唯有细节，能显示出一个人与另一个人的不同；唯有细节，才体现出对品质的把控。而这一点，正是他多年浸淫于木匠专业和家具制造所具有的“工匠精神”的体现。

杭州，被马可·波罗誉为“世界上最华贵美丽之天城”。

“三面云山一面城”，杭州依傍西湖而建，直到 21 世纪初，城市旧格局已经沿袭了 1000 多年。然而，经过 20 世纪 90 年代的快速发展，城市面貌日渐亮丽的同时，杭州老城区太小、城市容积率饱和等城市发展的深层问题也日渐显露出来。

而此时，上海浦东发展蒸蒸日上；广州建设珠江新区，打造“一江两岸”；深圳跳出初创时期的罗湖区，转身主攻福田新区的发展；无论是厦门，还是青岛，在经济发展的同时，城市中心都实现了跳跃式的发展。还在埋头改造旧城区、努力抛弃“破烂城”帽子的杭州突然发觉，不能再“躲在螺蛳壳里做道场”，这个城市的发展需要突围！

于是，2001 年 3 月，萧山、余杭两个县级市并入杭州市区后，杭州就着手重新确定城市的中心，由西湖附近东移至钱塘江。

2002 年年初，名为钱江新城、占地 15 平方公里的杭州城市新中心，拉开了建设大幕。杭州开始从“西湖时代”走向“钱江时代”。

几乎是在同时，倪良正也看到了“钱江时代”发展的前景。

一座大厦的诞生

事实上，与杭州几乎同步发展起来的圣奥集团，也遇到了相同的问题，那就是物理空间的逼仄，大大限制了企业的进一步发展。为了拓展发展空间，倪良正不停地在找地，从小河路到沈半路，从沈半路到萧山……直到 2002 年年初，圣奥将生产基地搬往萧山后，倪良正才略舒了一口气。

然而，即便如此，也仅仅是暂时解决了生产的问题。随着圣奥在中国办公家具界的迅速崛起，仅仅是解决了生产（而且是暂时解决）的问题还远远不够。作为办公家具企业，圣奥如何留住人才并给予人才一个良好的办公条件？圣奥如何宣传自己的品牌，展示自己层出不穷的研发作品？圣奥如何打造一个良好的平台，促进整个中国办公家具行业与世界先进水平对接，从而引领行业的成长？……这些对圣奥来说至关重要、更为根本的问题，从 2003 年前后开始就一直萦绕在倪良正的心头。

他有心造一座属于圣奥自己的大厦。尽管圣奥这几年发展势头不错，利润每年都有大幅度增长，银行的账户上也还有点钱，但若想干这么大的事，那点钱还是显得杯水车薪。

但是，倪良正转念又想：如果等到有钱了再去做，机会还有吗？资金是困难，困难有可能解决；但机会稍纵即逝，一旦失去再也不会来。

而此时，钱江新城的建设尚在规划之中，钱塘江北岸还是一片荒草野地，绝大多数人依然沉浸在西湖时代，完全没有意识到，这个地方在未来数年内会成为杭州的另一个中心。

“下手要趁早啊！等到人们都觉醒过来，机会就不是你的了。”倪良正告诉自己。

另一个给予倪良正深刻启发的，是杭州房地产市场的发展。房地产市场化以来，仅仅数年时间，杭州的房价已经实现翻番，以后的成长性更是不可限量。

倪良正比更多的人先看到了这一点。因此，从 2003 年开始，圣奥办公家具的经营也发生了重大转变，即从租赁场地经营，到购买商业楼经营：一方面是投资，另一方面也省去了日益上涨的房租。

既然是投资地产的好机会，就得加快步伐，趁势把圣奥大厦造起来！

倪良正下定了决心。

然而，当倪良正将这一想法拿到高管会议上进行讨论时，却发现高管团队几乎是一边倒地投了反对票。

“当时我们反对这件事，主要是两个原因：首先是资金的问题，当时企业刚刚还掉建设萧山基地时贷的款，由于发展得快，公司里还有 2000 多万元现金，但是要投资大厦，仅土地款就要 7000 多万元，再加上 3 亿多元的建设费用，2000 多万元只能算杯水车薪；其次是对未来的判断，当时的钱江新城还是一片荒草地，而地价却是每亩 700 多万元，是萧山基地的 60 倍，我们觉得太不划算了！依圣奥当时的体量和能力，建这样一座大厦，简直是天方夜谭。”当时参与投票的、如今的圣奥集团资金运营部总经理彭庆娥回忆说。

不过，虽然遭到了大多数人的反对，倪良正依然不放弃。他告诉高管们：从城市发展的趋势来看，杭州城向“钱江时代”迈进是必然的，虽然现在看起来地价是高了点，但当它成为杭州的另一个中心时，这个地价就凸显出价值来了。当然，钱江新城的建设不会一蹴而就，一定有个过程，但是这个进程之快可能会超出我们的预料。“我并不看好它的第一个五年，但是我看好它的第二个五年、第三个五年、第四个五年……”倪良正说道，“但是大家想想，如果等到第二个五年，钱江新城已经发展起来了，且不说在浙江，即便只说杭州，有那么多优秀的企业，那么多有眼光的企业家，我们圣奥还有进去的机会吗？”

一语点醒梦中人。倪良正的一番分析，最终说服了圣奥的高层管理人员。

2004 年 7 月 8 日，通过招拍挂，圣奥取得了一宗地块。

根据规划，圣奥大厦处于钱江新城的核心地带，总占地 10 余亩，层高 30 余层，它将建成华东地区最大的家具集团公司的信息中心、研发中心、营销中心、展示中心、行政中心和培训中心，同时也将成为浙江省内家具行业相关机构的办公场所和内外交流的平台，以及一些国内外知名家具企业的办公地点。

圣奥大厦的签约，标志着圣奥的发展即将进入一个新的时代。

▲ 圣奥中央商务大厦

2005 年 2 月，圣奥大厦的设计方案定标，总建筑面积 68562 平方米，地面建筑 37 层。

2005 年 10 月，确定了圣奥大厦的正式名称为“圣奥中央商务大厦”。

2005 年 11 月 30 日，圣奥中央商务大厦正式开工。

2008 年 4 月 29 日，总高度 155 米，共 37 层，集商业、办公、金融于一体的超高层甲级写字楼——圣奥中央商务大厦顺利结顶。

2010 年 11 月，圣奥集团总部开始入驻圣奥中央商务大厦。圣奥的“钱江时代”正式来临。

首次试水住宅地产

2005 年 3 月 2 日，浙江世贸中心国际会议厅人声鼎沸，近千名房产精英聚集一堂，99 家单位争夺杭州市出让的 8 宗地块。经过 18 轮竞价后，圣奥置业公司以楼面价 3694 元、总价 3.125 亿元竞标获得了杭州九堡 4 号地块 50 亩住宅用地。随着钱江新城建设，沿江的黄沙码头即将搬迁，杭州高速客运站、大型经济居住区以及相关配套的建设日趋完善，九堡作为杭州城市东扩的桥头堡、钱江新城的配套居住区，地块综合优势明显，被开发商看好。

圣奥以办公家具起家，虽然不是专业的房地产公司，但投资圣奥中央商务大厦这种写字楼，一来解决自己的办公用房，树立企业品牌形象，二来为客户提供办公场所，同时也在火热的地产市场中获取一些利益，这自然是可以理解的。但是，一家传统的办公家具企业去搞住宅地产，既缺乏人才优势，又缺乏资金优势，圣奥为什么要花这么大的代价去竞拍一块土地，而且志在必得呢?

“公司的员工大多数很年轻，家庭条件一般的居多，要靠他们自己在杭州买房安居，确实有些困难。”圣奥副总裁孟勇回忆说，以前圣奥的员工解决居住问题主要有两个途径:公司宿舍和外面租房。自购商品房的也有,但是很少。

因此，早在2003年前后，倪良正就产生了一个想法——帮助员工购房，帮他们在杭州成家立业。“我不止一次地听他唠叨过：什么时候我们自己能拿块地，给大家盖些‘福利房’”。孟勇回忆说。倪良正还经常说一句话：“企业是大家的，也是社会的，国有单位有的福利，我们应该有，国有单位没有的，我们想办法也要争取有。”

虽然，为部分员工解决住房问题仅仅是圣奥投资住宅地产的动因之一，但圣奥拿下九堡地块，却是充分考虑到了员工上下班的方便。“我们拿九堡地块的时候，倪总就考虑过员工住房的事，选九堡核心区，一方面看好九堡发展前景，另外很重要的一点是，这块地离我们现在的工厂和钱江新城的圣奥中央商务大厦都不太远。”

九堡4号地块竞拍的成功，是圣奥置业继圣奥中央商务大厦之后操作的又一个大事件。倪良正说，它的中标，奠定了圣奥置业前进的基础，增加了圣奥以后投资置业的信心。九堡50亩住宅地上建的住房，一部分出售，另一部分将作为员工福利住房，解决外来员工在杭州住房难的问题。这开创了华东地区办公家具行业内为员工安排福利住房的先河。

然而，3694元的楼面价，在当时的九堡已经是最高的价格。九堡地块即便确实被看好，但真有那么大的潜力吗?要知道，在2005年年初，杭州市区最热门的居住地块——城西板块的价格，也只有8500元左右，而城北的价格也是低于8000元。圣奥置业以近3700元的楼面价拿下九堡4号地块，如何保证未来的利润?

▲ 熊明河（左一）、冯天荣（左二）在象山考察

“九堡，就是杭州的下一个城西。”说到这一点，圣奥置业总经理冯天荣分析说，杭州城西地块面积约 4 平方公里，在 20 世纪 90 年代初还是不毛之地，经过 10 多年的开发，就已经成为杭州高档住宅最为集中的区域，涌现了包括桂花城、南都德加公寓在内的大量优秀楼盘，使难以计数的杭州人产生了浓重的城西情结。

而九堡，与城西在区位、交通、环境、建设等方面有诸多相似之处，首先，都得到市政府的政策支持，而九堡是杭州“发展大都市，建设新天堂”城市发展理念的排头兵，随着钱江新城启动及下沙、临平两大副城开发的强劲势头，九堡的区域位置更显重要。其次，九堡和城西距市中心距离相当，城西到市中心，主要依靠文一、文二、文三、天目山路连接；而九堡到市中心可以经由艮山西路、杭海路和德胜快速路，从距离上讲两者相当，从时间上看由于后者路况较好甚至更短。第三，都靠近文教区，城西板块的快速发展，与近邻文教区不无关系，文教区高校云集，教育产业繁荣，带动经济文化科技等行业快速发展；而随着文教区各大高校相继搬迁至下沙，下沙大学城已有十几所高校，十几万师生，一个更大的文教区在下沙形成，而九堡紧邻下沙，又处于杭州主城区至下沙的交通枢纽上，优势不言而喻。此外，城西板块拥有西溪湿地，而九堡则拥有宝贵的钱塘江资源；城西的发展，与大量品牌房地产开发企业的进入有关，而九堡也已经有绿城、名城、宋都等知名房地产企业进入……

拿下九堡地块后，冯天荣组织相关部门进行了住宅项目的市场调研与产品定位，在综合分析的基础上形成了完整的市场调研报告。2005 年下半年，对来自杭州、上海、深圳的 15 家国内知名策划公司进行了考察，在反复了解和深入比较后，最终确定了资深专业企划公司——华坤为合作单位。

事实上，在 2005 年之前，圣奥置业公司的主营业务还是物业投资及维护，与专业房地产开发企业的经营管理模式有很大区别。进入 2005 年，随着九堡住宅项目的获取和圣奥中央商务大厦项目的快速进展，迫切要求公司实现角色转换，建立现代房地产企业管理体系，进行两大房地产项目的运作。为此，2005 年上半年，圣奥置业参照国内优秀房地产开发企业的经验，并结合自身的实际情况，建立了前期管理、规划设计、营销推广、工程管理等核心制度。此外，经过 2005 年的大量工作锻炼、系统培训以及人才引进，公司员工的整体素质也得到了提高，形成了一批具备专业素质的员工团队，其中全职员工 20 余名，全部具备大专以上房地产相关专业学历；聘请了主要由房地产知名专家权威组成的顾问团，对企业管理和项目运作进行指导。

然而，正当圣奥置业在练好内功、准备发力之时，2006 年 5 月，鉴于部分大中城市房价出现高速上涨的情况，国务院出台了被业内称之为“国六条”的新一轮房地产业宏观调控政策，在房地产业的供应结构、税收、信贷、土地政策、政府拆迁、市场秩序、社会住宅保障及市场信息披露等方面进行了全面详细的规定。

政策一出台，倪良正和冯天荣等高管的心就悬了起来。因为圣奥置业拿下九堡 4 号地块之时，正是杭州房地产业迅速发展的时候，如果按照正常的态势，这一项目的前景没有任何问题，也正是出于这一原因，圣奥志在必得，以当时的最高楼面价拿下了这一地块。然而，宏观调控的到来，给项目的前景带来了一丝阴影——虽然这个后来被命名为“圣奥·领寓”的项目尚未开工，但谁也说不准这一轮的宏观调控究竟会持续多久。而更让倪良正和冯天荣担心的是，在宏观调控政策之下，银行会收紧信贷，使得项目资金出现短缺。

这种担心果然很快危险，与圣奥合作的几家银行很快根据政策暂停放款。这一下子让圣奥陷入左右为难的境地。

“当时整个土地款是 3 亿多元，圣奥的账面资金有 1 亿多元，如果加上银行的贷款，是没问题的。”彭庆娥回忆说。然而，在银行收紧信贷之后，圣

▲ 圣奥·领寓交房

奥的资金顿时捉襟见肘。“比如当时建设银行给我们的授信是 8000 万元，但只放款 5000 万元后就停了。”

不过，事情很快出现了转机。由于九堡地块的拆迁工作没能按计划完成，圣奥置业的土地款就不必立即缴清，而是被允许先交纳土地款的 50%。这样一来，资金问题得到了缓解。

2007 年，宏观调控政策“松绑”，银行信贷再次放开，杭州楼市迎来又一轮的上涨。圣奥付清了土地款后，2008 年 7 月，开始动工建设圣奥·领寓。

2009 年 6 月 15 日，圣奥 · 领寓 1 号楼盛大开盘。当天，原定于 8 点 30 开盘的接待中心，7 点 30 分就已经有三四百人在等候。推出的 90—130 平方米的 167 套房源被摩肩接踵的人群一抢而光，销售率为 100%，而销售价格也大大高于当初人们的想象——起价 7800 元，最高卖到 8000 多元。一个多月后，圣奥 · 领寓 6 号楼开盘，当天预订达 90%，房价更是涨到了上万元。9 月 24 日，圣奥 · 领寓三度开盘，136 套住宅当日认购超过 80%，房价已经涨到 14000 元 / 平方米左右……

2009 年，圣奥 · 领寓五次开盘，每次开盘都取得了不俗的成绩。那么，圣奥在房地产业的第一次“试水”成功，难道仅仅就是因为靠房地产市场本身的火爆这样的“天时”吗？

非也！

运河宸园：一座里程碑

2007 年房产调控政策放开之后，杭州房地产市场迅猛发展。当年杭州主城区土地总成交面积达到 410 万平方米，出让总金额达 507 亿元。此后，2008 年由于受全球金融危机的影响，杭州房地产市场一度低迷。但是，到 2009 年，在中央“四万亿”的刺激下，房地产市场再度火爆。2009 年，杭州主城区土地出让 361 万平方米，虽比 2009 年少了 50 万平方米，但出让金却达到了 785 亿元，这从一个侧面说明了当年杭州房价的快速增长。在这一背景下，2010 年 4 月，中央再次连续出台房地产调控政策，分别对首套房、二套房、三套房首付提出了更高的要求，不仅如此，政策调控措施还在贷款限制和土地出让方式方面均规定了严格的限制条件。政策一出台，房地产市场应声回落，杭州当年主城区出让土地成交 218 万平方米，土地出让总量比上年大幅下降。到 2011 年，杭州房地产市场迎来了多年未曾出现的、量价齐跌的“寒冬”: 全年土地成交 147 万平方米, 土地成交量不到 2009 年的一半，仅为 2007 年的 36%；而随着房产商们降价促销，杭州实际房价也回归到了 2009 年的水平。

“房地产市场的黄金十年已经过去，中国房产市场会迎来长时间的‘冬天’。”这一年，无论是学界还是房产业界，都流行着这样一个看法。

而事实的发展似乎也在印证着这一判断。到 2012 年，杭州的房地产市场更为冷清。从年初到 3 月底，整整一个季度过去了，杭州主城区没有一宗地块得以成交。

而此时的倪良正，也正在密切关注着房地产市场。2010 年 12 月和 2011 年 4 月，圣奥 · 领寓和圣奥中央商务大厦先后交付后，圣奥置业在开发上暂时处于一个“空白期”。但是圣奥的市场研究人员并没有闲下来，在 2011 年杭州房产市场的“寒冬”里，他们也不断地调研杭州的各个地块，研究着它们的投资价值。

2012 年 4 月 27 日，杭州市国土资源局出让 74 亩的杭州桥西 D–28 号宅地，加价 100 万元直接成交。圣奥置业以总价 9.27 亿元拿下该地块，折合楼面价约每平方米 9000 元。

在大家都不看好房地产的时刻，倪良正为什么花巨资拿地？上一个楼盘圣奥·领寓远在九堡，这一个楼盘却又回到了寸土寸金的市中心？

“倪总和圣奥一直在关注房地产业的局势。杭州经过了 2010 年的调整、2011 年的寒冬，到 2012 年的第一季度，土地成交为零，依然处在底部。当时很多人很悲观，但倪总却认为市场已经到底部了，不可能这样一直萎靡下去。”圣奥置业工程中心总经理熊明河说，这正如买卖股票，一个人不可能买在最低价而卖在最高价，但是只要离底部不远就该出手买入，离顶部不远就该出手卖出。“当时倪总就判断：即便不是最底部，也离底部不远了。”

而倪良正之所以对桥西这块土地情有独钟，则与他心中的一个情结分不开，那就是小河路情结。小河路是倪良正真正开始创业的起点，是圣奥走向全国、走向世界的原点，是成就倪良正和圣奥的宝地。而这一地块紧靠小河路，是倪良正白手起家的地方。这次倪良正拿下这一地块，在这里造一个“高大上”的楼盘，在自己曾经洒下汗水的地方树起一座纪念碑，还有比这更令人感到宽慰、更让人兴奋的事情吗？

此外，桥西板块在杭州别具历史和文化的底蕴，也是倪良正选择它的重要原因。桥西之“桥”，指的是拱宸桥。这座桥横跨京杭大运河，是京杭大运河到杭州的终点标志。它始建于明崇祯四年（1631），后来坍塌，到清康熙五十三年（1714）再建，成为现在这座长 98 米、高 16 米、桥面中段宽为 5.9 米的桥。清末民初，拱宸桥一带是杭州近现代工业发展的集中地，丝织、棉纺织、机器制造等工业都在这里出现，像著名的通益公纱厂（1956 年改名为杭州第一棉纺厂），是 20 世纪初浙江规模最大、设备最先进、最具社会影响力的民族资本开办的近代棉纺织工厂之一。近些年来，杭州市大力保护利用拱宸桥

▲ 拱宸桥

一带的近现代工业遗产，一批在工业发展历史上具有代表性的、年代久远的老工业企业厂房变身为博物馆、创意园区，比如中国刀剪剑博物馆、中国扇博物馆、中国伞博物馆等都于 2009 年 10 月正式开放；2011 年 10 月，杭州工艺美术博物馆建成开放……这些老建筑弥漫出的历史人文气息，成为运河边独特的风景，也使得桥西板块成为杭州最有人文气息的区块之一。

事实上，由于市场的低迷，桥西地块挂牌时就引起了业界和媒体的关注和猜测，而圣奥以 9 亿多元的“高价”拿下这一地块时，出乎大多人的意料，一时间各大媒体纷纷对“圣奥置业拿下桥西项目”进行了报道——许多业内人士都在嘀咕：这次倪良正是不是看走了眼？而接下来的两三个月里，杭州的房产市场依然冷清。到 2012 年 6 月底，除了圣奥拿下的桥西地块，杭州市住宅用地仅成交一宗，也是加价 100 万元直接成交。

然而，正如倪良正所判断:“即便不是底部，也离底部不远了。”到 8 月份，市场形势开始转变，杭州土地成交大幅增加，达到 72 亿元；到 10 月更是飙升至 140 亿元……2012 年，杭州主城区共出让土地 77 宗，成交总额约 425 亿元，比 2011 年大幅增长 34%。触底反弹，先冷后热，2012 年杭州房地产市场最终出现了一个“v”形走势，而在这个过程中，倪良正以其冷静的判断、超人的智慧和勇气，在市场的底部捞取了一块大大的“金矿”。

“倪总对桥西板块寄予了太大的希望和太多的寄托，他希望将其打造成为一个标杆性的楼盘，一个‘高大上’的楼盘。”工程中心总经理熊明河说。然而，由于圣奥在高端楼盘的打造上，不但缺乏相应的人才，还缺乏应有的经验，要想真正把这一楼盘打造成一个高档小区，就必须借助他人的力量。

此后，在长达 5 个月的时间里，倪良正带领团队在杭州、宁波、舟山等地考察了杭州两大房地产企业绿城集团和滨江集团的几乎所有项目，比较他们的优劣，学习他们的长处。

倪良正最终选择了与绿城合作，并将小区的名字命名为“运河宸园”：由圣奥全部出资，借助绿城的品牌和技术管理，成立“绿城运河宸园”项目部。

无论是在浙江还是在全国，有着 20 多年专业从事房产开发经验的绿城集团都有着极高的知名度和美誉度，是浙江房地产企业的一个标杆。在项目设计上，在品质管控上，在开发经验上，在品牌效应上，都有着其他房产企业难以比拟的优势。因此，在成立项目组时，倪良正就要求圣奥的人员一定要放低姿态，以绿城为师，虚心学习。

不过，即便如此，圣奥也有自身的优势，为绿城所不及。那就是圣奥有 20 多年的家具制造经验，有系统的管理体系和标准，有工匠所具有的那种注重细节的精神。因此，在经过多次的磨合之后，双方商定，绿城主导项目设计和品牌管理，圣奥主导工程建设，分工合作，优势互补。

2013 年 12 月 8 日，运河宸园动工建设。

2014 年 12 月 8 日，运河宸园首次开盘。6 号、7 号楼开盘仅两个小时就售罄，再现“日光”传奇；12 月 28 日，圣奥加推 4 号楼、8 号楼，当天劲销八成。

▲ 运河宸园开盘现场

“其实2014年底运河宸园开盘的时候，杭州房地产市场已经沉寂了很久。这样的销售成绩，我们很满意了。”冯天荣说。

不过，运河宸园真正的风光，是在2015年。

3月12日，运河宸园打造的杭州首个除霾科技实体样板房开放，5号楼景观楼王认筹启动。短短几天，认筹的客户络绎不绝。面对众多热情的业主，运河宸园临时决定加推2号楼。3月26日晚，获悉开盘信息的近百组业主陆续赶到售楼中心，售楼中心瞬间被挤爆。很多业主甚至要求连夜开盘。运河宸园成为2015年杭州楼市中第一个漏夜排队的楼盘。

就在此时，2015年3月27日，国土资源部和住建部联合发布文件，要求促进房地产市场平稳健康发展。这一文件，被看作是在宏观经济持续下滑的背景下，中央出台的一揽子“救市举措”的第一步。

新政出台的当天晚上，运河宸园就出现了一房难求的火爆场面。

“没想到这么多客户来认购，上午政策出台后，下午陆续有意向客户来电询问，到晚上，很多客户直接来认筹了。”运河宸园营销总监陈江宁回顾说，最终截至开盘前，认筹客户超过300组。

当天晚上，运河宸园 2 号、5 号楼盛大开盘。仅仅 10 分钟，14 套 90 平方米的 A_1 户型全部卖完，去化速度堪称“秒杀”。另外一个 32 套的 A_2 户型，也在半小时内抢光。

这一夜，2 号、5 号楼盘销售 70%，“运河宸园”一夜吸金 4 亿元，拉开了 2015 年杭州楼市火爆的序幕。

三天后，“房产新政”落地，当晚 2 个小时成交 3 套房源。到 4 月 12 日，运河宸园劲销 103 套房源。这一成绩令运河宸园一举荣登 4 月杭州主城区楼盘成交金额榜首的宝座！

此后，5 月 15 日，6 月 6 日，连续开盘，劲销依然。截至 6 月 30 日，运河宸园 6 个月狂销 545 套，成为 2015 上半年度杭州主城区销售套数冠军，销售金额第三名。

下半年，运河宸园继续在 9 月、10 月、11 月连续开盘，在房价持续上扬的情况下持续热销。最终，到 2015 年年底，运河宸园以 23 亿元的成绩获得杭州主城区楼盘成交金额第三名。运河宸园被评为 2015 中国（杭州）年度风云楼盘，获 2015 中国房地产优秀营销团队奖。

“除了 14 套排屋待领预售证销售外，到 2016 年 3 月 4 日，整个楼盘 898 套住房全部售罄。”冯天荣说，其中最为抢手的 90 平方米户型，价格也比其他户型高得多。

从开盘到清盘，不到 15 个月，898 套住房售罄。运河宸园是圣奥的经典之作、完美之作，也是圣奥与绿城强强联合的打造的“神盘”，成为房产研究者眼中的经典案例。房产研究和评论专家、浙报传媒地产研究院院长丁建刚在研究运河宸园的成功时就强调：“用户满意度领先的开发商绿城和中国办公家具综合实力领先的圣奥集团强强联合，营造楼盘产品的过程中，诸多细节品质把控等让购房者惊叹。我知道绿城的宋卫平先生和圣

▲ 丁建刚

奥的倪良正先生都是苛刻的产品完美主义者，这样的情怀才会使得运河宸园的产品细节几乎做到了令人震撼的地步。比如，楼盘的景观绿化，不仅选择价格高昂的罗汉松，而且大乔木移植都挖掘很深，覆盖渗水层回填优质土并施肥，这样做到实处的工作，可让这些乔木一两年之后更加郁郁葱葱；再比如，厨房和卫生间使用的亮晶瓷，可使业主彻底摆脱玻璃胶发霉的烦恼……类似这样的工程品质细节在运河宸园数不胜数。”

【文正手记】

熊明河向我讲了几个故事，说的都是细节。

第一个故事是有关圣奥海宁工厂的。海宁工厂的厂房是钢结构的，为了补充室内光线，设计了采光窗，设计的规范要求是自然采光 6%。2009 年，当时厂房已经结顶，采光窗也即将施工完毕。然而，当倪良正带领相关人员去检测时，检测到的采光率为 4.7%，与设计要求还有一定的距离。当倪良正和工程技术人员寻找原因时，发现采光窗在设计时为玻璃净宽，但由于施工方在施工时对玻璃实行了压边，就阻挡了一部分光的进入，造成了这一误差。“当时造这些采光窗，花了 300 多万元。但就是因为这一误差，倪总要求将全部采光窗拆掉重建。”熊明河说，倪良正坚决要求返工的理由在于，设计的采光率达不到要求，要用灯光来补，这既不利于环保，从经济上来说也未必划算。更重要的是，自然光对人体的健康十分重要，自然光采光率不足，势必影响员工的身体健康。就这样，因为这一点微小的误差，300多万元的采光窗被全部拆掉，重新设计，重新安装。

第二个故事是关于圣奥·领寓的。圣奥·领寓的主体工程完工后，进入绿化阶段。倪良正在去现场查看施工时，发现很多建筑垃圾没有清理，就在种植土里埋了下去，然后准备在上面栽树。倪良正纠正施工人员说：“树也是有生命的，没有好的土壤，怎么会长得好？把建筑垃圾埋在下面，一时半会儿可能影响不到树的生长，但时间一长肯定不行。”这样强调了几次，后来再去看，还是那样。倪良正火了。当时圣奥中央商务大厦已经启动，各个部门分批搬入大厦办公。倪良正对冯天荣发话说：“其他部门都可以搬，你们不能搬！你们现在就去清理垃圾，什么时候把圣奥·领寓的垃圾清理完了，什么时候回办公室，什么时候搬到新大楼上班！”

“一般来说，房产开发商都把绿化和景观外包给别人做。但是倪总对这个不放心，都要自己买材料，自己找工人来做。”最终，圣奥·领寓12000平方米的绿化景观，成为九堡一带的一个标杆性景观，为其他楼盘所不及。

上面的两个故事，说的都是细节，很小很小的细节。在很多人看来，这些细节对于一个楼盘的开发，对于一个巨大的厂房，都可以说是“无关宏旨”。然而，倪良正不这样看。在他看来，楼盘开发，厂房建设，都像家具制造一样，良好的品质都体现在一个个的细节上。因为倪良正懂得，面上的东西、常规的东西谁都会做，但唯有细节，能显示出一个人与另一个人的不同；唯有细节，才体现出对品质的把控。而这一点，正是他多年浸淫于木匠专业和家具制造所具有的“工匠精神”的体现。

在熊明河看来，倪良正对于细节的追求已经达到了极致。而他把家具制造企业的管理精神运用到房产项目上来，对于品质的管控也起到了莫大的作用。熊明河说，在运河宸园项目中，大到项目设计、绿化设计等，小到每一种辅材，如螺丝钉、水管、水龙头等，都要制定标准，打造样板，使其具有可复制性、可替代性和可追溯性。“运河宸园推出了18套样板房，但实际上是做了22套。每一套样板房做好后，所用的相关材料的样本都会留在这个房里，供客户检验。”

在中国企业界和学术界，多元化与专业化一直是富有争议性的话题。事实上，无论是多元化还是专业化，都有失败的案例，也都有成功的经验，简单地评判多元化和专业化孰优孰劣是没有意义的。而倪良正以一个“工匠”的身份，“逆袭”房地产业，将“工匠精神”带入房地产业并获得成功的事实，至少可以证明他素来信奉的一个信条，那就是：只要用心，没有办不成的事。

不过，无论对倪良正来说还是对圣奥来说，家具制造永远是企业的主业。“我们会做一些房产，以地产业的投资收入来反哺家具制造这个主业。”倪良正说，这一目标本身就要求圣奥在房地产业的投资必须是稳健的。正如冯天荣所总结，圣奥投资房地产的原则，至少包括下列几个要素：首先，“做熟不做生，能近不要远”，即要对所投资的城市的环境比较熟悉，而且最好不要离圣奥本部杭州太远，太远在管理上就会鞭长莫及；其次，所投资的城市要经济发达，有基本的消费能力，所投项目能对城市建设有推动作用。

比如浦江。2015年9月，圣奥置业经过90余轮竞价，以10.19亿元拿下浙江浦江县旧城成北区块A地块。该地块占地146亩，规划建造面积32万平方米，意在打造浦江标杆性的新一代人居典范作品。

在自己创业的地方，倪良正打造了运河宸园；在自己的故乡，他又要反哺家乡，打造家乡人认可的好房子——圣奥·杭府，为故乡的美丽增砖添瓦。

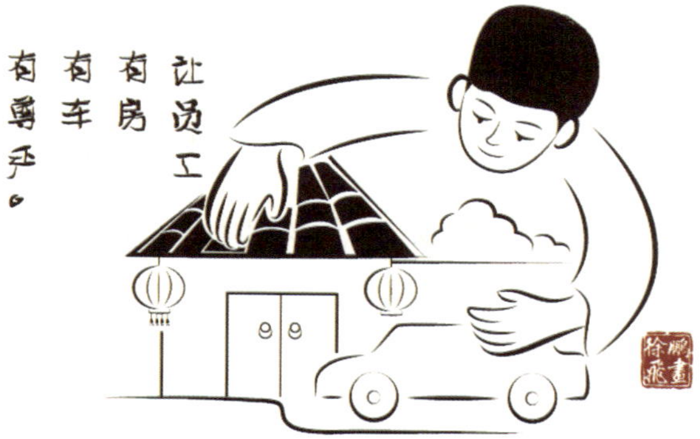

第十二章

让员工有房有车有尊严

在近30年的创业征程中，倪良正当然重视影响企业发展的那些重要因素：产品、设计、技术、营销、信息、管理等。但是，在他看来，这一切都还是第二位的，而永远处于第一位的，是人。唯有人，才是企业发展生生不息的动力。因此，培养人，塑造人，促进企业中“人”的自我完善与发展，是他作为一个企业家的根本使命所在。

“老李现在怎么样了？”

2008 年 6 月的一天，倪良正忽然想起了多年前在小河路送货又收款的老李，问正在身边的钱爱军。

老李在小河路厂区做了三年后，由于年纪渐老，就离开圣奥，回到安徽舒城的农村老家。在圣奥的初创阶段，老李为圣奥作出了不少贡献。倪良正一直记得他在公司宿舍里盖一条又脏又破的棉被，给他买了一条新的棉被后，他又把新被子寄回安徽老家。10 多年过去了，今天的圣奥已经成为国内办公家具的佼佼者。这些年，倪良正在夜深人静要入睡时，经常会想起当年创业时的那些伙伴，这些人中，有的因年龄原因回到老家，有的练就本领独自创业去了，当然，也有的一直留在圣奥，继续与自己一起“干革命”……像老李、钱爱军，都是当年一起创业时的伙伴，如今一个已告老还乡，一个仍留在圣奥继续工作。

“他回安徽老家了。听说家里经济状况也不大好，有个儿子还在杭州汽车北站夹板市场一带踩三轮车，帮人拉货。”钱爱军也一直记得这些“老战友”，平时注意打听他们的状况。恰巧钱爱军有个老乡，认识老李的儿子，有一次老乡说起过这事，钱爱军就记住了。

“能不能跟他联系上？”倪良正问。

“那时大家用的都是 BP 机，没有别的联系方式……”钱爱军说。

“你设法跟他联系上，让他来看看吧。”倪良正叮嘱说。

没多久，钱爱军的老乡带着老李，从安徽舒城来到了圣奥。

“老李快 70 岁了，远道来杭州，带着老母鸡、菜籽油等一堆土特产来看望倪总和我，看到圣奥发展的势头这么好，激动得不行……”钱爱军说。

临走时，钱爱军代表倪良正给老人 5000 元钱和其他物品，感谢他曾经作出的贡献，老人感动得手直哆嗦。

企业和员工

“只有尊重员工，员工才会真正关心企业，才会更加努力地工作。其实我的收益是最多的！再说，我自己能吃、能用多少呢？钱放在银行里是不会成为财富的，只有到人的手里，才会成为财富！”

2007 年 9 月 11 日，在上海召开的第二届世界家具大会上，圣奥董事长倪良正在他的《中国的，就是世界的》演讲中，告诉全世界的同行和媒体：在圣奥，对人的尊重是一切事业的基础，人才是企业最宝贵的资源和财富……

马克思说，人是生产力中最活跃的因素。美国管理大师德鲁克在他的著作《新社会》中认为，要建立一个能够正常运行的工业人社会，必须首先把人放在第一位，必须建立在人的基本诉求之上，这是必须确立的核心观念和基本原则。倪良正的这次演讲，把“人”放在企业所有的要素之上，再三强调对人的尊重，不仅暗合中国古代的“以民为本”的哲学和西方人本主义哲学，更是凸显现代企业管理中“以人为本”的理念。它表明，对于“人”这一生产力中最重要、最活跃的因素的理解，倪良正远远超出当时中国企业家的平均水平。

当然，即便“以人为本”，也有“人”具体指谁的问题。在现代企业管理制度中，在企业价值序列的排序上，一直有着各种的争论。比如，有的人认为，企业是资本方出资设立的，没有资本就没有企业，因此企业必须尊重资本的力量，以资本的持有者为本；也有理论认为，企业的利润来源于顾客，企业是为顾客创造价值，理应以顾客为本，“顾客就是上帝”……不一而足。

在日本，经营大师稻盛和夫在经营中将“追求员工及其家庭的幸福”作为公司第一目标，位列第二的目标是为了协作商的员工及其家庭的幸福，第三目标是为了客户，第四目标是为了社区，第五目标才是为了股东。这个目标序列，很大程度上表明稻盛和夫究竟要在公司打造一个什么样的文化场。这也是他所实行的“阿米巴经营”中最重要的一道关。

无论是稻盛和夫的经营哲学，还是德鲁克的管理哲学，都是国外人本哲学在企业经营管理中的运用。进入21世纪之后，中国一些开明而睿智的企业家也开始意识到了这一点。他们或者从朴素的“与人为善”的道德观念出发，或者从现代管理制度中对人力资源的重视出发，开始逐渐提高“员工”在企业价值序列和企业目标序列中的位置。

倪良正和他的圣奥就是这样一个典型的范例。

30年前，只有初中文化水平的倪良正，还是上海滩上一个最底层的“外来务工人员”，那时打工，做什么工作，待遇多少等都是口头说说的，不像现在有劳动合同，说实话大家也不清楚还有劳动合同。经常会出现到结账时拿不到之前约定的工钱的情况，有时发包方拖延工程款，包工头也拖着；有些是包工头管理粗放，出现亏空，便将责任转嫁给工人；也不排除个别包工头想多拿一点……这种种不公平会让倪良正感到非常压抑和痛楚。深感无奈和无助的他，在成为“老板”后，再也不愿将同样的痛苦加诸自己的员工身上。

“最开始创业，当然首先是为了自己和家人的生活过得更好些。”倪良正说，但随着这一目标完成，随着自己的眼界的提高，这一目标也变了，“让每个在圣奥工作的人都过上好日子，这是一个基本的目标，也是第一目标。”

2008—2009年，金融海啸席卷全球。中国制造业的订单大幅下滑，企业主们为此寝食不安，许多企业在经营困难的情况下，首先采取的应对措施就是裁员、减薪，以此降低企业的成本支出。在那些“日子比较好过”的企业，取消一些“额外”的员工福利，也被看作是十分正常的事情了。这样的做法，如果发生在圣奥集团，也会被员工们所理解。

但倪良正并没有这么做。“说金融危机对我们没有影响那是假的，2009年公司的计划目标是比去年同期增长30%左右，但现在只能与2008年同期持平。不过，公司还没有困难到拿不出钱来让员工度假。既然作为一项制度规定下来，我们就不会随意改变它。”

倪良正说，承诺过的待遇，一定要兑现。特别是在老板与员工的关系上，前者或许占有优势，老板更应该设身处地、换位思考。这表明，木匠出身的倪良正，对身处底层的人们有着朴实的、天生的同情心，这种朴素的平民情怀，是倪良正身上最优秀的品质。

让员工有房、有车、有存款、有知识、有尊严

2008年5月12日，一场发生在四川的山崩地裂的大地震夺走了数万人的生命，让无数的人失去了家园。总部位于杭州的圣奥集团第一时间在近2000名员工的名单中，寻找四川重灾区员工的名字。

一共找到7个。

集团工会主席陈园芳介绍，其中两名汶川的员工已经回家了，“他们一直联系不上家人，实在坐不住，顾不上交通不便，也要回家看一眼。”

除了已经回家的两个，还有刘锦、李天军、何同碧、杜子清、王结5人

▲ 圣奥承诺为汶川地震灾区员工重建家园　▲ 圣奥员工赵怀兴灾后重建的房子

留守在杭州。他们和董事长倪良正一起赶到市红十字会，个个神情凝重。

杜子清最焦急。他家在广元市，靠近青川县，距离汶川县不到100公里。“家里的房子都倒塌了，我母亲、老婆和一个女儿都在家里。”5月12日下午地震后，他曾接到家里打来的电话，之后就失去了联系。5月13日晚上，他不停地往家里打电话，一直打不通。直到当晚11点，他才再次拨通了家人的手机。

“幸好，人都安全，住在外面的帐篷里。他们告诉我，那边还下着雨，很冷。”杜子清哽咽着，泪水夺眶而出，“一买到车票……我就回家，我，我很担心她们。”

李天军夫妻俩都在杭州打工，家里就剩下80多岁的老母亲。“地震时，多亏邻居把我妈妈背了出来……楼倒了，妈妈没事，住在外面，我姐姐已经赶去照顾了。”

这5位重灾区员工的家，已成一片废墟。

失去家园，他们将如何面对即将到来却全然未知的未来？

5月14日，倪良正表了态：“房子是灾区员工的大财产，员工受灾，公司有责任帮助。房子塌了，公司出钱帮大家造，所有回家探亲的员工，来回路费报销，工资照发！”

“怎么也没想到，公司会出钱帮我们重建房子……”杜子清感动得无言以对。

与此同时，圣奥在全集团发出援助倡议：面对灾区险情我们要做的不应只是期望，也不应只是祈祷，而是应该尽快伸出援助之手！大悲无声，大爱无言，让我们克服所有的困难，迅速团结在一起携手灾区共渡难关。

在公司内部，员工的自发性捐助，早在地震发生当晚就已展开了。随着5月13日公司工会“抗震救灾，援助同胞，重建家园”倡议书的发出，爱心在圣奥已凝聚成一股强大的团结力量，捐款援助更是达到了高潮——近2000名员工迅速响应倡议，两天就募集款项达到12万余元。

5月15日，在杭州市红十字会，倪良正除了捐助了300多万元善款外，还把一份承诺书递到了几位员工手中。承诺书很简单，只有14个字：“由公司全额出资，帮你们重建家园。”

实木/涂层制造部员工赵怀兴是四川苍溪人，也是地震后立即赶回老家看望的两个员工之一。回到杭州后，他听到倪良正的承诺后，还是将信将疑。一是他心里知道，公司没有义务帮他重建家园；二是不仅自己，连那些外出的老乡都从来没有遇到过这样的事。所以，尽管回老家看到几近倒塌的房屋，心里感到无比的悲凉，建房的事却也是不敢再想。

没想到，2008年10月，他真的拿到了一笔建房款。“就像做梦一样！”赵怀兴现在回忆起当时的感觉，还禁不住地激动：“在老家造一幢房子大概要花上近10万元，如果是外包还要贵些。”然而，有了公司帮助自己出了大部分建房款，政府又补助了一点，加上自己平时打工的储蓄，盖房的压力就小了很多。

2009年，赵怀兴所在的实木/涂层制造部月平均工资已超过了3000元，而他又担任了包装组的组长，年薪有5万多元。在另一个厂工作的妻子年收入虽然比自己少，但也能够维持他们的基本开支。到 2010 年 3 月，赵怀兴又从工会副主席黄晶晶手中接过第二笔建房款——至此，他已经从公司拿到了 6.1 万元的善款。

在这样的一个充满人情味的企业里工作，对赵怀兴来说，不是简单的“幸福”二字所能概括的。在心底里，他深深地感恩倪良正和圣奥公司，新房建好之后，就非常想邀请公司领导去他家过年。当然，他也知道，对公司最好的报答，就是做好工作，不断带领班组提高工作效率。“我希望能一直在圣奥工作，直到退休！”

倪良正为什么要对员工这么好?

在倪良正看来，关系员工待遇和福利的事情，都是企业大事，在这方面不能含糊。倪良正在公司中推行了一系列的福利制度，比如工龄补贴、午餐补贴、住房补贴、学历补贴、职称补贴、年节补贴、通信补贴、女工生育补助等；对工龄满 5 周年、10 周年的老员工，公司发放荣誉纪念奖章；还有前面所述的，每年的团队建设活动；关注员工健康和生活，员工入职时即建立健康档案，每年对员工进行福利体检;同时成立工会，建立了自有的健身场地、活动中心；在公司食堂专设了员工自助炒菜区；与多家教育机构建立友好关系，确保员工子女都能入学；为外地员工提供集体宿舍和租房补贴，以及针对自建的房产项目，推行优惠的购房政策，积极帮助员工缓解购房压力……“不和、不富，谁做圣奥人！”一句话精辟诠释了圣奥的企业精神。

在最近的 10 多年间，圣奥集团的员工从 500 多人增加到 3000 余人，企业资产也从几千万元迅速扩张到数十亿元。这样的发展，倪良正称，关键问题是要解决好人的问题，而人的问题关键是待遇问题。

“企业发展了，员工的工资、奖金、待遇必须同步提高，力争做到让人才不愿离开，也舍不得离开。”倪良正说，员工的满意度提高了，就会去用心工作。“关爱员工，其实就是关爱企业，员工愿意真心实意地工作、愉快地工作，就是对企业、对我本人的最大支持。”

倪良正也不讳言“为员工谋福利”的功利性：“一台设备花几十万、几百万元买来，如果为了几千块钱甚至几百块钱而让操作工不舒服，生产出许多次品，这究竟哪个划算？”

当然这并不是倪良正的本意。倪良正认为，避免员工生产出次品，可以有很多办法，比如各种各样的惩罚性制度。不过惩罚性制度或许能够减少次品的出现，却未必能促使优质品的达成。如果一个企业不是仅仅满足于“质量合格”，而是需要“更优”产品的话，就需要对员工的正向激励。

在倪良正的战略目标里，员工的利益从未缺席过。在他看来，“让员工有房、有车、有存款、有知识、有尊严”是和做“国内领先、国际争先”的家具企业一样重要的战略目标。在圣奥集团，倪良正每年拿出企业净利润的 30% 以上分给全体员工，根据贡献大小，从最基层员工的几千元，到最多的上百万元，让员工们真切感受到企业效益是与本人的利益直接挂钩的，每个人都是企业的主人。

▲ 员工在办公生活节上的风采

理顺员工的气，凝聚员工的心

什么是企业生存与发展的核心力量？对这一问题，我见过各种各样的答案：比如一项核心技术，一种崭新的商业模式，他人所不具备的历史文化资源……在令世人瞩目的浙商群体中，吉利控股集团董事长李书福曾明白地表示，员工是企业的真正主人，是形成企业战斗力的核心力量。

2009 年 10 月，李书福写过一篇《元动力是企业生存与发展的核心力量》。在这篇文章中，他认为，一个企业的元气，就是企业生命体的力量源泉与核心要素。元气不足的人，其生命力不会旺盛；元气十足的人，其生命力一定十分旺盛。那么，企业元气是什么？李书福说，企业的元气，既不是企业的厂房、设备、利润，也不是企业的规模、资金、技术、品牌；既不是产品的质量，也不是企业的董事长、总裁。企业的元气，就是员工的心灵。无论是一线生产员工、研发员工，还是一线公关员工、人力资源员工、财务员工、保卫员工、服务员工；无论是办公室员工，还是主要骨干员工，所有这些员工的心，构成企业的元气。伤害了员工的心，就是伤了企业的元气。

基于这样的理念，李书福在吉利集团内部进行了“元动力”工程的建设。这一工程的现实目标，似乎是纯功利的：理顺员工的气，凝聚员工的心，发挥员工的主动性、创造性，调动员工的工作积极性，把员工的所思所想化为企业的发展动力，化为企业的市场竞争力。但在笔者看来，却是抓住了企业文化的核心——一切文化的建设，如果不是从员工的心灵建设入手的话，最终建设起来的，都不过是企业文化的稻草人。

事实上，倪良正在圣奥所提倡的理念，与李书福的“元动力”有着类似的地方。“员工的创新是企业绵绵不绝的动力，员工的幸福是企业最大的财富。”倪良正这个在 2007 年提出的观点，事实上与李书福的“元动力”有异曲同工之妙。而在“理顺员工的气，凝聚员工的心”这一点上，倪良正与李书福也无二致——圣奥追求的是为员工提供一种全方位的服务。

2001 年进入圣奥的员工赵世迁，在板式工厂操作设备，有一对儿女。此前，因为孩子年龄还小，家里需要照顾，作为家中经济支柱的他，一个人常年在外打工。因为家里的父亲尚能照顾小孩，2011 年年初，赵世迁的妻子也来到圣奥工作。

然而，2011 年 5 月，赵世迁年迈的父亲摔伤了身子，无法再照顾孩子。无奈之下，他们全家商量，把 12 岁的女儿带到身边读书，年龄较小的儿子由岳母负责照看。

来到圣奥后，赵世迁试探性地与学校接触，表达了小孩想插班的意愿，但是得到的回复却不是很理想。抱着最后的希望，赵世迁找到圣奥人力资源部，说明了事情的缘由。人力资源部的员工回复他，公司每年的确都会安排一批员工的子女入学，插班的情况比较少，每个学校每年的生源情况也不一样，能否成功还是未知数。但也不要着急，作为员工的子女，公司肯定会想办法，让她留在父母身边就读。

赵世迁说，回复虽然不是那么肯定，但有公司的关心，事情肯定会向好的方向发展。这无疑给他吃了一颗定心丸。事情果然如他所期望的，在公司人力资源部的协调下，女儿顺利地在海宁行知小学五年级插班就读。

在圣奥，像赵世迁这样“幸福”的员工，实在太多。

2013 年 2 月，随着春节的临近，为了让公司困难员工过上一个欢乐祥和的新年，圣奥慈善基金会联合圣奥公司党委和工会，于2月2日下午在萧山基地会议室开展了一次送温暖座谈会，为公司18名困难员工赠发了资助款。这18名困难员工，是基金会、工会和党委相关工作人员全面深入了解、掌握真实情况后确定的，并根据受助员工家庭的贫困程度颁发了3000元、5000元和10000元不等的捐助款，总金额近10万元。

在座谈会上，倪总关切地询问了受助员工的家庭、生活和身体情况。他表示，这次捐助是圣奥慈善基金会和公司对大家的一份心意，尽可能地帮助大家解决一些实际困难。倪总引用自己的亲身事例鼓励他们，困难只是暂时的，只要通过自身的努力，勤奋、踏实工作，一定会走出困境，迎来美好生活。最后，他祝愿大家都过上一个温暖的新年，并亲自为每一名困难员工送上救助金。

除了员工，对于同样是“圣奥大家庭”成员的经销商，倪良正也同样给予关怀和支持。

“作为一名退役军人，如果不是走投无路，我绝不提出这样的要求，现在的情况实在无法支撑下去，才请求圣奥慈善基金会给予帮助。”2016年6月，圣奥慈善基金会收到了一份求助申请，申请人常伟（化名）用朴实的语言，讲述了病魔给他及家庭带来的巨大痛苦。

军人出身的常伟，2006年加入圣奥，成为圣奥的一名经销商。十年来，斩获不少大单，为圣奥的发展作出了贡献。2012年，他被发现身患肺癌，随后的手术与治疗让他吃尽了苦头，也花光了所有的积蓄。为了维持生计，在与病魔的对抗中，他一边治疗，一边工作。然而命运并没有眷顾这个坚强的人，2015年3月肺癌脑转移，2016年5月肺部血行转移。他到处求医，卖掉了房子、车子，生活日益艰难。

这时，他想到了“大家庭”——圣奥。在集团副总裁施健的帮助下，他向圣奥慈善基金会递交了救助申请。

收到申请书后，圣奥慈善基金会迅速对他的特殊情况及应该怎样捐助进行商议。按照基金会的捐款流程，为了能将每一分善款用到实处，实施捐助前，基金会会了解受捐助者家庭、经济情况，核查治疗费用等。然而这一切对于他来说时间太长。在了解情况后，倪良正感念他对圣奥的多年辛勤付出，决定特事特办，向他伸出援助之手。

“愿你早日战胜病魔，与圣奥一起，再创丰功伟业！”圣奥慈善基金会会长郑明治鼓励常伟。

“我一定坚持到底，认真生活，无论遇到怎样的困难都不会放弃。也会尽我所能，回报圣奥对我的帮助。”常伟感激地说。

由于上述种种，这些年来，倪良正和圣奥先后被评为“杭城最佳雇主”“杭州市创建和谐劳动关系先进企业”“浙江省最佳雇主企业”等称号——倪良正说，在所有的社会荣誉里，这是他最看重的。

以员工的名字命名

2006—2007 年，圣奥先后派出包括陈园芳、侯为胜、郭云峰在内的等三批人员去日本普乐士公司学习。这些生产、技术一线的骨干回国后，形成了一股推进圣奥管理向上的力量。到 2008 年，圣奥又聘请深圳 3A 公司作为企业管理的咨询公司，各项条件成熟后，2008 年 7 月，圣奥正式拉开了“精益生产”的大幕。精益生产其实是一种精益求精、减少浪费的管理革命，它的目的是要将“精益求精”的理念转化为具体行为，转化为每个人的行动，最终成就一套生产方式。它真正的精神在于持续不断地改善生产和工作中的各个细节，也就是说，它需要调动每个员工的积极性，发现生产流程和技术上的哪怕是一个微小的问题，并给予解决方案。因此，从这一年开始，每一年的改善发表大会就成为全体员工展示改善创意和各种创新的竞赛大会。

从 2008 年开始，到 2015 年 11 月，圣奥共举办了 8 届改善发表大会，每年一届。

应该说，如果没有一种主人翁精神，是不可能有如此多的人，在如此漫长的时间里，提出如此多的改善提案的。这当然是倪良正一直以来倡导的“员工第一”的精神带来的成果。而在这一过程中，倪良正依然不忘给员工以激励——除了在经济上给予激励外，对于重大的技术改进，还给以荣誉奖励。

2009 年 4 月 21 日晚，杭州市“庆‘五一’暨‘双十双百’颁奖晚会”在杭州大剧院隆重举行。大会表彰了“杭州市勇克时艰十大杰出职工”“杭州市十大创新成果”“杭州工人先锋号”，以及一批以职工名字命名的先进操作法。当“杭州市李其松倒圆工序防尘先进操作法”的发明人李其松上台领奖时，台下响起了热烈的掌声。

李其松，是圣奥实木倒圆工序组的组长。2008 年，自圣奥推行精益生产以后，他带领团队积极配合公司的步伐，深入开展技术、操作、工艺、管理方面的创新，发表改善的提案达 20 余条，尤其是倒圆工序安全防尘操作，对提高生产效率、优化工作环境、提升安全操作系数等起到了重要作用。他制作曲臂式吸尘管和立铣机洗尘罩，可将绝大部分的粉尘吸收，有效地发挥了机器吸尘的作用，解决了所有机器灰尘扩散的问题；降低了机器损耗，提高了设备稼动率；在确保产品质量的前提下，单件产品节省时间 1/3 到 1/2，缩短了加工时间，提高了生产效率，创造了一个高效、环境好的工序加工场所。他的这一发明，被命名为“李其松操作法”。

事实上，在圣奥，以员工名字命名发明和创造，李其松既不是第一个，更不是最后一个。倪良正充分重视发挥每一个员工，特别是一线员工的能动性和积极性，鼓励他们参与企业管理，提出改善建议。早在 2007 年 9 月，倪良正就提出，对优秀的改善提案，公司将用提案者的名字命名，并张榜公布，让他永远留在公司发展的史册上。

2007 年 9 月 24 日，以侯为胜命名的“侯为胜模板”改善提案，获得了 3500 元的奖励。

随着圣奥的快速发展，实木车间冷压工序由于需手工作业、场地占用大等成为瓶颈工序，制约了整个车间运转效率的提升。为了切实解决这一问题，2007 年 9 月，车间管理人员和研发部人员及余继能、陆文杰等一线技术骨干，对这一问题进行多次深入的探讨和研究，最后大家想出了一个点子：利用模板生产。员工依据模板锯制骨架条，然后在模板上订制骨架，一次性齐上压机，为胶粘提供良好压力保障。这样不仅可以提高工效，还能简化工序，节省场地。

这是圣奥出台改善提案制度后的一项成果。2007 年年初，为进一步提高企业生产能力，规范和改善生产工艺，圣奥制定了改善提案制度。提案分 5 个等级，对不同等级的提案给予不同的奖励，最高奖励可达 5 万元人民币。这一制度出台后，得到了广大员工的积极响应和踊跃参与。仅当年 9 月份，圣奥生产一线提出的提案近 40 项，获得奖励近 4 万元。其中实木车间侯为胜、李其松、唐小兵等提高了汉唐盛世系列产品的封边工艺水平，将加工工艺流程改为冷压、成型、手封、倒圆、热压等，解决了封边处下陷问题，同时提高了该系列产品的档次，获得了 1800 元的奖励。油漆车间陈召理等对镜框加工的流程进行改善，经改善后，刮灰工序、PU 线加工次数减少，镜框反面一次性 UV 加工成功，正面针孔、木眼现象得到杜绝，提高了产品合格率，降低了油漆产品的成本，他们也获得 1000 元的奖励。

“以多年的经验为依托，结合自己的岗位特点，在工余时充分发挥主观能

▲ 改善发表大会

动性，提出比较适用的改善提案，这应该不是什么难事。”实木车间一名员工说。

以员工的名字命名，这不仅仅是给予员工的一种荣誉，从更为本质的方面看，它是将员工置于企业生产、经营的主导位置，激发的是员工的主人翁精神，这与圣奥为员工构建“幸福共同体”的理念是一脉相承的。也唯有如此，圣奥最为普通的一线员工，才能从精神和心灵的深处，从公司利益和自身荣誉出发，为圣奥的生产经营献计献策，发挥才华和智慧。

来自湖北随州的张才元，17 岁开始学习木匠，做过家具小生意，在家具企业打过工，2004 年 6 月进入圣奥。2007 年 8 月，圣奥推行改善提案制度之后，他凭借丰富的工作经验以及对工作精益求精的态度，提出了 30 多个改善亮点，包括刀具的改善、刀具柜的改善以及门板挖手加工方法的改善等，成为名副其实的“改善大王”。2011 年 4 月，已经成为实木厂倒圆组组长的张才元提出了关于背板散热孔的操作方法：通过制作工作台，利用在工作台上加装气压式压紧夹条等，对铣孔模具进行定位，提高加工的精准度。同时，采用洗尘清洗装置，回收余料及粉尘；在雕刻机刀尖处安装保护铁皮，有效地延长了模板使用寿命。

圣奥实木厂通过实施张才元的背板散热孔先进操作法后，该工序组加工有关工件时，由原来的一件一件加工，提升到后来的 3 至 5 件同时加工，人力成本节减了 67%，电费也节省了 80% 多。

2011 年 5 月，这一发明被杭州市拱墅区政府命名为“张才元背板散热孔先进操作法”。这是继“李其松倒圆工序防尘先进操作法”之后，圣奥的第二项工艺改善被杭州市政府部门命名。

以员工的名字命名，极大地调动了员工的积极性和创造性。这些发明和改善为企业带来了不可估量的效益。

【文正手记】

在杭州的办公家具界，倪良正及圣奥有着相当大的影响力，而圣奥也被称为杭州办公家具界的“黄埔军校”。

“可以这么说，杭州办公家具企业，多多少少都与圣奥有关系——至少有二三十家企业的老板和家具经销商是从圣奥出来的，其他的，要么是圣奥的供应商，要么高管和技术人员也在圣奥待过。”

著名管理学家德鲁克曾提出这样一个命题：生命探讨的一个关键问题，就是对一个人如何生活、一个人的遗产会是什么的探寻。他认为这个问题应该推动着我们的生活，指引着我们向着更具意义的目标方向前进。

对于倪良正来说，对这一问题的最好回答，莫过于有人这样评价：他培养了一大批卓越的管理、设计、技术等方面的家具从业人员，他的员工在圣奥公司工作的那段时间，无论长短，都让他们受益终生。

倪良正已经做到了这一点。

在近30年的创业征程中，倪良正当然重视影响企业发展的那些重要因素：产品、设计、技术、营销、信息、管理等。但是，在他看来，这一切都还是第二位的，而永远处于第一位的，是人。唯有人，才是企业发展生生不息的动力。因此，培养人，塑造人，促进企业中“人”的自我完善与发展，是他作为一个企业家的根本使命所在。

也正因为如此，“厚德与历练，成就圣奥人；信任与分享，凝聚圣奥人”这句有关“人”的论述才会成为圣奥的企业精神。在倪良正看来，只有具备高尚的品德，并通过吃苦来得到训练的人，才配成为圣奥的员工；而圣奥作为一个企业，只有为这样的员工提供和谐的环境，让他们以自己的劳动获取物质和精神的财富，才配成为一家好的企业。

事实上，在今日圣奥的核心管理层和中层干部中，大多数都是从圣奥的基层做起，受倪良正的影响而成长起来的。正如熊明河所感叹的那样：“我从一个保安做到现在，如果不是碰到倪总，哪有今天的房子、车子、面子？”

尼科·默克基安尼斯在《企业目的：伟大公司的起点》一书中曾指出，在今天的商业社会里，企业要提出一个富有竞争力的目的，就需要四种道德观念（目的）作为基础或参照物：探索发现（新事物），追求卓越（内在美），利他主义（助人为乐）和英雄主义（功效所在）。每种观念都从根本上解释了一种特定行为的原因：探索者为了发现新领域而出发；追求卓越者注重内在的自我完善；利他主义者为人们谋求更多的幸福；英雄主义者则向世人展示他们的伟绩。

倪良正丝毫没有含糊过自己创办圣奥的目的。在他的两个战略目标里，事实上已经包含了这四种目的：“让员工有房、有车、有存款、有知识、有尊严”，这是一个显性目标，展示的是利他主义，但其中却又包含着倪良正本人追求卓越、追求自我完善的隐性目标；“国内领先、国际争先”，这是一个英雄主义的显性目标，但也同时包含着“探索发现”的隐性目标。

第十三章

传递爱的力量

倪良正向浙江省光彩事业促进会捐款 1000 万元，成为该会成立以来最大的一笔捐款；而仅仅 5 天之后，浙江圣奥慈善基金会正式揭牌，从此，慈善事业在圣奥有了一个常设机构。当时笔者就问过倪良正：“这个时候，你为什么还要捐款？你为什么还信任那些慈善机构？”而倪良正的回答是：“慈善是发自内心的行为，与他人关系不大。能受别人影响的慈善，至少是不纯粹的。”

2014 年 11 月 13 日，浙江省第四届“十大慈善之星”揭晓。在这个由浙江省慈善总会（浙江省慈善联合总会前身）、浙江日报报业集团、浙江广播电视集团、浙江在线新闻网站共同主办的评选活动中，倪良正以其卓越的慈善贡献，光荣地成为“十大慈善之星”。

事实上，这仅是倪良正在慈善方面获得的诸多荣誉中的一个。此前，2013 年 4 月，在浙江省慈善总会第三届理事会第三次会议上，圣奥集团捐赠留本冠名基金 5000 万元，设立“圣奥慈善基金”。2012 年 5 月，在北京召开的中国光彩事业促进会四届三次理事会上，倪良正由于他在中国光彩事业实施过程中作出的突出贡献，而获颁“光彩事业奖章”……

截至 2017 年年底，圣奥慈善基金会成立 6 年来，已经捐款逾 7000 万元，具体执行的项目有 122 个，受益人数达 5 万人（户）。

倪良正，成为影响中国慈善界的人物，还要从 2011 年说起。

浙江光彩事业创纪录的一笔捐款

2011 年，中国各种慈善机构遭遇信任危机，中国的慈善事业受到了前所未有的挑战。在这样的背景下，谁还会对慈善事业不计回报地付出？

2011 年 10 月 27 日，在浙江省委、省政府组织的首届世界浙商大会期间举行的“光彩事业丽水行”活动中，倪良正慷慨捐资 1000 万元给浙江省光彩事业促进会，成为该会自 1997 年成立以来接受的最大一笔捐款。

而 5 天后，2011 年 11 月 1 日，恰是倪良正创办圣奥集团 20 周年的日子。这一天，经过精心筹备的浙江圣奥慈善基金会在众人期待中正式揭牌。以“慈

▲ 圣奥在2011“光彩事业丽水行”中捐资1000万

心为怀，公益为本，扶贫济困，赈灾救灾”为宗旨的圣奥慈善基金会原始基金达 2000 万元，是浙江省规模最大的民营企业慈善基金会之一。

“5 天捐款 3000 万元”，成为 2011 年中国慈善事业低谷期的一道亮光，在当时是少有的案例。倪良正为何如此执着地投入慈善事业？在圣奥慈善基金会成立大会上，倪良正说：“圣奥前些年比较弱小，以求生存为第一位。这些年，我们有能力做一些事了，就要尽力去做。为了更系统、更专注地回报社会，我们投入原始基金 2000 万元成立圣奥慈善基金会，帮助那些需要帮助的人们。我希望慈善基金每年稳步增加，在经营好企业的同时，有生之年我争取把多数资产回报给社会。如果在座的朋友愿意，我也真心期盼大家共同来做这个有意义的事情。”

“自我要小，心量要大。我只想多做点有意义的事，更系统、更专注地回报社会。”倪良正说，“我们是为了感恩做慈善，未来行动会证明。”

倪良正做慈善，其实还有一种更朴素的想法：“我的祖上都是浦江大山里的贫穷人家，受到过很多人的帮助，也帮助过很多人。虽然居住在山村里，但从祖父到父亲辈，都有热心助人的传统，在那个物质匮乏的岁月，祖辈们总是竭尽所能，为上山路过家门的人提供茶水和薯粮等饮食，让饥渴的路人充充饥、解解渴。”这种潜移默化的影响，深深地刻在了倪良正的骨子里。帮助弱小的人、帮助有需要的人，就成为倪良正的家风和祖训。

倪良正在此后求学、就业，特别是后来办企业的过程中，也曾经遇到过不少困难。在他每每想要放弃的时候，总能得到各方面的鼓励和帮助。“现在虽然也谈不上是巨富，但也算小有成就，理应像当年帮助我的人那样去帮助需要帮助的人。”倪良正说。

然而，要把慈善事业持之以恒地做下去，单靠倪良正个人的力量显然不够。倪良正作为企业家，更多的精力必然是要放在企业的运营和管理上。倪良正深知，要把一件好事做好、做久，就需要有专门的机构，由专人负责。而倪良正最终找到的这个人，就是郑明治。

两个男人的善缘

“人在世上，离不开缘分。”郑明治说，自己与倪良正的结缘，也是善与善的结缘，可谓善缘。

郑明治是浙江台州人，早年曾在温岭当过老师，曾任浙江省椒江市教育局副局长，椒江市人民政府副市长，台州地区侨务办公室主任，浙江省人民政府侨务办公室副主任，浙江省工商联副会长、正厅级巡视员等职务。

郑明治与慈善结缘，始于20世纪80年代中期。那时，他在椒江市政府任职，分管教育工作。当时的椒江是个新兴城市，百事待兴，尤其以教育为急。全市学校危房遍布，但由于政府财政拮据，也无能为力。怎么办？靠“化缘”。郑明治入村庄，进企业，组织发动建立“人民教育基金”，通过三年的努力，

▲ 圣奥慈善基金会揭牌仪式

基本解决了学校危房问题。

到 20 世纪 90 年代初，郑明治调到侨务部门工作，结识了两位大慈善家。一位是祖籍湖州的香港大业织造厂董事长沈炳麟，他一生节俭，慈心为怀，捐建的公益项目遍布全国；另一位是惠民基金会会长陈宜昌，浙江温岭人，长期居住中国台湾，然而魂牵故里，造福桑梓。1992 年，郑明治与陈宜昌相识后，经过深入沟通，陈宜昌委托他为代理人，在全省捐建 108 所学校。为了不负所托，郑明治翻山越岭，不辞辛劳，到过开化、常山、仙居、磐安、新昌、安吉等几十个县（市、区）。陈宜昌的高风亮节、善行义举令郑明治永生难忘，成为他日后从事慈善事业的不竭动力。

1996 年，郑明治到浙江省工商联工作。作为浙江省光彩事业促进会的第一任法定代表人和秘书长，他为组织引导浙江的民营企业家投身慈善公益事业作出了不懈努力。

郑明治在做上述慈善事业的时候，圣奥还处于刚刚起步的阶段，倪良正正在为圣奥的发展日夜奋斗。2003 年，在时任浙江省家具协会理事长朱琼的介绍下，倪良正结识了在浙江省工商联任职的郑明治。“那时圣奥正在腾飞前的准备阶段，规模还比较小。”郑明治回忆说，此后两人一直有工作上的往来，但双方都忙于自己的事业，没有深入交往。直到 2007 年 9 月，第九届世界华商大会在菲律宾举行，倪良正作为华商代表与郑明治一起去参加大会，两人同行同住，有了比较深入的了解。“那时倪总给我留下的印象，就是为人诚实，作风踏实，本质朴实，是个大智若愚型的企业家。”郑明治说，通过这次的相互了解，两人的交往比以前大为密切。

2011 年，正当圣奥 20 周年时，郑明治到了法定退休年龄。此时的圣奥，虽然从规模上与一些名声震天的浙江企业还没法比，但在业界，已是标杆性企业。一天，倪良正找到郑明治“聊天”，诉说了他一个由来已久的想法：希望以后把大部分财富，用来帮助社会上那些需要的人们，系统地做一些慈善公益事业。但是，这样的慈善事业，需要专门的人来打理……说到这里，倪良正最终表达了自己的真正意图：希望郑明治退休后到圣奥，专门从事慈善事业。

▲ 倪良正（右）与圣奥慈善基金会郑明治会长（左）在全国政协主办的“善行天下，德耀中华 · 2012 年政协委员慈善公益事迹展”上合影留念

“他想行善积德，回报社会，而且心诚意切，我当尽力相助。”就这样，郑明治被倪良正的一片诚心所深深感动，同意退休后加盟圣奥。2011 年 7 月，郑明治从浙江省工商联巡视员一职退休后，就进入圣奥，在倪良正的支持下，成立了浙江圣奥慈善基金

会，并组建了专业的管理团队。也正是在郑明治加盟圣奥后，才有了上述圣奥“5 天捐款 3000 万元”轰动一时的美谈。

而对于倪良正来说，圣奥慈善基金会只是一个起点，他的慈善行动将更常规化、持久化。他承诺，有生之年他争取把大部分的资产回报给社会。

“做一件事情，我就想着做到底，慈善也是这样，做一件好事是容易的，但要把好事真正做好，需要持之以恒。”倪良正说，“我希望我是个好人。好人，就是一个持续做好事的人。”

面对露出脚趾的童年

对倪良正来说，人生最大的憾事之一，就是在应该上学读书的时候，却碰到了“文化大革命”，最终荒废了学业。青少年时期的切身之痛，就再也不想让它发生在别人身上。因此，在倪良正着手慈善事业的时候，一开始就将慈善的目标，定位于那些需要读书的孩子们。2008 年汶川地震后，圣奥在第一时间就捐款 300 万元，并将善款指定用于四川青川县竹园镇幼儿园的建设。

2011 年，圣奥慈善基金会在成立之初，就决定将教育作为慈善基金投放的重点。在浙江电视台教育科技频道举办的“牵手”活动中，刚刚成立运作的圣奥慈善基金会作为此次活动的唯一捐助方，向 15 名贫困的孩子伸出了援助之手，捐款 3.9 万元，献上一份暖暖的爱心。此次捐款是基金会成立后捐出的第一笔款项。圣奥慈善基金会郑明治会长鼓励孩子们，要对生活充满希望，家境贫寒是暂时的，贫困不可能是一辈子的，他希望孩子们能从小奋发自强，刻苦学习，努力成才，像春苗那样茁壮成长。

▲ 圣奥为灾区捐建爱心学校

2012 年 11 月 1 日，江南还是秋高气爽的金秋季节。离杭州 450 公里的青田县万阜乡中心学校却早早地进入了冬季。

郑明治一行大清早就从杭州出发，直到黄昏才到达这个处于群山之中、海拔 500 多米高的偏僻的山村学校。特别是在崎岖而惊险的山路中连续颠簸了数个小时后，他明显感觉自己累了。他不自觉地搜索了一下记忆，这样艰难的行程，似乎还是第一次。

到达学校时，正是傍晚。住校的孩子开始晚餐。几十个孩子轮流打饭，只有一道炒花菜，可他们吃得很香。

郑明治跟着他们来到宿舍。不大的一间，住了 20 多人。沿着铺位，歪歪斜斜地摆着一排鞋——黑的白的，红的绿的，破的旧的，露出洞的，当然，还有沾满泥巴的。一个孩子调皮地伸出脚来，没穿袜子，一双小脚黝黑而稚嫩。

走出宿舍，来到操场，郑明治看到一群女孩在打羽毛球。其中有个女孩穿了双新鞋子，在一堆孩子中很惹眼。

女孩名叫陈松英，鞋子是上个月爸爸陪着她去附近的镇上买的，花了 30

元。这是一双蓝色的跑鞋，看上去很单薄，上面有几个英文字母。14 岁的陈松英特别喜欢，一眼就看中了。

上一年，她只买过一双鞋子，是 20 多元的布鞋，穿了整整一年，破了，脚趾头露了出来。没办法，只有买新的。陈松英的家离学校远，每个星期回家一次，要走一个多小时的山路，比较陡，很费鞋子。

“我还有一双新鞋子，棕色的棉鞋，是宁波的一个好心人前几天寄来的。”14 岁的陈松英稚气未脱，喜欢运动的她似乎比其他同学更开朗些。“我舍不得穿，要等天气再冷一些穿。”她说。

陈松英一个星期有 5 元零花钱，她舍不得花，要省下来买文具。家里穷，妈妈离家出走，爸爸身体不好。姐姐考上了职高，交了 1000 多元学费，一家人更加捉襟见肘。

这学期，陈松英上学的 300 多元杂费交不上，还是老师帮忙垫付的。小姑娘很懂事，她说，将来要做一名老师，赚了钱好好孝敬爸爸。她很喜欢自

▲ 圣奥青田县万阜乡助学

己的新鞋,“因为上面有英文字母,可以学习——如果能穿得久一点就更好了”。

第二天，郑明治与同行的浙江日报集团有关领导商议，决定由圣奥慈善基金会捐资 100 万元，成立“圣奥志远万阜教育基金”，为万阜乡未来的发展提供智力和精神支持。

“志当存高远，希望在眼前。志远，寓意出身寒门不要紧，需要有高远的志向，才能实现人生的价值。”郑明治这样激励孩子们。

郑明治代表圣奥慈善基金会承诺，在今后的 5 年里，基金会将每年拿出 20 万元，帮助万阜乡因家庭贫困上不起大学、缺少高中学费的学生，给全乡初中、小学学生发放助学金，帮助山里的寒门学子完成学业。

传递爱的力量

受到资助的孩子们，最终将爱的力量传递了下去。

天台县平桥镇西北 20 多公里处，临近磐安，有个由 5 个自然村组成的周家楼村。村里有劳动力的成年人大多数外出打工,只剩下几十个羸弱的老人、妇女和孩子留守小山村。

“传递圣奥爱心，关注贫困儿童。”2012 年 7 月，炎炎烈日下，当许多同龄人正闲适地吹着空调、享受暑假时，浙江工业大学经贸管理学院的 11 名学生在老师的带领下,踏进这个山村,每天给村里的 20 多个留守儿童上课——这就是由圣奥慈善基金会资助的浙工大学生暑期支教活动。

“大家知道在火场如何自救吗？如果你在火灾现场，浓烟滚滚，你是应该屏住呼吸迅速冲出大楼，还是用湿毛巾捂住口鼻匍匐前进？许多人第一反应

▲ 圣奥“暑期班”的孩子

都是‘冲出去’，但正确做法应该是后者……”

面对孩子们一张张好奇的脸庞，国际贸易系研究生叶园侃侃而谈，上起了安全知识教育课。由于条件所限，他们的全部设备就只有一台 14 英寸的笔记本电脑。没有话筒，就提高音量；没有投影仪、黑板，就多用肢体语言……尽管如此，第一次前来山村支教的兴奋，令大学生们干劲十足。

在为期 10 天的支教中，大学生们给小学生们安排的课程五花八门：英语、数学、美工、口才锻炼、电影欣赏、素质拓展、理想教育……上午 8 点开课，下午 5 点放学，每天上下午的 7 堂课安排得十分充实。

这次支教的 11 名学生中，有 6 名是来自国际贸易、企业管理等专业的研究生，他们大多数都是曾受圣奥慈善基金会资助的贫困学生。对于这些青涩未褪的“大孩子”来说，这次前来山村支教，看到这些在贫苦中求学的儿童，令他们感慨万千。

老家在江西的叶园来杭州念书已有 6 年，由于父母较早下岗，她读研的费用对于家里来说是一笔很大的开支。而获得圣奥慈善助学金的资助，对全家而言，无疑是雪中送炭，同时也让叶园坚定了用心学习、回报社会的信念。

“在老家，许多人都和我们说，家庭情况不好，女孩子读个本科就可以出去工作了；但是面对我要读研的理想，父母依旧很支持，如今还得到了助学金，让我更加坚信要心存感恩、拥有一颗关爱他人的心。”

支教期间，叶园和 10 名学生就住在两名村干部家里，四五人一间房，没有电扇、电视，吃的是粗茶淡饭。山里昼夜温差大，第一天晚上，不少人半夜冻得发抖，到处找东西盖。尽管如此，这样的生活条件对从小吃惯苦的叶园等人来说，根本算不得什么。

越是经济落后的地区，文化教育也越是落后。叶园说，在村里上了 3 天课，最大的感受是孩子们的腼腆和聪明。

“村里一个高二的男孩，不会主动讲话，只会羞涩地笑；他数学成绩很好，但英语就差了一些。村里的女孩子也很聪明，满分 150 分的中考试卷，能考出 138、140 分这样的分数。他们知道读书的重要性，许多孩子都一门心思扑在课本上，但这种方式是应试教育，不是素质教育。许多孩子告诉我们，他们没有音乐课，体育课也大多是自修。这次支教，我们希望不仅能帮助他们在文化课上有所提高，更重要的是带来课本上学不到的知识。”

学生们支教期间，郑明治也走访了村里的贫困户，为他们送去了善款。“基金会过去捐助的贫困学生中，许多人都自发加入支教的行列，传递爱心，让我们非常欣慰和感动。对于圣奥慈善基金会来说，不仅要传递爱心，更要让爱心接力，使受助的人学会关爱，弘扬浙江人的共同价值观——向善。”

老人们有了自己的“明星照”

“大道之行也，天下为公，选贤与能，讲信修睦。故人不独亲其亲，不独子其子，使老有所终，壮有所用，幼有所长，鳏寡孤独废疾者皆有所养。”

早在 2000 多年前，中国著名的“四书”中的《礼记》就描绘了这样理想的大同社会。这样的大同社会，倪良正正在他的能力范围之内，努力地将其变成现实。

“圣奥慈善基金会主要资助两类人：小孩和老人，都是社会上的弱势群体。”郑明治会长说，“对于孩子，关心的是他们的健康成长，特别是精神的成长，所以注重教育上的支持；对于老人，关心的是他们的晚年幸福，特别注重对特困老人的关心。”

比如照相，对于年轻人来说很平常，但对于很多农村老年人来说，照相是个有点“奢侈”的事情。

▲ 拿到“明星照”的老人们

圣奥慈善基金会在 2014 年的一场活动中为浙江 1000 多名老人定格了幸福，留住了笑容。

这是一个被命名为“孝在方寸间”的老年公益摄影活动，由圣奥慈善基金会联合浙报集团、浙江省文明办、浙江省老龄办等单位共同举办，于2014 年 8 月 15 日在安吉县孝丰镇赋石村启动。当天，摄影师就为赋石村 50 多位留守老人定格了最美的笑容。

上午 9 点，老人们三五成群地聚集过来。83 岁的王小莲老人穿上了最喜欢的花衣服，笑容满面地说："听说今天专门为我们拍照，呵呵，活了一大把年纪，除了拍身份证、老年证，从来没拍过漂亮的照片。"

由于很少拍照，对着镜头，老人们大都显得很拘谨。80 岁的邱有铭和 76 岁的章华楠结婚已 55 年，夫妻俩一路艰辛但始终恩爱，遗憾的是从来没机会拍合照。但那一天，"拍张合照作纪念"的心愿终于实现了，老两口显得很激动。为把自己最美的瞬间留下，两位老人在镜头前不断调整姿势，邱有铭的手一会放在胸前，一会儿放在身后，最后不知道放在哪里最合适。摄影师见状，把他的手搭在了老伴儿的肩上，老两口会心地笑了。

在接下来的一个月里，摄影师们从安吉出发，到舟山、到浦江、到武义，为 1000 多名老人留下了最美的笑容。

拍照片时固然高兴，拿到照片更是欣喜。到 10 月 9 日，舟山市岱山县秀山乡秀南社区的 80 多名老人拿到自己的"明星照"时，一个个都笑逐颜开。

"一个月不到就收到照片了，我们这里这么偏僻，没想到他们还是送来了，真是太感动了。"64 岁的老人唐淑飞一拿到照片就看个不停，嘴里不停念叨着，"这次活动对我们来说真是难得的机会啊！"

郑明治在说到此次活动的初衷时感慨道："随着城市化的发展，越来越多的年轻人远离故土，身后留下的是父母沧桑而模糊的背影。用相机记录老人平凡生活的瞬间，把记忆与念想刻在'方寸间'，也许这样的举动微不足道，但一片小小的孝心，足以慰藉老人孤寂的心。"

这样的慰藉，老人们也是满怀感激。2014 年 10 月，当郑明治与秘书长杨新妃去仙居县步路乡白岩村送照片时，老人们的热情与感激给杨新妃留下了深刻印象。“老人们把家乡的特产都拿了出来，橘子、柿子、鸡蛋、鸭蛋、板栗……他们把我们的车拦住，硬往车里塞。”杨新妃说，“我们说不要，不要，但还是有四五个老人把东西塞到了车里。”

最终，郑明治和杨新妃又委托县老龄办的工作人员买了棉被和菜籽油，送给老人们作为回礼。

老人们的精神家园

2015 年 11 月 13 日中午，宁海县深甽镇望海岗村如节日般喜庆，73 名村民开心地吃着团圆饭，共同庆祝大伙的精神家园——“圣奥老年之家”落成。

清晨，初冬的望海岗浓雾笼罩，山风夹着寒意迎面吹来，而装修一新的“圣奥老年之家”里却暖意融融，两台空调释放着暖气，村民聚集在一起，下棋、看书、拉家常……欢声笑语飘满山冈。

“盼了多少年了，今天终于拥有了老年活动室，我们老有所乐了，要是爹娘健在该多好啊！”82 岁的俞日照老人摸着崭新的象棋桌，露出了灿烂的笑容。

望海岗村海拔 931 米，是宁海县海拔最高的山村。站在山冈上，可以看见层层叠叠的青山，翠绿的竹海山林，还有山坡上的垄垄茶叶。当地村民说，天气晴朗的时候，能看到远处蔚蓝的大海，望海岗因此得名。1957 年，70 多个村民在望海岗的荒山上开辟了 398 亩茶园，于是就有了望海岗村。望海岗是浙江最后的“工分村”，村民至今沿用“按时出工、按劳分酬”的集体劳作模式，过着日出而作、日落而息的日子。

一直以来，望海岗村村民的生活极其简单，村里没有图书室和文化活动中心，没有任何娱乐活动。夜幕降临，唯一的活动是看电视，晚上 7 点一过，老人们基本入睡。

老有所乐，老有所享。富裕起来的望海岗村迫切需要精神食粮。几年前，村民曾腾出一间小房子作为老年人活动的场所，一到晚上，老人们就挤在小房子里聊天。冬天，生起火炉，围坐在一起。

在圣奥慈善基金会的帮助下，望海岗村将新建的一幢两层、200 多平方米的房子装修一新，桌椅等设备一应俱全。“老年之家”作为望海岗村唯一的娱乐场所，村里的年轻人也忍不住来凑热闹，32 岁的俞小鲁看着新上墙的“邻里相处十诫歌”，轻声地读着：“一诫搬弄是非、胡乱猜疑、说三道四……”“这里也是我们年轻人的精神家园。”俞小鲁开心地说。

事实上，这样类似的情景，两年前在天台县就出现过。

2013 年 11 月 10 日，首家“圣奥老年之家”——天台县赤城街道螺溪村老年人活动中心正式启用。雪白的墙壁、明亮的铝合金窗；100 多平方米的庭院里安装着崭新的乒乓桌等十多样体育健身器材，庭院两旁建起了小花坛；特别引人注目的是屋顶换了新瓦，房间和走廊上方一律装了白色吊顶……焕然一新的老年之家，让该村的老人们心里乐开了花。

“现在，刮风下雨都不怕了，既舒适又安心，这才是我们老人真正的乐园。”86 岁的陈水琴笑得合不拢嘴。

而 83 岁的丁千兵则安静地坐在图书室里看书：“这些新桌椅都是圣奥集团的设计人员专门为我们设计、定制的，很舒适。”“还有，这里晚上也是灯火通明，我们可以在院子里跳舞。”64 岁的丁祥淡也凑了上来。

晚上 6 点，活动中心灯光骤亮，全村老人都聚集在院子里看电影《十二生肖》。郑明治受倪良正委托为老人们放一场电影，还为每个老人送上茶油和重阳糕，提前为他们过起了重阳节……

“让乐趣替代孤独，乐园里倍感爱的温暖。”2013 年 9 月，圣奥慈善基金会决定捐资 1250 万元，建设和修缮 100 所老年之家，在全省开展助老、惠老行动——

2013 年 10 月 11 日，浦江县檀溪镇寺前村“圣奥老年之家”成立；

2014 年 10 月 9 日，岱山县秀山乡秀南社区“圣奥老年之家”落成启用；

到 2018 年 10 月，已有 31 所“圣奥老年之家”建成启用。

事实上，尽管作为圣奥慈善基金会的负责人，郑明治是主要执行者，但倪良正依然会在百忙中抽出时间参加慈善活动，并在合适的时机，利用自己的身份建言献策，促进养老事业的发展。2014 年 1 月，在浙江省的“两会”上，作为浙江省政协委员的倪良正共提交了 3 个提案，其中第一个就与农村居家养老服务有关。倪良正建议加大财政投入，切实加强农村居家养老服务设施建设，同时整合资源，把农村居家养老服务工作和美丽乡村建设结合起来，一方面抓住新农村建设的契机，统筹规划和合理利用，为养老服务基础设施开发和建设提供更多的资金和政策支持；在老人居住相对集中且有较大服务需求的村落，新建或改建集日间托管、医疗保健、文化娱乐等功能于一体的居家养老服务中心。另一方面，注重充分挖掘、整合农村养老机构、医疗机构、老年人活动室等各种公共服务设施用于居家养老服务，利用各类服务设施的功能特点开展有针对性的服务工作，最大限度地发挥现有各类公共服务设施在农村居家养老服务中的作用。倪良正同时强调，应该不断提升农村居家养老服务工作水平。结合各村实际，逐步扩大服务对象和内容，实现从基本生活照料向医疗康复、专业护理、精神慰藉、心理疏导等方面延伸，加强对失能、高龄、孤寡老人等特殊群体的生活照料和各项服务，加强护理服务人员

▲ 首家“圣奥老年之家”——天台县赤城街道螺溪村老人活动中心正式启用

的上岗培训。考虑到农村服务人员文化程度不高的现状，应设专项能力证书，着重培训实操技能。

倪良正和圣奥慈善基金会致力于助老、养老，取得了令人瞩目的成就。圣奥慈善基金会成立后，4 年时间里，在“助老”这一方面，支出的资金超过 900 万元，受益的老人达到 2 万余人。由于这一贡献，2015 年 10 月 21 日重阳节这一天，倪良正作为唯一的企业家代表荣获第四届“浙江孝贤”称号，这份荣誉，是对圣奥慈善基金会和倪良正善行的肯定，也是圣奥慈善的重要见证。在颁奖典礼上，大会给他的颁奖辞这样写道：

“倪良正先生在企业发展的过程中，聚财有道，用财亦有道，是一个豁达的智者。设立博爱基金和圣奥老年之家帮助孤寡老人，他用慈爱之心，演绎大爱无疆，践行了一名企业家的社会责任。他的孝贤之举造福乡邻，仁爱之心惠泽四方。”

截至 2017 年年底，圣奥慈善基金会成立 6 年来，已经捐款逾 7000 万元，具体执行的项目有122个，受益人数达5万人（户）。

“做慈善事业，受益的其实并不只是受捐者。”退休之后做了6年多公益慈善事业的郑明治，深刻地体会到其中的幸福，“这些年，我的工作环境好，工作内容好，我体验到了扶助他人的快乐，是我人生中幸福指数最高的时期。”

【文正手记】

在最近10年中国的慈善事业发展史上，有两个年份的两个人物引起了公众社会的普遍关注。一个是2008年的陈光标，这个在汶川地震后携带巨款去灾区“撒钱”的人物，在此后的数年里，因为“高调捐款”而引起了巨大的争议；另一个是2011年的“郭美美”，这一年，她在微博上以“中国红十字会商业总经理”的虚假身份炫富而遭到围观，尽管中国红十字会总会发表公开声明表示“郭美美”与红十字会无关，但红十字会公信力严重受挫，筹款数额暴跌。

巧合的是，倪良正及圣奥开始大规模地进行公益慈善事业，也是与这两个时间点有关。尽管此前圣奥也有很多零星的捐款和公益活动，但是成为标志性事件的，还是2008年汶川地震后，圣奥向灾区捐款300万元，并承诺给受灾地区员工重建家园。当然，这一次慈善捐款，是天灾之后的一次自发行动。而2011年11月，以倪良正出资2000万元成立圣奥慈善基金会为标志，圣奥开始走上自觉的、有计划的慈善之路。

特别是2011年下半年，当“郭美美”事件曝光后，许多人对慈善捐款的热情大幅度降低，特别是对政府背景的慈善机构产生了怀疑。然而，正是在这个当口，倪良正在世界浙商大会期间，决然向浙江省光彩事业促进会捐款1000万元，成为该会成立以来最大的一笔捐款；而仅仅5天之后，浙江圣奥慈善基金会正式揭牌，从此，慈善事业在圣奥有了一个常设机构。

当时笔者就问过倪良正："这个时候，你为什么还要捐款？你为什么还信任那些慈善机构？"而倪良正的回答是："慈善是发自内心的行为，与他人关系不大。能受别人影响的慈善，至少是不纯粹的。"

倪良正的这一回答，完全表现出他从事慈善的纯粹与无私。

事实上，慈善之所以存在的大前提是：我们都是一样的人，我们有同一个源头，我们是一体的，你的痛苦就是我的痛苦，我愿意通过帮助你解除痛苦，从而解除我的痛苦，我愿意让你快乐，我也从中感受快乐。正是如此，才能触动每个人内心深处最柔软的那个地方，在那里我们能深深体会到"我们是一家人，平等和睦的一家人"。真正意义的慈善是一种建立在对人类真善美的信仰之上、有助于各种人间苦难和生命困扰的有效缓解、不附加任何利己要求的利他道德。同时在这个过程中，我们能从被帮助者身上学习自己所不具有的品质，如勇敢、坚毅，净化自己的心灵，提高自己的品质。

因此，从这个意义上说，慈善是助人，也是助己。这正如郑明治所体会到的那样："从事慈善事业 6 年多，是我人生幸福指数最高的时期。"

第十四章

这是我美丽的家乡

古人认为，有三件事情可以让人“不朽”，那就是立德、立功、立言。对不朽之名的追求，可以激励个体生命释放出无比巨大的能量，拼搏奋进，建功立业。当这种对不朽的追求与对故乡的深厚感情相遇时，捐资回报家乡，就是一条现实而有效的路径。真诚醇厚的情感，不朽功名的动力，决定了倪良正回报家乡、建设美丽塘家会的工程一定是高质量的精品工程，而不是应付了事的“形象工程”。

想为家乡做点事情的愿望越来越强烈

从塘家会这个小小的山村出发，倪良正在外拼搏已有近 30 年的光阴。30 年春华秋实，30 年沧桑巨变。在这个 30 年里，外面的世界已经发生了天翻地覆的变化，倪良正也从一个风华正茂的青年人变成了年过半百的中年人。

每一个从家乡走出去的游子，都对家乡充满了深情。倪良正也不例外。这些年里，随着年龄的增长，倪良正返乡的次数越来越频繁。“年轻时一股劲地往外闯，只想干出一番事业来。年纪大了，却经常梦到自己的家乡。”倪良正说，塘家会虽然只是一个很小的村庄，却是生他养他的家乡。他对这里的一山一水、一草一木都充满了感情。尤其是家门口前的那条小路，绕村而过的那条小河，关于家乡的记忆几乎都与它们有关……

牵挂家乡，关心家乡，是每一个游子内心的朴素情感。倪良正坦承，在将近 30 年的创业过程中，生逢改革开放的大好机遇，自己通过努力有了发展后，就心心念念想为自己的家乡做点事情。而在他一次次返乡的过程中，他也切身地体会到：与外面的世界相比，故乡的发展太慢了。

比如，家门口前那条通往外界的小路，是倪良正童年时来来回回走了无数次的小路。他从这条路出发去砍柴、割猪草，从这条路出发去读书、当学徒，从这条路出发去闯荡世界……当然，这条路上还有他童年的游戏与玩耍，有他与小伙伴们的嬉戏和欢闹，而路边的野花、草丛、蝴蝶，也都是他童年的一部分。然而，几十年过去了，小路还是那条小路，窄得无法让车辆双向通行，更为重要的是，由于山丘阻挡了视线，在这条路的村口拐角处，已经发生了数起交通事故，在这些交通事故中伤亡的，就有倪良正的亲朋好友、儿时伙伴。还有家门前绕村而过的壶源江，随着岁月流逝以及人们生活的改善，河床里已经渐渐淤积了厚厚的沙泥，河沿上也有了许多的生活垃圾，这些都减弱了河流的泄洪能力。有一年夏季，全县普降暴雨，河水猛涨，造成壶源江塘家会段部分堤防被水冲毁，全村人的生命财产受到威胁……

塘家会是倪良正生活了20余载的家乡。30年前，他从这里走出，到杭州创业。虽然与家乡的距离远了，但思乡的情怀却日增月益。这里的一草一木，这里的发展与变化，紧紧牵动着倪良正的心弦。这些年来，倪良正为了回报桑梓，在浦江中央畈村成立过老年之家，向浦江红十字会捐赠过100万元成立博爱基金……但如何给这个曾养育他、滋润他20多年的村庄带来更多福利，倪良正一直在寻找着合适的机会。

论起大环境，塘家会村可以说是钟灵毓秀，尽得江南神韵。它背靠青山，面对绿水。用书圣王羲之的话说，就是“此地有崇山峻岭，茂林修竹；又有清流激湍，映带左右”。可是，由于资金的匮乏、基础建设的落后，村庄小环境的建设就不如人意了。

2014年，是美丽乡村建设提出的第2个年头，农业部开展了中国最美休闲乡村和中国美丽田园推介活动，发布了中国美丽乡村建设的十大模式。浙江省各地掀起了一股美丽乡村建设的热潮。在倪良正看来，这是一个契机：只要投入时间和精力，就算不能给家乡带来巨变，至少也能给家乡的改变做出一个开端，做出一个样板。

干起“费力不讨好”的事

2014年，倪良正决定回报桑梓，让塘家会这个村庄变得更加美丽，以报答故乡对自己的养育之情。

然而，倪良正没有想到的是，这条公益之路，却走得艰难而曲折。

“本来觉得半年左右时间就能搞好的事情，结果却用了足足三年时间！”倪良正感叹道，“做好事并不容易！”

究竟怎么回事？

这还要从头说起。

那年秋冬季节，倪良正回到家乡，向檀溪镇党委书记魏然、塘家会村支部书记齐文高等人，描述了自己的设想。沿着村前壶源江的走向，修一条柏油马路，向西接通811县道，向东贯穿塘家会村。同时整修河道，重修堤坝，利用河床及堤坝，形成具有观光价值的小湖泊。整个工程将兼具交通、景观、防洪等多种用途，最终完成对壶源江塘家会段的整个生态改造。建成后，它将与原有的土路形成两道并行的曲线，成为一条进出村庄的全新主干道。同时，亦是一个可以供游人沿江漫步、观赏风景的亲水平台。如此一来，村里此前防洪、交通、绿化等问题，都会迎刃而解。

齐文高听了倪良正的建议，一拍大腿，大为兴奋。“塘家会村许多年来都是这个样子，看来现在要旧貌换新颜了！”

塘家会村是个只有30多户、100多个村民的小村，这些年来，村里的青壮劳力都纷纷外出打工创业，村里的常住人口，绝大多数是60岁以上的老人。在外打工创业的年轻人，虽然也有几个做了小老板，但在家乡人的心目中，唯有倪良正，是塘家会村走出去的“大老板”。作为村支部书记的齐文高明白，今天倪良正提出修路的设想，无疑是一件造福村民的大好事！他当即拍板表示支持。

然而，出乎意料的是，倪良正回报桑梓的第一步，就遇到了障碍。

“村里又不是没路，何必要再修一条？”“修路的钱从哪里来？”齐文高还记得，当他在村民大会第一次提出修路的想法时，听到的多是质疑和不理解。

为了打消村民们的顾虑，倪良正亲自上阵，说明修路的资金主要由自己捐助，并向省里及县、乡镇各相关部门争取政策扶持。他还亲自撰写《共同建设美丽家乡的倡议》，以2005年8月15日时任浙江省委书记的习近平同志到安吉天荒坪镇余村考察时提出的“绿水青山就是金山银山”理论为总领，展示了十年来安吉县贯彻总书记“两山”理论的伟大成果，号召大家“有钱出钱、有地出地、有力出力”，共同努力把绿水青山化作金山银山……

经过一番说服工作，村民点头了，但新的问题又开始出现：新修的村道沿途需征用本村及外村等数十户人家的土地。大部分村民都积极响应、支持，但仍有个别村民不相信会有人做这么大的善事。

“事情万一不是这么简单，把我们的地征过去后就用作他途了怎么办？”

“他倪良正是要回来赚钱的吧？难道真有那么好心的人？”

村民的质疑、不理解仍没有消除，甚至还有抵触的情绪，给倪良正建设美丽家乡的计划蒙上了一层阴影。

在前期建设的两年里，倪良正派去负责项目的人陆续换了好几茬。他们或者由于缺少与村民沟通的经验，工作难以开展，又或由于项目要求太高，压力大而离开。虽然原因是多方面的，但派去的人都会在倪良正面前抱怨：“倪总，您又不住在这儿，又不求回报，为什么要建这个美丽乡村？为了这个工程，您出钱又出力，还低声下气、走东串西地找他们沟通，而他们不但不领情，还不配合、不支持，为征用一块地竟然要赔付三次钱！像这样费力不讨好的事情，也只有您会做！如果换上我早就不干了，路修与不修跟我关系又不大，何苦遭这个罪！”

员工的抱怨，倪良正不是没有考虑过。倪良正说，他也曾犹豫过、迟疑过，甚至也有过放弃的念头——自己从杭州赶回来投入巨额资金和大量人力，不求回报地做着不被理解的事情，究竟是图什么？

但在农村生活了20多年的倪良正，很快打消了这个念头。他深切地理解家乡父老的这些疑虑。“对于一件事情，每个人所处的位置不同，所涉及的利益不同，看问题的角度不同，就会有各种不同的看法，这些都是正常的。如果那么多人都是一种看法，那反而不正常。”倪良正认为，要打消父老乡亲的这些疑虑，就必须采取“换位思考”的方式，站在乡亲们的角度，考虑他们的利益和诉求。

为此，倪良正在村支书齐文高的陪同下，一家家地登门拜访，一次次地解释、说服，对于负责项目的员工说错的话，还要道歉。针对乡亲们所关心的利益点和诉求点，倪良正不但不回避，反而主动替他们着想，在力所能及的范围内满足他们的要求。

最终，所有人都在征地合同上签了字。

围绕着征地的种种，倪良正花了整整一年多的时间。直到2016年，整个工程才开始动工。

然而，施工也是几经周折。

“一开始施工，施工队是由村里人组织的，完全没有理解要修的是一条美丽的乡村大道，仅仅是将其作为一条普通的公路来修。”倪良正说，“而且，

▲ 改造后的塘家会村入口

相比于施工的质量，一些人更关心的是在这个工程中能赚多少钱……”

而倪良正却是一贯的做事风格：要么不做，要做就要做得像模像样，做到极致，做到与众不同。

“我的希望是将其做出亮点，做成精品，做成样板工程，做得有模有样，将其作为一个‘引爆点’，让更多的人看了后，也产生回乡投资、建设家乡的想法。”倪良正说，出资修建这条路，自己本身没有丝毫的功利主义。如果说“功利”，那就是希望能够将其做成“样板”，带动更多的人回报家乡。

因此，为了这个工程，倪良正亲自上阵指挥。他坚信自己能够做好，是因为有着数十年来培养的“工匠精神”。

创业固然艰难，做善事也并不容易。倪良正明白，要将这个回报家乡的工程做出品位，做成美丽乡村的样板，就要付出更多——除了金钱之外，还有时间、精力、智慧。

精益求精建造精品工程

为了保证施工的质量，到 2017 年年初，倪良正派了圣奥景观管理部经理卞正彬前往塘家会，负责整个工程的施工。

“我是 2017 年 1 月 3 日到施工现场的，9 月 18 日完工，正好 8 个半月。”卞正彬回顾说。

今年 43 岁的卞正彬，原是圣奥集团的一名普通的保安。2009 年，圣奥建设海宁工厂时，厂区的绿化工作急需有人负责，倪良正就挑选了一向办事负责、细心的卞正彬来负责整个工作。结果他不负重托，在倪良正的指导下，一步步地将海宁厂区建设成了当地最美的花园式工厂，从而赢得信任。2016 年，卞正彬被任命为圣奥集团景观管理部经理，负责整个集团的景观、绿化等工作。这次塘家会的美丽乡村工程，倪良正看到前期的施工不尽如人意，遂委派他来负责整个项目的施工。

“整条道路仅仅 1 公里，但我们却进行了 8 个半月。”卞正彬说，在这次施工过程中，他深刻地感受到了倪良正精益求精、一丝不苟的“工匠精神”以及任劳任怨、甘愿付出的对家乡的大爱。

所有的设计都是倪良正亲力亲为，边施工边设计边修改，不达完美不罢休。为了达到这一点，不惜花大力气，返工再返工。

“我去塘家会之前，倪总交代我的，就是一定要保证施工的质量，只要质量出现问题，就必须返工，而返工就是浪费。”卞正彬说，自己虽然一直紧绷着“质量”这根弦，但由于没有透彻地理解倪良正指示的精神所在，最终还是有不少返工。

比如绿化土方。一开始卞正彬将其做成高高低低的S形，以显示凸凹有致的美感；但是倪良正看了现场后，对卞正彬说：“我们做的工程，一定要符合自然，不能有人为的痕迹。”于是卞正彬重新返工，恢复了其自然的面貌。

但是仅有“自然”也不行，比如堤坝的修筑。对壶源江一段的整修是整个工程的重要组成部分。为了让河道变得干净美丽，倪良正指示工程队花大力气清理了河道两岸的各种生活垃圾，然后在修筑堤岸前先把河中的水用水泵抽干，将污泥清理干净，最后再用石块砌起。“为了保证村民的用水，我们白天把河水抽干，清理污泥，动工筑堤，晚上又蓄起水来，方便村民用水。”卞正彬回忆说。

再比如花坛的护栏，最初是用短木做成，错落有致，看上去也很自然。结果倪良正到现场一看，立即要求返工。为什么？因为护栏的短木，长度不一，大小不一，直径不一，颜色不一。“这些必须建立标准！”倪良正说。为此，卞正彬还进了一次公司的“复习班”，放下手头的工作，和几位同事一起到总部学习流程制度，探索花坛护栏的制作办法以及如何建立标准。“直到获得倪总的认可，我们才回到塘家会，重新返工。”卞正彬说，“开始做护栏时，每个工人每天可以做一个，返工后，我们严格按照统一后的标准做，8个工人一天才能做一个……”

不厌其烦，精雕细琢。倪良正对待这一塘家会的美丽乡村工程，就像对待一件珍贵的艺术品。

除了对工程质量与细节的把握，其他的关键词还有“生态”和“独特”。整个工程除了道路本身需要沥青硬化以及必须用石材的地方外，其他的一切都运用了大自然原有的东西——花、草、树、木，并充分注重季节搭配。“考

▲ 塘家会村改造前

▲ 塘家会村改造后

虑到水土适应的问题，绝大多数的花草树木，都取材于当地的品种，而且要进行完美的季节搭配。比如春天有樱花，秋天有桂花，夏天柳树成荫，冬天香樟不凋。”

倪良正对于生态的注重几乎到了严苛的程度，比如沿着壶源江边做的护栏。大多数的景观护栏，是用水泥和油漆做成木头状，既节省成本，又有“看上去很美”的环保效果。卞正彬提议也用这种方式做护栏后，倪良正纠正他说：“我们做事要踏踏实实，要真正的原生态！”卞正彬于是改用全木结构的护栏，而且用作护栏的所有木头，其直径、长度都基本一致，甚至颜色、切割的力度也基本一致。

最让人津津乐道的，则是道路中段那一株枝干几乎快要与地面平行的大树。为了这棵树，倪良正还专门修改了设计图纸。由于他起初没有考虑到这样一株“奇形怪状”的树，直到后来施工时才发现，如若按照原有方案，树枝与路面之间的最小间距仅为 110 厘米左右，容不下一个成年人经过。于是，他便根据树枝的形状和走向，将地面降低了足足 50 厘米。

而所谓“独特”，就是创新。整个工程最大的创新之处就在于花园式的道路与观光带。尽管沿着壶源江边修建了新路，但江边原本生长着的 78 株原生树木，却没有一株被砍伐或移动。它们与新增的樟树、银杏、无患子、香泡、桂花、樱花等 645 棵名贵树种，以及 13000 棵再力花、芦苇等水生植物和 50 万株金边麦冬、吉祥草等草本植物一道，在河岸边自由生长，为塘家会的四季带来了不同的色彩与风情。而即便是村头的村标牌，倪良正也动了一番脑筋。绝大多数的村名标牌，都是用一块巨石，上面用红漆写上村的名字。而倪良正则用三棵尺寸大小相差无几的香樟树，再辅以横木，做成了独一无二的村标牌。

“这三棵香樟树，我们是花了一个多月的时间，在传化一个苗圃里找到的。三棵树的直径都在 35—40 厘米之间，分支点都是在 5 米以上。”卞正彬说，三棵树花了 5 万多元，这与一块巨石的价格差不多，但是显然比巨石更生态，也更有美感。“而且香樟树每年都在生长，都在升值。”

谨记母亲的嘱托

建设美丽乡村的这段时间，也是倪良正返乡最频繁的一段时间。为了这个工程，倪良正三年中回了 20 多次塘家会村，这大大超出了他此前的频率。在正式施工期间，他更是每半个月就回一次。“为了这个工程，我们建了一个微信群。工程的进度、效果，我们每天都会在群里汇报。但是，倪总还是不放心，每隔十天半月就要来一次施工现场。”卞正彬说。

而倪良正也确实为此倾注了巨大的心血。这两年，正是圣奥在浦江的房地产项目“杭府”动工之时，倪良正回浦江县城的次数多了起来。而只要到了浦江，无论多么忙碌，倪良正就会回到塘家会看看。有一次，倪良正跟人约了早上 8 点在浦江谈事情，谈完了就要回杭州。看看实在没有时间，于是他早上 5 点就起床，去了离县城 26 公里的塘家会，看了半个多小时的工程，回到浦江县城时才 7 点多。约谈的朋友知道此事后，叹服惊讶了许久。

1000 多个日夜。1200 多万元。2017 年 10 月，大功告成。

在倪良正的心里，既有欣慰，也有遗憾。项目启动前，倪良正的母亲曾嘱咐他，无论如何也要将这条路修好，不仅要修得漂亮，还要修得舒适。她在有生之年，还想在这条路上走一走……母亲是一个节俭、和善的人，平时要求倪良正做的事情并不多，如此正式的嘱托，少之又少。倪良正从小就孝顺，对母亲交待的事情，自然格外重视。这也是一路走来，倪良正虽有过犹豫却一直坚守的重要原因之一。

然而，修路过程一波三折，拖延了时间。2015 年 11 月，倪良正的母亲突然一病不起。路还没开始动工，倪良正母亲就驾鹤西去了——这给倪良正留下了永远的遗憾。

受益的，还是塘家会村的村民们。

村支部书记齐文高高兴得合不拢嘴。如今的他，只要是风和日暖的天气，都要在这条路上来回走上几遍，看看花，摸摸树，享受着来自外地的人们的赞叹。“在塘家会生活了 60 多年，没想到会在今天，能看到塘家会发生这么大的变化！”

69 岁的村民齐文国自豪地感叹说：“我这一辈子，见过许许多多的村庄，没有一个村庄的道路比我们的更好。即便是在近些年来一些村镇搞的美丽乡村建设中，我们也绝对是佼佼者！”

省、市、县的有关领导也慕名而来，对这条路给予了充分的肯定。《浙江日报》以整版的篇幅进行报道，浙江经视也是给予专题报道。他们纷纷称赞，塘家会的这条生态廊道，在行政规划上虽是一条村路，却是他们所见过的最

▲ 塘家会壶江亭

美丽的村道，堪称浙江美丽乡村的样板。

今天，如果你从杭州出发，经桐庐，入浦江，行至檀溪镇上的盘山公路，看见“塘家会”这 3 个大字后，向右一拐便进入沿江而建的柏油大道，道路两边栽种了郁郁葱葱的樟树、银杏树、桂花树等，还建起了观光道、木质栏杆、休息亭、藤架、花坛……行驶在道路上就如同进入一个风景秀丽的景观带，不一会儿工夫就到了村中。若是从半空中俯瞰，这个依山傍水的小村，沿着壶源江的一侧狭长分布着，形如一弯嵌镶于山谷之间的优美上弦月。

由于左边有壶源江绕村而过，右边有塘家会村矗立其侧，倪良正修建的这条景观大道，被命名为“湖塘湾”。青山绿水，绿树红花，“湖塘湾”已经成了当地有名的一个景区。周边的村民，甚至浦江县城的市民，都来到塘家会的这条景观大道上观光休闲。每每看到村民在观光廊道的朝阳中晨练，在月光下散步；村里老少在壶江亭围桌而坐，侃侃而谈；休闲爱好者倚岸在碧波中悠然垂钓；人车自然分流，汽车开进卷不起半点灰尘……倪良正心里便涌起一股幸福感，是对故乡的致敬，也是对母亲嘱托的告慰。

【文正手记】

2013 年 12 月，中央城镇化工作会议提出，城镇建设要让居民“望得见山、看得见水、记得住乡愁”。从此，“乡愁”就成为一个热词。

“乡愁”虽是近现代才有的一个文学名词，但对其实质的描述自古就有。从《诗经》中的“昔我往矣，杨柳依依；今我来思，雨雪霏霏”到当代诗人余光中的《乡愁》，2000 多年间，中国历代诗人写了大量乡思类的诗文，以表达他们对故乡的情感。

这种对故乡的爱与怀念，就是“乡愁”，它是流动或迁徙在异地的人们对于家乡的一种回忆式的情绪体验，包括对亲情、友谊、爱情的回忆，对家乡的自然山水与人文景观的回忆，对个人成长经历的回忆等。

乡愁总是与童年时对故乡的记忆有关。童年是最初的人生体验，带着特殊的味道，故乡的花草树木、天空河流、声音光线、人物风情，都会在记忆里发酵，最终酿成醇厚的情感。而这种情感力量，正是一个人年长之后，一次次返回故乡的内在动力。

这也就是为什么，许多伟大人物在他们事业有成之后，都会以拳拳赤子之心、回报桑梓之情，心心念念地建设家乡的重要原因。

人的一生是短暂的，但古人认为，有三件事情可以让人“不朽”，那就是立德、立功、立言。对不朽之名的追求，可以激励个体生命释放出无比巨大的能量，拼搏奋进，建功立业。当这种对不朽的追求与对故乡的深厚感情相遇时，捐资回报家乡，就是一条现实而有效的路径。

真诚醇厚的情感，不朽功名的动力，决定了倪良正回报家乡、建设美丽塘家会的工程一定是高质量的精品工程，而不是应付了事的“形象工程”。理解了这一点，就能理解倪良正为什么要在百忙之中数十次回到故乡，亲自设计整个“湖塘湾”工程，并监督工程的施工质量与进度。

倪良正经手过的大工程可谓多矣！萧山工厂、圣奥中央商务大厦、海宁工厂、九堡圣奥·领寓、运河宸园、浦江杭府，每个工程的投资力度和复杂程度，都不输于“湖塘湾”。但是，无疑，湖塘湾才是倪良正一生中最为魂牵梦萦的，因为这是他的情感所在。

所以，当整个工程以令人惊讶的形象展露在世人面前时，我想，倪良正已经“留住了乡愁”。

事实上，为了留住这份乡愁，除了以道路与河流为主体的“湖塘湾”工程外，倪良正还整修了自己曾经住过的老屋。

早有研究者指出，留住乡愁最理想的办法就是原封不动地保留承载和存续乡愁的空间。倪良正的老屋，修建于1963年，距今已经整整半个世纪。这是一座今天看来毫不起眼的两层木屋小楼，在当年却是一个了不起的建筑。每一根柱子，每一根房梁，都是倪良正祖父朱传牛上山砍好后背下来的。由于木头直径不一，就需要把木头抡圆、刨光滑……这样的准备工作持续了一年左右，才最终筑起了这座老宅。对倪良正来说，老宅是他青少年时的情感记忆，它不仅是遮风避雨的住所，更凝结了祖父的心血和汗水，是他给予家人的温暖和爱。

为了整修这座老屋,倪良正遵循“尊重自然,修旧如旧”的原则,原拆原建,不加长、不加宽、不加高，房子格局一如其旧，并保留了原来建筑中仍然可以利用的梁柱。为了保存记忆，如今以青砖为主的墙体之中，还保留了一块原来的以鹅卵石、石灰泥为主要材料的墙体，而由倪良正当年做木工时亲自打做的木头楼梯，也完好无损地保留了下来……

2017年3月中旬的一个周末，笔者再次来到塘家会。这不知是笔者第几次来塘家会了，但却是印象中最美的一次。此时的江南春风轻拂，桃花绽放，壶源江上碧波荡漾。笔者看到岸边的杨柳正吐出新绿，远处的青山正泛出不可抑制的春意。壶源江的岸边,三三两两的人,或坐或行,悠闲地徜徉在春风里,那一条干净的柏油马路,在正在抽芽返青的两旁绿树的映衬下,显得更加美丽。倪良正告诉笔者，用不了几年，当路旁的大树长成，林荫交错时，这就是一条美丽的林荫大道……

“湖塘湾”，不仅是一个美丽乡村的工程。她是一幅画，她是一首诗，她是倪良正如梦如幻的乡愁。而倪良正，正是那个默默无语却以彩笔写就丹青的画家、诗人。

尾　声

新的征程

圣奥会一直秉持“健康、环保、智能、高效、舒适”的设计开发理念，提供整体办公空间解决方案，成为“办公生态圈”的领导者。

▲ 倪良正在“风云浙商”上接受采访

2016 年 1 月 15 日，倪良正走过红地毯。

作为中国“第一商帮”——“浙商”群体的一员，这一天，他登上了“浙商第一榜”——“风云浙商”的荣誉榜。在过去的 10 多年中，浙商的代表人物马云、宗庆后、李书福、南存辉、郭广昌等都是“风云浙商”的获得者。

而这一天，倪良正，作为服务世界 500 强企业、中国办公家具领跑品牌圣奥集团的带头人，在 2015 年度“风云浙商”评比的激烈角逐中，脱颖而出，赢得了荣誉。他与家人及老员工代表一同走过红地毯，走进荣誉殿堂，接受了这份荣耀。

在众多候选企业家中，倪良正的资产并不靠前，企业也不是最大，但他却凭借几十年精耕家具行业的赤子之心和工匠精神，赢得了大众的赞誉和专家的好评。

作为家具行业十多年来唯一的当选者，这个自称“木匠”的创业者，从 20 多年前创业时的搭货车、吹冷风回家过年，发展到如今的身家数十亿元。倪良正表示，做企业要在法律、道德和责任的准则下有所为、有所不为。有利于客户、有利于员工、有利于社会的事要多做，要做到极致、无可挑剔。也正是秉持了这种“君子生财，取之有道，用之有度”的原则，圣奥的每一步都走得稳当且有力道。

倪良正说，未来，圣奥将持续坚守精益求精的工匠精神，雕琢时代精品，通过技术、管理和商业模式的创新，赢得客户广泛信赖，积极履行社会责任，早日实现“国内领先、国际争先”的企业愿景。

事实上，“风云浙商”的荣誉，既是对倪良正过去20多来辛苦工作的肯定，更是对圣奥2015年所作出的成就的嘉奖。

在中国，对上亿股民来说，2015年是一个最好的年份，也是一个最坏的年份。它既是一个全民皆股的年度，又是企业扎堆上市的时期。这一年，中国共有8家家居企业成功上市，进入资本市场。这种集中爆发式上市的热潮，无疑也吸引着倪良正的目光。

然而，与“上市潮”相对应的，是“倒闭潮”。由于整体经济的持续不景气、用工成本的增加、互联网的迅猛发展对传统家具行业的冲击，从2015年开始，家具企业发展呈现出了波动，一些知名的家具老品牌先后破产倒闭，引起了行业的骚动不安。据相关数据统计，2015年仅珠三角地区就有数百家家具厂商倒闭关门。

也是在这一年，“跨界”成为各行各业的热门词，不同的行业，不同的方式，相同的却是双向的渗透和改变。早在年初，小米家装就横空出世，此后进军家居行业的跨界品牌就络绎不绝。苹果、谷歌、微软等国际巨头抢滩智能家居市场；万科低调进驻家装市场；海尔携手联络互动进军智能家居……从全国范围来看，无论是互联网巨头，还是其他行业领袖，都开始关注家居市场。在传统经营模式备受冲击的情况下，互联网给家居行业带来了很大的想象空间。

还是在这一年，圣奥的两大业务板块——家具业和房产业都双双获得了丰收。在整个家具行业受到严重冲击、不少企业破产关门的情况下，圣奥家具却逆势上扬，继续保持增长态势；而房产领域，运河宸园这一“神盘”的劲爆热销，让圣奥获取了丰厚的现金收入，圣奥也因此成为 2015 年杭州市房产销售的第四名。

走过 2015 年，圣奥完成了 1/4 个世纪的积淀。回顾过去 20 多年的发展过程，倪良正有欣慰，也有反思。特别是在企业管理上，倪良正认为，由于企业的快速发展，企业的管理跟不上业务发展的需要，而作为总裁又难以顾及企业的方方面面，因此在相当长的一段时间里，圣奥都借助外部力量来“管理”企业。比如在 2002 年到 2012 年这段时间里，圣奥先后聘请过深圳维策管理咨询公司、3A 管理公司等作为企业管理的顾问。特别是深圳 3A 管理公司的到来，使圣奥在生产流程优化、机器换模、6S 现场管理、员工改善意识等方面都有了积极推进和提高，生产管理水平也有大幅的提升。后来，随着 3A 自身业务快速增长，以及圣奥管理水平的不断提高，2013 年下半年，深圳 3A 管理公司逐步退出圣奥的管理。从那时开始，倪良正带领团队开始了久久为功的“管理持久战”。

这场管理的目标，是“厘清工作范围，明确工作目标，完善作业标准，科学评估绩效，提升企业优势，实现共同发展”。其具体做法是，企业的各个系统、各个部门都要制定 KPI 指标（企业关键绩效指标），并针对这一指标，有计划地展开配套性、支撑性工作。首先是确定各系统、各部门的工作范围，确定具体工作的明细，减少因标准缺失出现的扯皮现象；对已有的标准，要组织相关部门到现场去验证，确认标准的正确性和可行性。通过建立工作标准，让员工知道将工作做到什么程度才是达标的工作、创造价值的工作、让客户满意的工作，而不是做无用功。同时用流程引导工作，针对部门现有的工作流程查漏补缺，对已有的流程进行完善，减少冗余环节，使流程每一步都能创造价值。

这一管理目标，拒绝所谓的“顶层设计”，更不要所谓的“运筹帷幄，决胜千里”，而是强调企业管理者要走到现场去发现问题，现场是最实事求是、讲道理的地方，在现场解决问题，能够有力地说服和劝导有关人员认清问题和错误，避免推诿和扯皮。“企业生产现场往往是各种问题的集中爆发点，设计问题、操作问题、管理问题等都会在现场暴露。”

为了做到这一点，倪良正放下身段，躬身以行。从 2013 年 7 月开始，每个月的月初，他会逐一召集各个部门的负责人及相关人员，要求每个部门详细汇报上月的工作，对一些细节问题进行沟通，发现问题当场讨论解决方案。有关行政营销方面的碰头会地点设在圣奥总部，而有关生产、设计方面的碰头会，倪良正就会安排在工厂车间现场，以期发现更多的问题，而不止于“坐而论道”。

倪良正对这样的碰头会十分重视和投入，也将其作为彻底提升圣奥管理水平的基础工作。“一开始要与各个部门一起建立标准，确定工作范围，所要花费的精力更大。”倪良正说，但唯有这样，无论是作为总裁的倪良正，还是各部门的负责人及员工，才能对各自的工作有更深的认识和理解。

如今，4 年过去了，碰头会没有成为一个“摆设”。倪良正依然在每个月的月初听取各个部门负责人及相关人员对上个月的总结和汇报，并同他们一起发现问题，解决问题。圣奥集团部门很多，需要沟通的系统、部门多达 20 多个，倪良

▲ 专利墙

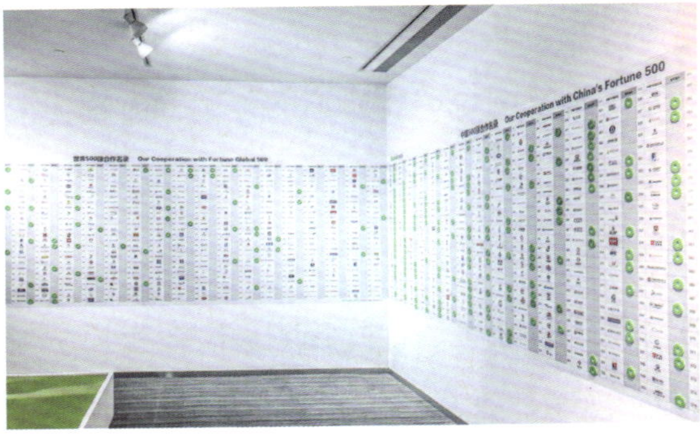

▲ 圣奥的500强企业LOGO墙

正每月在碰头会上花费的时间都要10个工作日，这实在不是一件容易的事。然而，正是由于这种持之以恒、水滴石穿的努力，圣奥的精细化管理水平得到了大幅度提升，部门之间扯皮减少，人均产能不断提高。

位于圣奥中央商务大厦二楼的圣奥产品展厅里有两面墙，墙上贴满了世界500强企业及中国500强企业的名称和LOGO。其中只要是与圣奥有合作的企业，圣奥都会在“是否合作”一栏后面，贴上一个绿色的小圆圈。这样一来，哪些500强企业与圣奥有了合作，哪些还没有，就能够一眼看出。

截至2017年12月底，与圣奥合作的世界500强企业已达163家，其中不乏阿里巴巴、腾讯、华为、百事可乐、可口可乐、西门子、福特等大型企业。

2015年，圣奥提出了服务世界500强的口号。与世界500强并肩前行，能为世界最好的企业服务，成为倪良正的追求。那么，木匠出身的倪良正，究竟能拿什么获得世界500强的信赖呢？

2016年3月25日，倪良正给出了答案。

这一天，一款拥有自主知识产权的圣奥“岚博”智能触控办公桌在杭州发布，它集合了多种当前最新的智能科技。这款高科技办公桌带来了一种全新、智能的办公形式：办公桌内部植有智能语音控制系统，能根据人的语音指令，进行自动升降操作；在班台和座椅上安装了对应的感应装置，能感应人坐或者立的工作状态，当有人坐下去的时候，它会贴心地自动下调台面，人离开座位时，它便“智能”地升起台面，便于人们站立工作。据圣奥研发中心总监张叙俊介绍，该产品每次上升和下降的高度，都有据可循。它开发了记忆

▲ 圣奥健康智能型产品——奥伦蒂

▲ 圣奥健康智能型产品—— 灵派

▲ 圣奥健康智能型产品—— SAMU

▲ 圣奥健康智能型产品—— HIP

功能，随时收集用户平时习惯性的办公姿势，并进行记忆存储。再次使用时，该产品就会自动调整到用户习惯的高度。时间久了，它还会提醒你，该起来活动筋骨了，缓解人们久坐成疾的问题。

“岚博”完美地贯彻了倪良正“健康、环保、科技”的产品理念，是圣奥近些年来坚持打造“办公生态圈”理念在产品上的集中体现。

所谓“办公生态圈”指的是圣奥基于对人的关怀，以“人”为中心开发、设计的，有益于人的身心健康、有益于提高办公效率的办公产品和办公空间的组合。它的特点是，在产品的设计和开发上，充分利用当前的先进技术和材料，开发环保的、智能的、符合人体健康规律的、可以提高工作效率的产品；在办公空间的设计上，充分考虑并处理人的工作和休息的关系，使办公轻松化、工作生活化，让人在一种轻松愉悦的环境中工作。

“办公生态圈注重的不再是一张桌子、一把椅子的功能，而是提供整个办公空间的解决方案，注重的是人与办公环境的关系。”倪良正说。

▲ 圣奥大江东智慧工厂

与产品的智能化相对应的，是制造的智能化。

2017 年 12 月 22 日，杭州大江东圣奥家具智造基地开始动工建设，这是圣奥推陈出新、实现从“制造”到“智造”的里程碑式的一步。大江东圣奥家具智造基地总面积 13.3 万平方米，共有 10 栋主体建筑，其中一期工程包含了 3 栋厂房、2 栋员工宿舍、1 栋配套用房和 1 栋食堂，共 7 栋主体建筑，其中两栋厂房采用了目前世界上先进的清水混凝土建造工艺。

这一生产基地大规模应用了自动化设施和信息化系统。自动化的应用不仅能确保生产的高效，保证产品品质的稳定，也为将来的智能工厂提供基础硬件保障；而信息化的投入除了能对整个生产过程进行实时监控外，亦可通过生产过程采集到的大数据进行二次开发应用，为生产管理、生产决策提供可靠的数据支持。

“通过每个工序、制程、区域的软硬件结合，逐步将生产车间通过互联网连接起来，形成智能生产模组，最终演化成智能工厂。”倪良正要打造的，是

▲ 圣奥时尚国际家居产业园

国际顶级家具智造基地，在外形上，它追求品质、品位和设计感、艺术感；在内容上它以“智能制造”为核心配备硬件与软件；在人文上，它以消除基地“蓝领”和写字间“白领”的差别为目标，全方位地体现了一座具有超前意识的现代化工厂的蓝图。

与此同时，圣奥位于杭州萧山经济开发区的一座集培训、展示、设计、检测等多功能于一体的办公家具行业综合体也正在规划建设。

圣奥在办公家具领域长期投入，将最前沿的技术和最时尚的生活观念与家具相结合，突破了办公家具的传统概念，赋予了整个行业以新的形象。

“在未来相当长的时间里，圣奥会一直秉持‘健康、环保、智能、高效、舒适’的设计开发理念，提供整体办公空间解决方案，成为‘办公生态圈’的领导者，并因此成为能与世界最好的家具企业进行竞争的中国企业！”

后　记

如果不算与别人合写的书稿，这是我独立完成的第三本书，也是写得最“累”的一本书。说“累”，是因为在长达数年的时间里，它一直是我心里的一块石头，在没有将其放下之前，我必须时刻掂量着它。

一次次地采访，一次次地修改，一次次地推倒重来，一次次地推敲打磨，最终呈现在读者面前的，就是这本 20 多万字的书稿。尽管它由于各种原因，必须进行一些删减，但敝帚自珍，在我自己的眼里，它至少是一块可以把玩的“石头”。

记得一个朋友曾经问我：在一个快餐化的时代，你花这么多的时间打磨一块“石头”，值得吗？

值与不值，从来不是一个简单的数学题。如果仅从功利的角度来计算，就会忽略一个人成长中更为重要的价值，比如勤奋、务实、坚韧、诚信、朴素、善良等，它们未必是这个浮躁社会中“成功”所必需的要素，但一定是一个人精神成长和成熟所应有的品质。

而这些，正是本书的传主——倪良正身上最令人感动的特质。

从中国的一个小村庄出发，一个普通的木匠在 1/4 世纪的时间里，成长为中国一家优秀的办公家具企业老板，这样的一个嬗变过程是怎样发生又是怎样完成的？对这个问题的好奇，是我将这本书写下去的一个内在动力。

有人将其归功于中国 40 年改革开放这个宏大的背景。这当然不错。如果没有肇始于 20 世纪 70 年代末的改革开放，中国就不会诞生包括倪良正在内的这一代企业家，如果连创办企业都不被允许，所谓企业以及企业家的成长也就无从谈起。然而，改革开放只是这一代企业家诞生的外部原因，却无从解释作为个体的企业家成熟成长的内部原因。而在我看来，这个“内因”，就是他们对自身优秀品质的培养、打磨与坚持。

如果我们看不到这一点的话，就很容易陷入机会主义的陷阱，而看不到促进一个企业成长的内在精神。也正因为如此，在本书采访与写作的过程中，我越来越强烈的一个感受是：尽管我所写的是一本倪良正及其企业的“传记”，但对于普罗大众来说，它毋宁说是一本有价值的“励志书”——倪良正作为一个初中毕业、木匠出身的农家孩子，他的成功是有原因的，如果人们能够学习到他身上的诸多品质，我相信同样也会取得相应的成就。

倪良正及圣奥的成功，对于更多的中国企业，同样具有重要的借鉴意义。

中国家具行业是一个充分竞争的行业，它的门槛不高，其竞争之激烈，在中国传统制造业中具有鲜明的代表性。在传统行业中，从数万家同类企业中脱颖而出并成为行业的领导者，是大多数中小企业梦寐以求的目标。为了这样的目标，数十年来，企业家们四处取经，满世界学习，也因此诞生了各种流行一时的管理思潮，从丰田到海尔，从松下幸之助到稻盛和夫，从《给加西亚的信》到《细节决定成败》，从“6S 管理”到“中国式管理”，再到今天各个大学 EMBA、商学院的兴起，都无不折射了中国这一代企业家在创业与管理上的上下求索。

毋庸置疑，由于中国传统文化中商人地位的低下，中国本土文化在企业管理方面并没有太多的资源可供借鉴，企业家们参与各类学习，无疑是尽快掌握现代企业管理技术及理念的捷径。他山之石，可以攻玉。通过这各种各样的学习，中国企业家在最短的时间内接触了世界各种优秀的管理思想，大大缩短了中国企业现代化的进程。然而，我们也必须看到，由于缺乏对企业经营管理的深刻理解，一些企业家在追逐各种时髦的管理理念之时，日渐迷失了方向，失去了章法。究其原因，不外乎两点：一是照搬照抄别人的管理方式，而没有对自己企业的深入了解和研究，高不成，低不就，最终难以为继；二是心气浮躁，市面上流行什么就去学习什么，却没有一种管理理念在自己的企业里扎下深根，从而导致企业错失了发展壮大的良好机遇。

事实证明，企业管理不是轰轰烈烈的表演，不应成为具有轰动效应的“新闻”，企业管理是天长日久脚踏实地的钻研、贯彻与躬身执行，它内在的实质是坚韧的、枯燥的、寂寞的。而倪良正在长期的管理实践中，并没有随波逐流，而是反顾自身，踏踏实实地回到企业本身，将关键绩效指标、6S 管理、改善发表大会等管理措施从不间断地贯彻执行下去——在本书中，你会看到，圣奥的 6S 管理已经贯彻了 12 个年头，改善发表大会已经坚持了 10 年，而从 2013 年开始的关键绩效指标管理，直到今天没有任何松动的迹象……可以说，正是在这种寂寞的坚持、长久的忍耐、天长日久的努力中，圣奥集团才有了今天行业领跑者的地位。

因此，对于我来说，写这本书的价值就非常明显了：对于普罗大众而言，它是一本“励志书”，倪良正成长的道路告诉我们，只要不断地磨砺自己，就会获得精神的成长和事业的成功；对于中小企业主来说，它同样是一本“励志书”，一个充分竞争行业里的作坊式企业，在 20 多年里成长为行业的佼佼者，还有什么比这更激励人心的呢？

本书写作的这几年，也正是“工匠精神”被广泛提及和热烈讨论的时期。为什么“工匠精神”会在全社会引起如此强烈的共鸣？它当然不仅仅是为实现“工业 4.0”这一目标所进行的精神动员，更是对过去多年来整个社会呈现出的浮躁心态、浮躁风气的否定与反思。“工匠精神”的实质和内涵，固然难以用一句话说清楚，但它一定与“坚持”“忍耐”“责任”“创新”“精益求精”等字眼有关。木匠出身的倪良正，虽然未曾自觉地以“工匠精神”的传承者自居，但他在近40年的工匠生涯中所继承发扬、所躬身实践的，却正是自鲁班以来就绵延不绝的这一精神传统。我最终将本书的书名定为《木匠浙商》，正源于此。

本书的写作，得到了倪良正家人以及圣奥员工、合作伙伴和朋友们的大力支持，除了已经在书中出现的采访对象外，还有大量没有提及的朋友，包括浙江省家具行业协会名誉理事长蒋鸿源，杭州浦江商会的秘书长张剑文，倪良正的同学毛子良、毛良仓、毛东升等。除此之外，我还要特别感谢浦江县档案馆及爱心人士张解民提供了珍贵的历史档案与照片。在策划、采访、搜集资料的过程中，圣奥集团副总裁孟勇，新闻办主任马纪，员工邵安妮、金晶等，全程给予我鼎力帮助，品牌中心总经理柴维龙、经理吴佳明、员工王科针对书的封面、版式、插图做了精心的策划……

王文正

2018年8月

图书在版编目（CIP）数据

木匠浙商 ：倪良正的创业故事 / 王文正著. —杭州 ：浙江人民出版社，2019.1
ISBN 978-7-213-09100-1

Ⅰ. ①木… Ⅱ. ①王… Ⅲ. ①倪良正-生平事迹 ②家具工业-工业企业管理-经验-浙江 Ⅳ. ①K825.38 ②F426.88

中国版本图书馆CIP数据核字(2018)第296911号

木匠浙商——倪良正的创业故事

王文正 著

出版发行：浙江人民出版社（杭州市体育场路347号 邮编 310006）
市场部电话：(0571)85061682 85176516
集团网址：浙江出版联合集团 http://www.zjcb.com
责任编辑：蔡玲平 尚 婧
责任校对：姚建国 杨 帆
责任印务：刘彭年
封面设计：王 科 徐鹏飞
电脑制版：杭州兴邦电子印务有限公司
印 刷：浙江新华印刷技术有限公司
开 本：710毫米×1000毫米 1/16 印 张：21.5
字 数：262千字 插 页：3
版 次：2019年1月第1版 印 次：2019年1月第1次印刷
书 号：ISBN 978-7-213-09100-1
定 价：68.00元